系列教材 清华大学 管理学

MERGERS & ACQUISITIONS
AND CORPORATE RESTRUCTURING

公司并购与重组

陆瑶◎编著

清华大学出版社

北京

内 容 简 介

并购重组是现代企业快速发展和价值提升的重要战略行为。本书将从不同层次全面介绍并购重组的动机、交易的实操过程,以及如何对并购重组交易进行科学的决策与正确的效果评估。本书通过 7 章打造了完整的并购重组与股权投资的知识体系,不仅包括并购重组相关的基本理论知识,还包括一些重要经典的商业案例分析,使读者能够深入了解基础理论知识,并在商业实践中加以应用,从而对知识点能够融会贯通。本书以介绍国际金融市场通则为基础,并紧密联系中国资本市场现状。因此,本书的目标是培养具有国际视野,并服务于中国资本市场的金融与财务人才。

本书可作为高等院校工商管理专业与金融专业相关课程教材,也可作为公司并购重组与股权投资从业人员的学习参考书,还可作为企业管理人员、金融机构及投资部门从业人员的培训教材,或供社会读者阅读使用。

图书在版编目(CIP)数据

公司并购与重组/陆瑶编著.—北京:清华大学出版社,2023.1(2024.8重印)
清华大学管理学系列教材
ISBN 978-7-302-62297-0

Ⅰ. ①公… Ⅱ. ①陆… Ⅲ. ①公司−企业合并−高等学校−教材 ②公司−资产重组−高等学校−教材 Ⅳ. ①F276.6

中国版本图书馆 CIP 数据核字(2023)第 000989 号

责任编辑:张 伟
封面设计:李召霞
责任校对:王荣静
责任印制:杨 艳

出版发行:清华大学出版社
　　　　网　　　址:https://www.tup.com.cn,https://www.wqxuetang.com
　　　　地　　　址:北京清华大学学研大厦 A 座　　邮　　编:100084
　　　　社 总 机:010-83470000　　　　　　　　邮　　购:010-62786544
　　　　投稿与读者服务:010-62776969,c-service@tup.tsinghua.edu.cn
　　　　质量反馈:010-62772015,zhiliang@tup.tsinghua.edu.cn
　　　　课件下载:https://www.tup.com.cn,010-83470332
印 装 者:北京嘉实印刷有限公司
经　　销:全国新华书店
开　　本:185mm×260mm　　印　张:16.25　　字　　数:257 千字
版　　次:2023 年 1 月第 1 版　　　　　　印　　次:2024 年 8 月第 3 次印刷
定　　价:69.00 元

产品编号:100400-01

丛书序

经过多年的发展和同仁们的努力，得益于中国经济社会持续稳定的发展和教育战线特别是高等教育领域的进步，我国管理学学科门类拥抱许多新变化、产生许多新气象，其现代化、科学化、国际化已经初现端倪，也在不断服务着管理实践并从中汲取营养。我们日益意识到中国的管理学发展需要从"照着讲""接着讲"转向构建中国特色管理学理论体系，利用好优秀传统文化的宝贵资源，最终落脚于遵从规律、适合国情的管理实践。

这个过程中，"立足中国、借鉴国外，挖掘历史、把握当代，关怀人类、面向未来"，在博采众长中形成中国自己管理学科的大视野、大格局，是中国管理学者的心愿和志气，饱含了中国管理学界前辈的辛勤躬耕和后来者的探索进取。

同时，这也符合世界管理学发展的需要。一方面，新一轮的科技革命正在加速改变人类的经济活动，重塑了个体的生活方式，强化了当代组织所面临的外部情境的不稳定性与不确定性，复杂模糊的情境对管理理论的建构提出了更高的要求；另一方面，传统主流的管理学研究范式以还原论为哲学基础，认为整体可以分为部分，这些部分又都能被独立研究，并通过加总的方式还原为整体，这种思维方式和粗放归纳所形成的管理理论体系，对解释生动和复杂的管理实践已显乏力，范式窠臼逐渐显现。特别是在数字经济的时代背景下，对新的学科理论的梳理和拓展、发展与探索，尤显急迫。

基于此，清华大学经济管理学院集工商管理、管理科学与工程两大管理学科的优势，举全院之力策划出版了"清华大学管理学系列教材"。本系列教材是一套在管理学领域内,密切联系管理实践,广泛吸纳管理领域最新研究成果,取精用宏,定位于出思想、出精品,供新时代高等院校管理人才培养和企业管理人员培训使用的系列教材。我们希望通过具有中国特色的中国管理学实践教材,培养新时代的高层次管理骨干,以管理赋能人、组织、生产劳动与创新实践,进而促进人的全面发展和经济社会的全面发展。

"清华大学管理学系列教材"包括管理学学科的主要领域和核心课程,并将数字经济、ESG(环境、社会和公司治理)、碳中和碳达峰等内容融入教材,既突出经典管理学基础知识,又符合当下的数字经济转型、生态文明建设、走向共同富裕等重要的时代特征。本系列教材突出强调管理教育的案例教学法特点,有利于将一般通则与中国实践相结合,除了能够在学位项目的人才培养中发挥很大作用,还能够在继续教育和终身学习、管理人员的在岗培训中得到延伸,具有十分重要的教育贡献、社会服务功能。

管理学是清华大学的优势学科,管理类专业学位是清华大学最早开办并持续创新的专业学位人才培养的卓越项目。清华大学经济管理学院发挥组织优势、综合优势,发扬教师们的育人使命感和学术担当,努力在本系列教材中用好新技术,增加互动和迭代的能力,改善阅读和学习体验,相信能够得到广大读者和学习者的认可,并在大家的指正和帮助下不断完善。

本系列教材的问世,一定会为培养新时代中国管理人才贡献力量,一定会为中国和更大范围的管理学科的发展和管理学教育事业的发展贡献力量,这是出版者、组织者和全体作者共同的愿望。

感谢各位作者,谨祝教祺。感谢各位读者,谨祝学习进步!

杨　斌

2022 年 8 月 8 日

于清华园

前言

　　公司并购与重组已经成为目前国内外资本市场上重要的商业行为。并购可以帮助企业实现很多发展战略。例如，一家企业需要进入另一个新的领域，或者需要开拓一个新的市场，最快速与最直接的方式是在新的领域或市场中并购一家目标公司，从而实现企业的扩张。美国著名的经济学家、诺贝尔经济学奖得主乔治·斯蒂格勒(George Stigler)曾经说过一段话：在现代经济的发展史中，公司通常都是通过收购竞争者来做大做强的，在美国的商业巨头当中，很少有不通过并购，而只是通过内部发展来实现的。可想而知，如果没有并购，企业很难在短期内做大做强，因此并购是实现企业战略发展，特别是快速发展的重要手段。除此以外，在并购中，企业还要进行投融资等各种各样的资本市场的运作，这些都会对企业的财务指标和杠杆水平产生重要影响。因此，公司的并购行为会对整个资本市场产生重要的经济影响。

　　2023年的中央金融工作会议提出"要加快建设金融强国"，"坚定不移走中国特色金融发展之路，推动我国金融高质量发展"，"做好科技金融、绿色金融、普惠金融、养老金融、数字金融五篇大文章"。其中前两篇大文章"科技金融"与"绿色金融"的发展都离不开活跃高效的股权投资与并购市场。目前，我国的股权投资与并购市场变得越来越活跃，越来越多的企业，特别是上市公司参与并购活动，其原因主要有以下三点。

　　第一，国家发展战略促进了国内并购市场的积极发展。一些国家层面的重要战略导向和政策为企业提供了很多并购机会。例如，"一带一路"倡议为跨境并购提供了很多机会。很多企业在"一带一路"国家找到商业机会，这些商业机会引发了很多中国企业在"一带一路"国家的并购行为。再如，目前国企改革的重要手段之一，是国企混改，即在国有企业特别是处于竞争行业的国有企业中引入民营资本，引入战略投资者，引入更多的机构投资者，降低国有股份的集中度，使更多的民营股份能够进入国有企业当中来，从而增加国有企业的活力和市场竞争力。国企混改通常是通过国有股份的转让和并购来实现的。因此，国企混改是目前驱动国企进行并购的一个很重要因素。此外，国企混改还包括一些国有股份进入民营企业的活动，这些过程也是通过并购来实现的。

第二，业务转型升级是跨行业并购交易产生的重要驱动因素。很多行业发展到一定程度之后，都会遇到瓶颈，这些行业中的企业如果想继续生存，就要进行行业转型与升级，进行业务的变更，并购则是帮助这些企业实现技术升级、业务转型的一个重要手段。目前许多新经济行业发展得越来越快，一些传统行业的企业，要想有新的生存机会，就必须注入新的资产，并购是帮助其注入新资产的一个重要渠道。

第三，与并购相关的政策的简化与放宽。如2006年，政府进行了一系列和并购相关的政策的改革。在2006年之前，中国资本市场上的并购必须以现金交易，现金交易并购会给企业的现金流带来巨大压力。2006年证监会颁布了新政策，允许换股交易，这一政策大幅度降低了并购给企业带来的现金流压力，促进了我国并购市场的快速发展。此外，2014年政府颁布了简化跨境并购流程的改革措施，提高了我国公司到海外进行并购的审批效率，很大程度上激发了我国公司进行跨境并购的动机。

在国际资本市场上，近年来并购也变得愈加活跃，其原因有以下三点。

第一个原因是金融危机之后，经济复苏使得国际上的并购活动愈加活跃。2008年次贷危机后，资本市场度过低迷期。之后，经济形势开始好转，资本市场也开始调整，并购活动变得越来越活跃。首先，经济复苏带来了很多的商业机会，由此引发很多并购活动；其次，在资本市场复苏过程中，企业的融资变得越来越容易。因为企业通常需要通过融资才能够募集到足够的资金进行并购，所以资本市场的复苏会促使更多并购发生。

第二个原因是行业整合与重组引发很多大规模并购。很多企业发展到一定阶段后，为了继续发展，需要并购同行业的其他公司以扩大规模、降低成本，从而提高企业的竞争与生存能力。当企业进行这样的并购后，又会对行业产生一定的垄断。通常会要求这些公司通过剥离资产的方法消除垄断。而这些资产剥离也会导致另外一些并购的发生。

第三个原因是技术驱动并购。一些大公司总是希望自己永远处在技术领先的地位，因此会不断提升自己的技术。提升技术有两种途径，一种途径是自己研发,另一种途径就是直接并购有新技术的小公司或初创公司。在这些小公司还没有发展为大公司之前,大公司收购其核心技术,这是当前技术快速发展的社会环境下一个重要的并购驱动因素。有很多技术驱动并购的案例,如 Facebook、谷歌,甚至苹果等大的科技公司,它们的发展都依赖于不断并购一些小公司的核心技术,一方面可以提升自己公司的技术水平,另一方面也可以防止这些小公司将来成长为对其形成竞争压力的大公司。

本书旨在使读者了解并购过程中的一些基本概念,以及并购所涉及的决策框架。本书的基本框架如下:第一,介绍公司并购的动机,读者只有了解公司并购的动机及其驱动因素,才能真正了解如何作出并购相关的决策。第二,介绍如何设计并执行一个并购交易。第三,介绍如何科学评估一个并购交易及其所涉及的风险。读者只有知道如何去评估一个并购交易才能真正有效地设计交易。本书的最终目标是帮助读者了解企业如何通过并购与重组来提升价值、创造财富。

在这一框架下,本书包括七章:第 1 章是并购动机;第 2 章是并购尽职调查;第 3 章是并购交易结构的设计;第 4 章是并购目标公司对价估值;第 5 章是控制权设计与争夺;第 6 章是交易后整合;第 7 章是其他企业重组方式。前 6 章是关于并购交易的基本介绍,包括了完整的并购交易相关理论与实操过程。第 7 章是对除并购以外,其他的公司重组途径的简略理论与实操介绍。并购是一个重要的公司重组途径,除此以外,还有其他不同类型的企业重组途径。

本书内容分为两个部分,一部分是理论知识,另一部分是案例分析。本书先阐释理论基础,在此基础上,结合一些相关案例加以分析,通过对这些案例的讨论,读者能够深入了解基础理论知识,并在商业实践中加以应用。除此以外,本书还加入了案例分析的思考问题,使读者在分析综合性案例过程中,对一些知识点能够融会贯通。

本书的另一个特点是以国际金融市场为背景,并联系中国的资本市场现状讨论分析。本书的目标是培养国际化,并服务于中国资本市场的人才,因此本书主要的核心理论知识以国际资本市场理论与通则为标准。虽然理论知识无国界,但本书的读者主要是在中国资本市场的环境下工作,因此,本书收录了大量的发生在中国资本市场上的案例,以达到理论结合实践,即国际资本市场的通则与中国资本市场实践相结合的效果。

最后,本书的撰写基于我多年在公司并购与重组领域的教学与科研工作。在此,特别感谢我的博士导师美国密歇根大学商学院金融系的 E. Han

Kim 教授对我在该领域的培养。E. Han Kim 教授是国际上公司并购与重组研究领域著名的学者,在国际顶级期刊发表了多篇具有重要影响力的关于公司并购与重组的学术文章。在他的引导与指导下我从博士学习阶段就开始进行了大量关于公司并购与重组的研究,这为我后来在该领域的教学与科研打下了坚实的基础。非常感谢我的父母与家人多年来对我的支持,让我顺利完成了本书的撰写。感谢清华大学经济管理学院的领导和同事们对我工作的支持,让我有机会把自己多年的教学和科研进行总结,并分享给更多的同行、学生与读者。感谢清华大学中国现代国有企业研究院多年来对课题研究的支持,对于形成本书的相关内容有很大的帮助。

感谢清华大学经济管理学院"影响力"提升计划项目(项目号:2022051006)、清华大学自主科研计划文科专项项目(项目号:2021THZWYY09)、清华大学本科教育教学改革项目"金融学精要证书项目"、教育部人文社会科学重点研究基地重大项目(22JJD790047)"数智时代资本市场变革与发展趋势研究"。

本书的配套课程已在学堂在线上线。

陈潇

2024 年 7 月

目录

第 1 章

并 购 动 机

本章学习目标

1. 掌握与公司并购相关的基本概念。

2. 掌握公司层面的积极和消极(或中性的)并购动机。

3. 了解横向并购、垂直并购和混合并购三种不同类型并购的驱动因素。

4. 掌握行业发展周期与并购的驱动因素。

5. 掌握宏观经济层面驱动并购浪潮的因素。

1.1　公司并购的基本概念

公司并购主要是指两家公司或两个经济实体通过某种交易完成合并的一种方式。公司并购通常指兼并与收购,兼并收购通常包含两种交易方式。一种为合并交易,在合并交易当中,目标公司和买方公司合并后会产生一家新的、更大的公司,原先的两家公司都会从市场上消失。另一种为收购,分为控制权收购和非控制权收购。在控制权收购中,并购后

视频 1-1　公司并购的基本概念

并购方会保留在市场上,目标公司从市场上消失,成为买方公司的一家子公司或者一个事业部。在非控制权收购中,并购公司只购买目标公司的一部分资产,在交易之后,两家公司都仍存在于市场上。

并购交易当中的公司分为收购公司(并购公司或买方公司)与目标公司(卖方公司)。收购公司主要是指交易的发起方或者是交易对价的付款方。目标公司是交易的被动接受者,是获取交易对价的一方。

1.1.1　公司并购

公司兼并收购英文为 Mergers and Acquisitions(M&As)。它有两个意思:一是 Merger,中文为合并;二是 Acquisition,指的是购买。二者合

称为"并购"。

在资本市场上,合并即 M&As 当中的 M,通常指通过某种合同,两家或更多的公司合并成为一家公司。如公司 A 和公司 B 合并变成了公司 C,两家公司合并之后成为一家全新的公司,合并前的两家公司都退出资本市场,不再存续,留在资本市场的是一家新的公司——公司 C。

和合并相对应的是收购,即 M&As 当中的 A,一般指一个经济实体(公司)通过收购的方式控制另一家公司的资财。收购通常有两种形式:控制权收购和少数股权或者资产收购。控制权收购中,一家并购公司收购另一家公司的股权和控制权。目标公司的股权和控制权在收购后归收购公司所有,目标公司作为一个独立的经济体,会退出资本市场,成为收购公司的一家子公司、一个事业部或者是一部分。少数股权或资产收购指的是收购公司只购买目标公司的一部分资产或一部分业务。这种情况下,并购公司并不会拥有目标公司的控制权,所以在收购前后,两家独立的公司都依然会存在于资本市场上。

控制权收购的经典案例有很多,东方航空吸收合并上海航空就是其中之一。东方航空属于国资委下属央企,上海航空则属于上海国资委下属的地方央企。上海市政府为了使上海航空能够真正成为一个重要的国际航空枢纽站,决定放弃对上海航空的所有权,甚至放弃了上海航空的品牌。2009 年,东方航空发行股份并购了上海航空,并购之后上海航空注销了法人资格,所有的资产、负债和人员全部并入东方航空下属的子公司。而今资本市场上仅存东方航空的品牌,上海航空的品牌已经不复存在。这就是一个非常典型的控制权收购案例,在收购之后,目标公司所有的资产和控制权全部转入买方公司,成为买方公司的一家子公司。

1.1.2　并购交易的主体

任何一个交易都包括两个主体:收购公司和目标公司。收购公司通常是交易的发起者,或者是交易对价的付款方,也是出资方。目标公司在交易中出售其股权或资产,是交易的被动接受者,是获取交易对价的一方。

1.1.3　并购的实质特征

根据不同的分类标准,公司并购有不同的分类。依据并购的目的和范围不同,可分为产业性并购、重组性并购和财务性并购;依据并购双方所属的行业性关系不同,可分为横向并购、垂直并购和混合并购;依据并购后双方法人地位的变化,可分为吸收合并、控股合并和新设合并;依据被并购企业意愿不同,可分为善意并购和恶意并购,恶意并购又称为敌意并购;依据并购的支付方式不同,可分为现金并购、股份并购、综合证券并购和承债式并购等;依据并购方是否直接并购目标公司的股权,可分为直接并购和间接并购。

无论采取何种并购方式,其实质均表现为:①公司整体或部分成为交易的标的物。②通过资本市场有偿转让来实现,通常要由资本市场提供适当的支付渠道和支付保证。③改变企业的基本状况。并购是市场对资本的再次分配,有助于实现资源的有效配置。收购公司通过兼并扩大生产规模,抢占市场份额,或者取得新的技术、人才,壮大自身力量,具有更好的发展前景;目标公司则被取而代之,不再具备独立经营能力和法人地位。④法律关系发生变化。并购的目的是吸收、合并目标公司的资产,以实现产权转移。并购完成后,存续公司继续经营,但其法律地位有所改变,如注册资本、股东结构、法定代表人、经营范围等的变更;目标公司则丧失了独立法人主体地位。

1.2 公司层面的并购动机

根据是否有助于企业提升价值,公司层面的并购动机分为积极的并购动机和消极(中性)的并购动机。如果由某个并购动机所驱动的并购行为有助于企业提升价值,那么此并购动机就是积极的并购动机;反之就是消极(中性)的并购动机。

积极的并购动机有多种,如协同效应、节税效应、帮助企业获得更高的增长率、获得新资源和新技术、挖掘企业的隐藏价值和实现国际化目标等。由这些动机驱动的并购有助于提升企业价值。在这些动机当中,

视频 1-2 公司层面的并购动机

最主要的动机是并购后两家企业之间产生协同效应,即实现"1+1>2"的效应。

而在消极(中性)的并购动机的驱动下,企业进行的并购并不能够为企业真正实现价值的提升。这种并购动机包括使用企业闲置资金、多元化战略、

谋取管理者私利和引导盈利等。

1.2.1 积极并购动机

公司层面积极的并购动机所驱动的并购,其交易目的是实现企业价值增值。实现企业价值增值的主要渠道包括增加企业收入、降低企业成本、降低税收、节省投资和提高企业生产经营的技术与效率等。

1. 协同效应

1) 协同效应的定义

协同效应指并购后公司的整体价值大于两家公司独立运作时价值的加总,即并购会产生"1+1>2"的效应。协同效应是公司并购行为中最重要、最普遍、最核心的动机,是真正能够为公司和股东创造价值的动机。

假设公司 A 收购公司 B,公司 A 和公司 B 单独经营,各自的价值分别是 V_A 和 V_B。当两家公司进行并购产生了新的公司,标记为公司 AB,其价值为 V_{AB}。协同效应等于新公司的整体价值 V_{AB} 减去 V_A 和 V_B 两家公司单独经营的价值加总(V_A+V_B),即 $V_{AB}-(V_A+V_B)$。

如何对协同效应进行量化呢? 对一家公司进行估值,其价值等于这家公司未来产生的现金流贴现值的总和。当公司进行并购交易后,公司的现金流会产生一定的变化 ΔCF,把每一期的变化现金流 ΔCF_t 进行贴现,贴现之后加总得到一个总的现金流的现值即为协同效应的价值:Synergy。这个现值就是并购协同效应的估值。具体计算公式为

$$Synergy = \sum_{t=1}^{T} \frac{\Delta CF_t}{(1+R)^t}$$

这一公式中,ΔCF_t 为由于并购在未来每一期对公司现金流产生的变化值;R 为相应的贴现率;T 为时间期限。T 可以是无限期的,但在一些情况下也可以是有限期的。[①]

对并购产生的协同效应进行估值时,最主要的一步是分析由于并购产生的现金流变化情况,即确定 ΔCF_t。如果并购交易能够带来企业未来现金流流入的增加或者未来现金流流出的减少,最终都会使该企业的净现金流增加。

可以将并购交易有可能产生的对未来现金流的影响进一步分解成几

---

① 例如,如果是购买一个矿山,这个 T 就是这个矿山预计可以开采挖掘的时间。

个部分：①对未来销售收入的影响；②对未来企业成本的影响；③对未来企业税收的影响；④对未来企业资本支出的影响。因为收入、成本、税收和资本支出都会直接影响企业的现金流,所以如果并购会影响这几部分现金流,就会影响到企业价值的变化,这一价值的变化即协同效应。

一家企业未来的现金流的变化可以分解成四部分：

$$\Delta 现金流_t = \Delta 收入_t - \Delta 成本_t - \Delta 税收_t - 资本支出_t$$

$\Delta 收入_t =$ 并购导致的收入增量(收入增加)。

第一部分是企业未来的销售收入的变化。如果一个并购能够导致未来销售收入增加,就会增加企业现金流的流入,从而提升企业的价值。

$\Delta 成本_t =$ 并购导致的成本降低(成本下降)。

第二部分是企业未来成本的变化。如果一个并购能够帮助企业节省成本,就意味着可以帮助企业降低现金流的流出,企业的价值也会增加。

$\Delta 税收_t =$ 并购导致的税费减少(税收优势)。

第三部分是企业税费的变化。税收对于企业而言是现金流的流出,如果并购能够使企业节税,企业的价值也会提升。

$\Delta 资本支出_t =$ 营运资本以及固定资产方面的资本支出减少。

第四部分是资本支出变化。资本支出包括两个方面：①营运资本的支出；②固定资产方面的支出。资本支出都是现金流的流出。如果现金流的流出减少,企业的净现金流就会增加,那么企业的价值也会因此增加。

2）协同效应的类型

协同效应可以分为两类：一类是营运协同效应,一类是财务协同效应。

（1）营运协同效应。营运协同效应是指并购可以通过改变公司的生产经营的相关因素,从而影响公司的价值。

营运协同效应主要通过两个渠道帮助企业提升价值：一是销售收入的增加,二是生产营运成本的节约。

营运协同效应可从以下四个方面增加销售收入。

首先,如果两家公司并购前所销售的产品是互补产品,并购会同时提高两家公司的销售收入,从而并购后企业的总体价值会高于并购前两家企业价值的加总。例如,在美国一个华人不多的小城市里有一家中国超市,超市老板并购了超市旁边的一家美国餐厅,把这家餐厅改装成中国餐厅,专门提供中国早茶。在美国工作的人都习惯周末出去购买一周的食品和消费品。如果周末一家人一起去中国超市采购,正好可以顺道去旁边餐厅吃中国早茶。这样的并购,一方面提高了原有超市的销售收入,另一方面也提高了旁边餐厅的营业额。因此这样的互补销售同时提高了原有两家企业的销售收入。

其次,增加销售渠道,提高媒体的广告效应,也可以增加销售收入。如果一家公司并购另一家公司,且这两家公司都是同一个行业,公司在并购之后可以整合销售渠道,使得销售渠道更加有效。还可以通过并购进入新市场,提高销售量。例如,在可口可乐对汇源果汁的并购案例中,可口可乐并购汇源果汁的一个重要原因是可口可乐公司希望进入中国市场,希望通过汇源果汁在中国的销售渠道提升自己在中国的市场份额。另外,汇源果汁也希望通过与可口可乐合并接触到国际市场的销售渠道,增加在国际市场上的销售份额。

再次,通过减少竞争者或者增加市场竞争力来提高议价能力,从而提高产品价格和销售收入。销售收入的提高基于以下两个因素:①提高销售量,销售更多的产品;②提高销售单价,当销售单价提高,在销售量不变的情况下,销售收入也会增加。当两家公司合并之后变成了一家更大的公司,这家更大的公司会对其下游公司或消费者有更强的议价权,进而可以享受垄断溢价,提升在产品市场上的议价能力,提高单位产品的销售价格,最终提高销售收入。例如,在优酷并购土豆的案例中,广告商在视频网站上做广告需要付费,广告费用是视频网站重要的收入来源。在视频网站行业的竞争非常激烈的情况下,这两家公司的并购可以帮助它们提升在广告市场上的议价能力,进而提高广告收入。并购后,公司在视频网站行业的实力增强,进而提升洽谈广告业务时的议价能力。如此,即使广告业务量不变,总体销售收入也会增加。

最后,通过获取战略收益来提高销售收入。很多并购,特别是跨国并购,其主要并购动机是进入他国市场。开拓市场的一个重要方式是并购,如上文提到的可口可乐和汇源果汁之间的并购,可口可乐公司希望通过并购一家中国品牌的公司,以打开中国市场和天然纯果汁的细分果汁饮品市场。

降低成本可以帮助企业节省向外流出的现金流,从而提升企业价值。**营运协同效应可从以下几个方面节约生产营运成本。**

一是增加规模效应,降低固定成本。如果两家公司生产的产品非常相似,并购后企业的规模会变得更大。一家企业在生产经营过程当中会产生两种成本:固定成本和变动成本。一家企业的生产规模越大,摊销在每一个产品上的固定成本就会越低,即获得经济规模效应。并购之后,企业的规模增大会给企业带来更大的经济规模效应,从而降低企业生产经营的总成本。

二是降低供应链上的交易成本。很多企业之所以进行垂直并购,即在其供应链上下游进行并购,是为了防止在供应链上下游交易的过程当中产生过高的交易成本。垂直并购或称纵向并购可以减少供应链交易的摩擦,将企业外部交易变成企业内部交易,从而降低交易成本,最终提升企业价值。例如,钢铁厂通过并购一家矿山公司可以保证自己的矿石输入是稳定和可控的,不会因为矿山公司的提价造成生产经营的困难,从而规避了生产风险。

三是提高经营管理效率。很多并购交易都是一家经营管理效率相对较好的公司并购一家经营管理效率相对较差的公司。经营管理效率较差的公司由于经营不善、绩效不佳,往往会成为并购的目标公司。并购之后,并购方通常会进行各方面整合,委派新的管理层来管理企业,以提高企业的效率,降低生产经营和管理过程中一些不必要的成本支出,使企业价值得以提升。

四是引进技术和改善产品工艺。很多并购交易都会伴随着先进技术的转移,一些公司的并购动机是通过并购获取新的、先进的机器设备或者生产工艺。由于企业的生产效率和企业的技术水平高度相关,技术水平提高,生产效率也会提高,这意味着企业的生产成本会降低。

并购后企业还可以重新将资产用于利润更高的业务。有些企业的资产很好但是管理不佳,因此企业的资产回报率很低,企业生产的平均成本很高。并购有助于提高企业资产的利用率,企业资产的利用率提高后,企业生产的平均成本就会相应降低,企业价值也会相应增加。

五是互补资源的结合。很多企业希望通过并购获取更多的互补资源,进而降低交易成本,更好地发挥企业目前业务的增值空间。例如阿里巴巴作为一家电商企业,其收益依赖于物流系统的效率,因此阿里巴巴并购了菜鸟物流。阿里巴巴和菜鸟物流之间的并购是非常好的互补资源的结合,可以提高公司运营效率、降低营运成本。

（2）财务协同效应。除生产营运方面的协同效应外，并购还可以通过产生财务协同效应提升企业的价值。产生财务协同效应主要有以下几个渠道。

一是降低资本投资需求。并购后相对于并购前会降低营运资本以及固定资产中所要求投入的资本。一家公司的价值等于其未来现金流折现的加总。资本的投资是一家企业重要的现金流的流出。如果并购能够帮助企业节约投资、减少资本的支出，就有助于企业提高价值。企业的投资分为营运资本的投资和固定资产的投资两个部分。如果两家公司生产类似的产品，一家公司有未用完的固定资产和利用率不高的固定资产，并购之后，另一家公司就可以利用这些未用完的及利用率不高的固定资产，降低固定资产投资的总需求。

二是形成内部资本市场。任何一家公司都不可能和其他公司有完全一样的现金流，因此并购后参与交易的两家企业可以对冲现金流的风险。并购之后的公司会产生一个更大的内部资本市场。虽然每家子公司会产生自己的现金流，但是由于不同的子公司经营的业务是不完全一样的，不同子公司的现金流可以一起对冲整体的公司风险。另外，公司还可以通过内部资本市场进行资本的调配和借贷。这些都有助于企业从集团公司整体层面提高其在资本市场上的生存能力。

三是降低财务风险以及资本成本。并购之后，两家独立的企业成为集团公司内部的两家子公司或者事业部。每家子公司或者事业部都有各自不同的业务和现金流，并购成为一家公司之后，可以在同一家集团公司内部互相对冲风险，从而降低整个集团公司的财务风险。由于企业的资本成本和财务风险高度相关，所以这种内部现金流的对冲会通过降低整个集团公司的财务风险来降低企业的资本成本。企业的价值是其未来现金流贴现值的总额，在未来的现金流不变的情况下，其贴现率的降低会提高企业的总价值。这一渠道不是从现金流的角度，而是通过降低企业的资本成本（即贴现率）实现企业价值的提升。

四是提高企业的负债能力。当一家企业并购了另一家企业，这两家企业都变成了并购之后的大企业当中的两个部分，每家企业都有自己的现金流，这些现金流可以互相对冲风险，使并购后的大企业抗风险能力上升、财务风险降低。当企业的财务风险降低后，其举债能力提高，会有更多的空间和能力去进行债务融资，就能够募集到更多的资金去进行更多的投资。因此,并购可以通过壮大企业内部的资本市场提高企业的举债能力。

一个简单的例子可以解释为什么并购能增加企业的负债能力,帮助企业降低违约风险。两家公司(公司 A 和公司 B)并购之后就变成了公司 A+B。在并购之前,公司 A 在两种状态下的收益是不一样的。第一种状态下的收益是 100 元,在第二种状态下则没有收益。B 公司在第一种状态下的收益是 0 元,第二种状态下的收益是 100 元。当 A 公司遇到了第二种经济情况,就会没有收入,出现财务风险。B 公司在第二种情况下是没有财务风险的,但是如果市场是第一种情况,B 公司就会出现财务风险。并购之后,公司 A+B 的现金流在第一种情况下的收入是 100 元,在第二种情况下的收入还是 100 元。所以在并购之后,公司 A+B 无论是遇到第一种经济情况还是遇到第二种经济情况,都不会出现现金流的断裂,都不会出现财务风险,见表 1-1,因此,公司 A+B 的举债能力高于 A 公司和 B 公司的。

表 1-1 并购后公司举债能力提升   元

公　　司	第一种状态	第二种状态
公司 A	100	0
公司 B	0	100
公司 A+B	100	100

另外,企业获取债务融资越多,抵扣的税费越多。税费支出也是重要的现金流的流出,因此通过这一渠道也可以提高企业价值。

五是缓解企业财务约束。并购有助于企业缓解企业财务约束,匹配增长机会与资本。在资本市场当中,有一些公司虽有很多很好的增长机会,但缺少资本。而另外一些公司(如私募股权基金)有资本,但没有能使资本增长的技术以及生产力。并购可以将这两类公司相匹配,有资本、没有技术的公司可以获得增长机会或技术;有增长机会或有技术的公司,也可以获得相应的资本。当资本遇到了技术,或者技术遇到了资本,资本有助于技术真正产生价值,最后使得资本的投资者获得收益,而技术的拥有者也能够利用技术来创造价值。但在金融市场、股票市场不够发达的地区,融资能力差的小企业通过出售股权或资产进行融资的做法更为普遍。

2. 节税效应

由于税费是企业重要的现金流流出,如果并购可以帮助企业节约税费,也就有助于企业提高价值。并购交易可以通过以下几个渠道帮助企业节税。

首先是降低应税收入。通常由一家绩效比较好的公司并购一家绩效比较差的公司。绩效比较好的买方公司通常会有大量的应税收入。公司的绩效比较好,公司的税基相应比较高;而目标公司通常绩效较差,不需要交太多的税,甚至可能会有大量的税损结转(tax loss carry forward)。并购之后,两家公司成为一家公司,合并财务报表时,有大量税损结转的公司就可以把一部分税损结转转移到另一家公司,从而降低整个公司的应交所得税。可见,并购有助于降低公司税负,进而提升企业价值。

其次是增加税盾效应。财务协同效应的一个重要方面是有助于企业提升债务融资能力。当并购使企业的风险降低时,企业的负债能力会提高,更多的债务会产生更多的利息支出,更多的利息可以抵扣更多的所得税,从而可以减少企业税负。

最后是直接降低税收支付。一些地区,如一些离岸群岛,企业所得税税率要低于其他地区,有些公司通过并购把自己公司的资产直接转移到这些地区,可以享受这些地区的低税率。这种方式可以直接降低企业的税费支出。然而,很多国家政府禁止仅单纯以避税为动机的并购行为。

📖 案例 1-1 协同效应驱动并购案例:优酷网并购土豆网

协同效应是主要的并购驱动因素,优酷网并购土豆网就是一个很典型的案例。优酷网是中国的一个很重要的视频网站,2006 年推出之后,发展非常迅速,成为当时互联网视频网站最具有影响力的视频媒体之一。土豆网成立于优酷网之前,但后来发展遇到很多瓶颈和问题。2012 年优酷网正式收购了土豆网,收购的主要驱动因素就是两家公司之间的协同效应。

并购之前,两家网站的业务重合度非常高:优酷网和土豆网的用户日重合度能达到 14%。在并购发生时,视频行业在中国市场竞争非常激烈,优酷网和土豆网各自的竞争实力都在相对减弱。在这种行业环境下,两家公司如果合并成一家相对更大的公司,将有利于后者在这一行业中更好地生存下来。优酷网和土豆网合并后成为一家更大的视频网站公司,对其上游和下游都有更高的溢价能力:对其上游,能够降低视频版权的采购成本,增加公司的利润;对其下游的广告商,可以收取更高的广告费用,增加其销售收入。此外,由于两家公司的业务相似,两家公司也可以在技术、管理等多方面互相利用各自的资源,从而降低成本。并购给两家公司带来了协同效应,两家公司在并购之后各自的盈利都有所增加。

3. 帮助企业获得更高的增长率

诺贝尔经济学奖得主乔治·斯蒂格勒曾经说过,在美国没有一家大公司不是通过收购竞争者形成的。并购是让企业快速发展的一个非常有效的手段。并购有助于企业高速增长主要基于以下两个原因。

第一,并购有助于企业降低在增长发展过程中出现的风险。当企业进入一个新的领域、新的市场时,如果所有的产品或者市场的开拓都在公司自己内部发展完成,风险会非常高。因为在企业决定进入新的领域、新的市场之前,一切都是未知数。但是如果通过并购来进入一个新的领域、新的市场,在进入之前进行考察调研,能够获得很多信息。这样公司进入的风险就会降低很多。这类似于购买房产,购买期房的风险远高于购买现房。因为期房一切都在图纸上,都在未来。但是对于现房,房子的各种情况都可以在交易之前进行了解。因此,如果一家企业想进入一个新的领域、新的市场,并购是有助于企业降低风险、获得更快的增长机会的一种非常有效的手段。

第二,并购有助于企业转型,谋求发展。对于一些成熟、饱和的行业,企业要想继续生存下去就不得不考虑转型升级,而转型升级可以通过并购来实现。如果企业转型升级,一切都是靠企业自身研发、自身投资、重新建设,由于企业不熟悉新的领域和新的市场,风险会很大。但是如果通过并购来实现,整个转型过程会更迅速,风险也会更低。

案例 1-2 获得高增长率驱动并购案例——青岛啤酒快速并购发展案例

青岛啤酒是一个通过并购快速扩张、不断壮大企业规模的经典案例。青岛啤酒创建于 1903 年,从 1997 年开始实施大规模扩张。短短几年时间,扩张的版图覆盖了全国 17 个省、区、市,其生产能力也从 1998 年的 55 万吨增加到 2002 年的 250 万吨,摆脱了过去有品牌无规模的困境,完成了从区域中型企业向全国性大型企业的转变。

青岛啤酒为什么在这个时期要进行大规模的扩张？第一个原因是啤酒是一个低保质期、不适合长途运输的产品，应采用就地生产、就地销售的策略。如果青岛啤酒希望打开全国市场，拓宽销售地区，就必须在全国不同的地区配备生产基地。青岛啤酒可以在当地建设生产基地，也可以在当地购买相应的产业，作为自己的生产基地。相比重新构建生产基地，直接去并购相应的企业作为自己的生产基地，速度会更快，风险也会更小。第二个原因是啤酒是一个低毛利率的产品，必须依托规模经济才能够实现超额利润。横向并购可以帮助企业降低成本，如果企业的生产规模扩大，由于固定成本不变，每一个单位产品平均摊销的固定成本会下降。规模扩大，企业的总成本会下降。因此青岛啤酒通过并购能够降低成本，实现更高的利润。第三个原因是在这一时期，很多外国的啤酒品牌也陆续登陆中国市场，啤酒行业竞争越发激烈。青岛啤酒要想生存下来，就必须做大做强。要做强，首先要做大，而并购有助于企业迅速扩张，快速壮大规模。

通过并购快速地扩大规模之后，青岛啤酒提高了市场份额，实现了规模经济效应，降低了成本，而且也提高了创新能力，在很多地方实现了当地生产、当地销售的良性循环。

4. 获得新资源和新技术

一家企业有两种方式来获得某一项新技术。第一种方式是自己研发，第二种方式是向具有新技术的企业购买。企业自己研发，周期通常会比较长，成本也会比较高，研发能否成功也有很大的不确定性。而如果企业向一家已经拥有该项技术的企业购买，首先可以节约研发时间，很快获得这一技术；其次可以降低风险，因为该技术已经存在，不存在研发失败的情况。因此，通过并购获取新技术的周期比较短，确定性也比较高。一个经典的例子是联想公司通过向 IBM 收购笔记本相关技术，引入笔记本生产业务。另外，很多高科技公司（如思科公司）的技术都是通过收购相关的计算机行业、互联网行业等信息产业的一些小公司的技术来获得的。

5. 挖掘企业的隐藏价值

并购的最终目标是提升公司价值，为投资者创造价值。例如，市场上有些产品质量很好，但是由于包装问题或者营销渠道不畅等，其市场价格较低、销量不佳。公司也如此，有些公司可能资产本身质量很好，但是由于管理、组织不善等,企业绩效不佳,公司价值较低。在这种情况下,并购公司可以对这类价值被低估的公司进行并购,通过改善管理、改善组织结构、增加资源等手段提升目标公司的价值,让目标公司的资产能够真正发挥其应有的价值,并购公司也可以分享目标公司价值提升的部分,这也是一些公司进行并购的重要原因。

📖 案例 1-3 维维收购重组贵州醇——通过改善管理提高企业价值

维维股份收购贵州醇是一个通过改善管理提高目标公司的隐藏价值、最终创造价值的经典案例。贵州醇创建于 1950 年,从 20 世纪 70 年代开始不断发展,到 1992 年达到了顶峰,销售收入突破了 1 亿元人民币,在当时基本上与茅台酒持平。但是从 1995 年开始,贵州醇的发展走入下坡路,到 2011 年,贵州醇的销售收入只占茅台酒的 1/267。很多媒体专家认为僵化的国有体制和经营机制是造成贵州醇业绩下降的主要原因,具体体现在三个方面:第一,贵州醇的领导认为不需要改革,因此贵州醇的经营离市场经济越来越远,失去了长期发展的动力;第二,贵州醇在1992 年销售收入达到顶峰后,到 1993 年有了很多自有资金,因此想利用这些资金进一步发展,但在发展的过程中出现了一些失误,造成了很多浪费和资源的损失;第三,贵州醇还采取了多元化战略,然而很多多元化战略的实施并不成功,直接影响到其主营业务的绩效。在这种情况下,地方政府开始思考如何改变贵州醇的经营管理。地方政府认为仅依靠企业内部的变革不足以提高企业的生产绩效,必须依靠外部力量。因此地方政府引入维维股份这一知名企业来帮助贵州醇提升其经营绩效和企业价值。

维维股份是中国著名的食品制造企业,涉及食品相关的很多行业,其最著名的产品就是维维豆奶,此外还包括饮料、粮油、酒业等其他的产业。维维股份在公司治理、销售渠道、品牌管理方面都有非常好的管理基础。2006 年维维股份联手双沟酒业进入酒行业,2008 年开始打造了一个全国酒业连锁销售平台,这一平台在 2009 年又收购了枝江酒业等其他酒行业相关的业务。因此,维维股份收购贵州醇后,可以通过两个渠道来提升贵州醇的价值:第一,通过企业重组、改善管理等手段,提升贵州醇自身的经营管理,从而提升贵州醇企业自身的资产价值;第二,通过把贵州醇放在其全国酒业连锁销售平台上,与其他已经被其收购的酒品牌产生销售协同效应。

维维股份是如何通过并购来提升目标公司的企业价值的呢？

1. 价值发现

维维股份在这一案例当中，很好地挖掘了一个并购目标。该并购目标有一个很好的特点：目前低绩效，但是资产很好。贵州醇当时的生产绩效不佳，因此在出售资产的时候不得不折价出售。这样，维维股份就可以用一个相对低的成本去并购贵州醇。贵州醇虽然当时绩效不佳，但其资产很好，它曾经是与茅台酒齐名的我国著名酒业品牌，所以品牌价值很高。另外，贵州醇还有非常好的天然禀赋和生产技术。酒业本身是毛利率很高的行业，如果能够提升贵州醇的生产管理，其价值提升的空间非常大。因此，贵州醇是一个非常好的并购目标：一方面并购成本相对较低，另一方面资产质量相对较高。

2. 资产重组

维维股份首先对贵州醇进行了资产重组，一方面提高了公司资产的效率，另一方面也降低了并购的成本。通过资产重组，贵州醇引进了新的机器设备，获得了新的土地、原材料、品牌、知识产权等，这些都有助于日后提升公司的生产效率和价值。前文提到贵州醇经营不善的一个很重要的原因是采取了不合理的多元化策略，因此在并购的时候，维维股份将贵州醇的核心资产和非核心资产相分离，只将核心资产加入新的贵州醇公司。这一方面缩小了公司总的资产规模，降低了收购的成本；另一方面也提高了资本的回报率。

3. 价值提升

维维股份采取了多项措施来提升企业价值，改进企业管理和绩效。首先，通过销售平台协同效应提升企业价值。维维股份在收购贵州醇之前，已有双沟、枝江、川王酒三个酒业生产品牌，加上"维维茗酒坊"酒业连锁渠道，拥有较好的酒业平台。贵州醇的加入，使维维酒业平台更强大，借助维维的品牌、渠道以及资本优势，贵州醇可获得较大的销售渠道上的协同效应。其次，管理提升带来价值增长。维维股份是中国知名的食品公司，有较好的国际化视野，也有非常好的管理理念和公司治理体系，这些都有助于老国企贵州醇在并购后改变经营管理，开阔视野。在这一过程中，企业的价值也会有所提升。最后，员工激励效应带来价值。国有企业的身份消失后，贵州醇可以更好地依靠市场来引进人才、管理人才和激励人才,这就进一步激发了企业的活力,使企业更好地可持续发展。通过这些措施,维维股份提升了一家资产质量高,但由于经营不善造成价值贬损的公司的价值。通过并购,维维股份挖掘了目标公司的价值,提升了目标公司的价值,从中也分享了目标公司价值提升的一部分。

6. 实现国际化目标

1) 跨国并购的特定驱动因素

实现国际化目标是跨国并购的重要驱动因素。跨国并购是很多企业实现国际化战略的重要手段。跨国并购的驱动因素可以分成两类:一类与本土并购一样,如扩张公司的市场份额,获得一些新的资源、新的技术等;另一类是跨国并购特有的驱动因素。跨国并购的特定动机包括如下几点。

一是克服市场分割。企业进行生产,生产要素必不可少。一些生产要素是可流动的,可以通过国际贸易在各个国家之间流动;也有一些生产要素不具备流动性,如劳动力,因此不能在各个国家之间买卖和流动。如果一个高劳动力成本国家的公司希望利用另外一个国家中低成本的劳动力,唯一的方法是在这个国家建厂,直接进行生产经营,而并购一家本地工厂是最快的形成生产基地的方式。因此,克服生产要素的地区分割、克服生产要素的不可流动性,是跨国并购的一个重要动机。

二是克服不利的政府政策。各个国家都会保护自己国家的产业,因此会设置一些经济壁垒,如贸易壁垒、关税壁垒、进出口配额等。一个国家的公司进入另一个国家的市场一般有两个渠道。一个渠道是通过出口把自己的商品销售到另一个国家。但进出口通常会面临一些政策障碍,如进出口配额、关税等。规避这些政策障碍,进入另一个国家市场的另一个渠道,是到该国就地生产、就地销售。而实现就地生产和销售的一个重要方式,是直接并购一家当地的企业,以打开该国市场。

三是在新市场利用技术。一些国家的政府不仅对进出口贸易实施一些壁垒性的政策,对一些新技术的转移与使用也设置了壁垒。有些技术只允许在本国使用,不允许转移到其他国家。所以一些外国企业如果想利用这些技术,只能到本国去生产。并购一家本国公司是这些外国企业利用这些技术进行生产的快速方法,因此也是跨国并购的一个重要动机。

四是为既有的跨国客户提供供应链支持。一些外资企业在另一个国家进行生产,生产过程中需要一些上下游的零配件等供应链的支持。可以通过进出口,从外国采购零配件;也可以在本地收购另一家上游企业以保证供应链畅通。这同样是跨国并购的一个重要动机。例如,一家外国的汽车公司在中国开设了一家汽车的制造厂。对于汽车生产的轮胎供应,该公司可以通过国际采购来购买轮胎,以满足汽车制造厂的需求;也可以在中国本地并购一家轮胎制造厂,从而保证上游供应的通畅。

2)中国企业走出去跨国并购海外企业的动机

近些年,我国有越来越多的企业走出中国进行跨国并购。这些并购的动因多种多样,以下几种比较典型。

一是寻求互补资源。虽然我国地大物博,但比较缺乏矿产、原油等资源。所以一些中国企业海外并购的对象是矿产资源类的企业。如2005年中国石油天然气集团有限公司通过并购哈萨克斯坦的石油公司,在一定程度上解决了中国石油原油比较紧张的问题。另外,中国的很多钢铁公司并购澳大利亚的矿山公司,是为了寻求国外的一些重要天然资源对中国的补给。

二是克服国外政府贸易壁垒的限制。我国一些竞争行业的公司为了能够获取更多的国外市场份额,必须走出国门并购当地公司。如 TCL 公司为了避开欧盟对我国电子产品的反倾销策略,并购了德国施耐德公司。通过并购,TCL 拓展了在欧洲市场的份额,突破了欧盟对我国电子产品的配额限制。

三是寻求先进技术。虽然我国近些年的科技发展突飞猛进,但是一些信息行业、电子行业的技术水平和国际上的先进水平尚存在一定的距离。因此,购买国际先进技术也是我国一些企业海外并购的驱动因素。其中最重要的一个案例就是 2004 年联想收购 IBM 的笔记本业务。联想希望能够在笔记本电脑生产上获得更大的空间,比较快速的方式就是并购 IBM 这样一家全球领先的计算机公司的笔记本电脑业务。通过这一并购,联想获取了笔记本电脑生产的核心技术。

四是供应链内部化,降低供应链交易费用,提高效率。在经济全球化的时代背景下,很多中国企业的供应链的上游依赖于进口。通过并购国外上游公司,能将一些外部交易变成企业内部交易。如 2004 年上海电气并购了日本车床业的鼻祖——日本池贝株式会社的业务。这样,一些外部交易变成了企业内部交易,从而降低了供应链上的交易成本,最终提高了企业的绩效。

案例 1-4 中航国际收购美国艾联

中国企业走出国门的一个重要案例是中航国际收购美国艾联。2015年中航国际收购了美国艾联 100% 的股份。该交易主要有两个收购动机：首先，航空标准件的全球采购、供应链集成和设计优化是使中国民机获得国际适航认证、参与国际市场竞争的重要基础。中国的航空业要走向国际，需要有国际的合作品牌来支撑，收购美国艾联可以从技术上给予更好的保证，在品牌上也能有一个更好的国际化的形象。其次，通过该并购交易，美国艾联可以更好地打通中国市场，在中国寻求更多的商业机会。

1.2.2 消极（或中性）并购动机

积极并购动机驱动的并购可以帮助企业提升价值。但企业进行并购并不一定由提升公司价值来驱动，不能提升公司价值的动机称为中性或者消极并购动机。由这些动机驱动的并购不一定能为公司带来价值提升，在一些情况下甚至会损害公司的价值，在现实中应该尽量避免这样的并购动机所驱动的并购。这些动机主要包括使用企业闲置资金、多元化战略、谋取管理者私利和引导盈利等。

1. 使用企业闲置资金

当企业有很多闲置资金的时候，这些闲置资金有多种利用方式：可以通过发放股利、回购股票等方式回馈投资者；也可以用这些闲置资金进行投资，而投资不一定总会提升企业价值。投资的一个重要渠道就是并购，而并购不一定会提升企业价值。在并购前没有进行非常到位的尽职调查、并购中过高支付并购对价等情况下，并购不仅不能给企业带来价值，反而可能有损目前企业的价值和经营绩效。例如，20 世纪 90 年代初贵州醇价值降低的一个很重要的原因是，在 1992 年，当其销售收入超过 1 亿元人民币达到顶峰时，公司有了很多自有资金，希望通过自有资金来进一步扩张，但是最终归于失败。这种扩张不仅没有提升企业的价值，反而降低了企业的价值。

2. 多元化战略

在很多情况下，多元化战略并不能够真正为企业和投资者提升价值，还有可能损害企业和投资者的价值。其原因有两点。

首先，当一家企业希望分散风险时，它将自己的产业分散在不同的领域,对于管理者而言是分散了风险,但是对于投资者,特别是对于中小股东而言,这种分散风险并不是一种非常有效率的方式。因为中小股东可以通过调整投资组合来分散风险,并不需要一家公司将产业分布在不同的领域来分散风险。由于资本市场实践中有很多多元化战略失败的案例,因此,当一家企业宣布要进行多元化的收购时,通常资本市场会对该企业的股票产生比较负面的反应,此即典型的"多元化折价"的资本市场现象。

其次,一家公司的管理层的精力、能力都是有限的。一个管理者可能是某一个领域的专家,但通常很难成为多个领域的专家。一家公司的管理层可能在某一个领域能将自己经营的业务管理得非常好,但很难把若干个特别是不相关的领域都管理得非常好。原因很简单,每个人的精力、知识和经验都是有限的,当一家公司将其资产分散在多个不同领域时,公司管理层的精力和业务能力可能会出现问题,最终不但不能提高,反而会降低公司整体绩效。可见,多元化战略不一定能够帮助企业价值增值。

📚 案例 1-5 多元化并购失败案例:美国运通大并购

20 世纪 80 年代,美国运通(American Express)希望把自己打造成一个金融超市,跨界并购了很多其他的业务。美国运通收购了 IDS(一家个人理财公司,即现在的阿默普莱斯金融公司)、希尔森(Shearson,一家股票经纪公司)、雷曼兄弟(Lehman Brothers,美国最早的投资金融公司,现在已关门大吉)、第一数据资源(First Data Resources,一家交易处理公司)、赫顿公司(EF Hutton,一家濒临破产的股票经纪所)以及其他几家金融服务公司。

美国运通认为,既然收购的所有公司都与金融业务相关,并购显然存在协同作用。美国运通还希望持有信用卡的富有客户可以方便快捷地获得理财建议、购买股票,并以捷足先登的价格购买首次公开上市的股票。但这些经营并不成功。IDS 的目标客户大部分都是中西部的农场主,他们收入不高,投资理念保守。这批客户与美国运通普通持卡会员非常不同,美国运通发现自己真的不知道如何向这批客户推销其他服务。1987 年,希尔森因股市行情暴跌而牵连到自己所投资的几桩房产交易,因此陷入困境。美国运通因为购买了希尔森损失了整整 10 亿美元。不同业务的协同效应更是愿望大于现实。最终,美国运通炒掉了发起这些收购行为的 CEO(首席执行官),任命 IDS 的负责人担任新CEO。哈维•戈卢布(Harvey Golub)卖掉所有这些类似经纪公司和投资银行等"非核心"业务,将重点放在信用卡和理财业务上。

3. 谋取管理者私利

公司决策由管理者决定,并购交易也不例外。如果一家公司的并购是管理者基于谋取个人私利决定,那么这样的并购通常会有损企业价值,有损投资者价值。下列原因会导致管理者基于个人私利进行并购。

第一,并购的一个重要结果是企业规模扩大,企业规模扩大直接使经理人的个人收入和可支配资源增加。研究表明,企业高管的薪酬与企业的规模正相关。因此,经理人有动机把一家企业做大,同理,经理人也有动机通过并购将企业的规模快速扩张。

第二,经理人通常都希望提高自己的声誉,也希望获取更大的权力。一家大公司的 CEO 肯定比一家小公司的 CEO 拥有更高的社会声誉和更多的社会资源。因此,经理人有动机发起并购,将企业做大。然而,这些并购有时并不能帮助企业提升价值。因为企业发展的速度和发展的稳定性不同,企业可能会发展得非常快,但是并不一定发展得非常稳,甚至从长远来看,企业有可能会出现问题,如企业有可能会在盲目扩张当中产生资金链断裂、流动性风险等问题。这些问题都可能导致企业的经济效益和价值不升反降。

第三,一些并购是经理人过度自信驱动的。经理人可能盲目自信,并没有做好调查研究就武断地做了一些并购决策,致使企业价值受损。

第四,一些并购可能完全因经理人为谋取管理者私利而驱动,例如关联交易。关联交易是经理人转移公司资产的常用手段。一类重要的关联交易是关联资产的交易。经理人通过把公司的优质资产以比较低的价格卖给其关联公司来转移公司资金,也可以以一个高的价格从其关联公司购买劣质资产来转移公司资金,这些都是典型的关联交易。如著名的安然事件与关联交易高度相关:安然事件发生之前,安然公司进行的大量关联交易导致公司价值的损失。安然事件驱动了美国的公司治理改革,促使美国政府颁布了《塞班斯法案》。关联交易归根到底是委托代理问题,一家公司的所有权和经营权相分离的情况下,经理人做的决策不一定会使公司的价值和股东的投资收益最大化。由委托代理因素所驱动的并购决策,最终可能导致企业价值受损。

4. 引导盈利

引导盈利是一个很重要的通过并购来进行盈余管理的手段。并购通常是一家高估值公司并购一家低估值公司；换言之，市盈率（price earning ratio，P/E）高的公司并购市盈率较低的公司。由于买方公司的股票价值高于目标公司的，所以它需要支付的股票股数比较少，在并购之后，目标公司的总股数比其在并购之前降低了。因此，在总的经济价值不变的情况下，总的股数降低了，每股收益（EPS）会上升，即引导 EPS。但是从长期来看，上升的 EPS 会下降。

例如，有两家公司：一家是高增长公司（Fastgro，Inc.），一家是低增长公司（Slowgro，Inc.）。高增长公司计划收购低增长公司，并购之后 EPS 有什么变化呢？高增长公司收购低增长公司提升 EPS 见表 1-2。

表 1-2　高增长公司收购低增长公司提升 EPS

项　　目	Fastgro，Inc.	Slowgro，Inc.	并购后 Fastgro
股价/美元	80	40	80
EPS/美元	3	2	？
P/E	26.7	20.0	？
在外发行股数/股	200 000	100 000	250 000
总盈利/美元	600 000	200 000	800 000
市值/美元	16 000 000	4 000 000	20 000 000

高增长公司目前的股价是 80 美元，EPS 是 3 美元，P/E 是 26.7，发行的股票数额是 20 万股，总盈利是 60 万美元，总市值是 1 600 万美元（总市值＝股价×发行股数，即 80 美元×20 万股）。低增长公司目前的股价是 40 美元，EPS 是 2 美元，P/E 是 20.0。并购之前高增长公司的 P/E 高于低增长公司的。低增长公司在并购之前的发行股数是 10 万股，总盈利是 20 万美元，总市值是 400 万美元。并购公司并购之后股价还是 80 美元。假如并购之后没有任何经济层面的效益增加，总盈利等于两家公司的盈利之和 80 万美元。两家公司的总市值也应是不变的，等于 2 000 万美元（1 600 万＋400 万）。并购公司，即快速增长公司，需要发行 5 万股来收购低增长公司。因为其目前的股价是 80 美元，低增长公司的总市值是 400 万美元。并购之后，总的公司股票数额是 25 万股，两家公司的盈余总额是 80 万美元，并购之后的 EPS 是 3.2 美元，既高于并购前目标公司的 EPS（2 美元），也高于并购前买方公司的 EPS（3 美元）。虽然在经济层面没有创造任何价值，只是简单把两家公司的经济效益相加，但是两家公司的 EPS 都提高了。EPS 的提高实际上与经济上创造价值没

有任何的关系,并购并没有给股东带来实际的价值提升,只是在账面上提高了 EPS,所以是一种盈余管理的操作形式。

综上所述,公司层面的并购动机分为积极并购动机和消极(或中性)并购动机两种。积极并购动机主要包括协同效应、节税效应、帮助企业获得更高的增长率、获得新资源和新技术、挖掘企业的隐藏价值和实现国际化目标等;消极并购动机主要包括使用企业闲置资金、多元化战略、谋取管理者私利和引导盈利等(或中性)。公司层面的并购动机总结见表 1-3。

表 1-3　公司层面的并购动机总结

并购动机的性质	并购动机的内容		
积极并购动机	协同效应	营运协同效应	1. 增加销售收入 2. 节约生产营运成本
		财务协同效应	1. 降低资本投资需求 2. 形成内部资本市场 3. 降低财务风险以及资本成本 4. 提高企业的负债能力 5. 缓解财务约束
积极并购动机	节税效应	1. 降低应税收入 2. 增加税盾效应 3. 直接降低税收支付	
	帮助企业获得更高的增长率		
	获得新资源和新技术		
	挖掘企业的隐藏价值		
	实现国际化目标	跨国并购的特定驱动因素	1. 克服市场分割 2. 克服贸易壁垒 3. 在新市场利用技术 4. 为既有的跨国客户提供供应链支持
		中国企业走出去跨国并购海外企业的动机	1. 寻求互补资源 2. 克服国外政府贸易壁垒的限制 3. 寻求先进技术 4. 供应链内部化,降低供应链交易费用,提高效率

续表

并购动机 的性质	并购动机的内容		
消极并购 动机	使用企业闲置 资金		
	多元化战略		
	谋取管理者私利		
	引导盈利		

1.3　不同类型并购的并购动机

视频 1-3　不同类型并购的并购动机

根据并购公司和目标公司之间的关系,并购交易可以分成三类:横向并购、垂直并购和混合并购(或者多元化并购)。横向并购的目标公司和并购方是在同一个行业,垂直并购主要是指交易双方在供应链的上下游,而混合并购主要是指并购的双方公司没有任何行业的相关关系。不同类型并购的动机有所不同。横向并购的动机有:一是增加公司市场份额和竞争力;二是降低生产经营成本;三是寻找新的增长机会。垂直并购的并购动机有:一是降低供应链上的交易成本;二是提高行业的进入门槛。混合并购的并购动机有:一是多元化;二是通过其他业务的注入获得新的增长机会;三是构建商业帝国。

1.3.1　横向并购

横向并购中的目标公司和并购方在同一个行业,生产的产品非常类似。例如,美国达美航空收购美国西北航空、可口可乐收购汇源果汁等。虽然并购后两家公司要进行整合,但实际上在并购前后,它们经营的业务基本不会发生变化。横向并购通常由以下动机驱动。

1. 增加公司市场份额和竞争力

横向并购发生前,两家公司的经营业务非常相似,它们所面对的产品市场也往往相似。并购之后的公司将拥有之前两家公司分别占有的市场份额,可见扩大市场份额是一个重要的并购动机。

2. 降低生产经营成本

横向并购可以帮助企业通过两个渠道降低成本。第一个渠道是并购之后两家公司可以互相利用彼此原有的销售渠道增加自己的市场份额。在并购之前,两家独立的在同行业的公司会产生竞争关系,所以不可能互相利用资源,但是并购后两家公司成为一家公司,可以互相利用资源,特别是生产、销售渠道、物流、品牌等资源。资源互相利用可以节约很多成本。第二个渠道是通过实现企业的规模效应来降低成本。经济规模效应可以帮助企业降低成本,因为扩大规模可以降低固定成本在每个生产产品份额当中的分摊。由于固定成本不变,经济规模越大,总成本越低。两家公司生产的产品相似,并购后两家公司可以共用彼此的固定资产,如厂房、设备等,这些都会降低生产成本和额外投资的需求。

3. 寻找新的增长机会

一家企业要做大做强,必须有新的增长机会,新的增长机会往往来自研发和科技的创新。小公司创新能力通常比较弱,抗风险能力也比较低。然而,一些对未来发展重要的高收益投资通常都会伴随很高的风险。当两家在同一行业的公司合并成一家相对较大的公司后,新公司会有更强的抗风险能力,可以捕捉到更多的商业机会。可见,横向并购有助于企业进行产品技术创新,促进企业的长期增长。

案例 1-6　横向并购之滴滴、快的战略合并

随着商业发展竞争越来越激烈,同行业的横向并购案例越来越多,例如,滴滴和快的的合并。这两家公司的主营业务都是网约车。在网约车业务竞争越来越激烈、外部市场竞争越来越大的情况下,每家公司都面临很大的困难,所以两家公司进行了合并。合并后两家公司可以互相利用彼此的平台,减少内部竞争,降低运营成本。

案例 1-7　横向并购之携程与艺龙合并

携程和艺龙都是国内重要的互联网旅游中介公司,艺龙更侧重于高端的酒店资源。随着互联网的发展,互联网旅游中介公司行业竞争变得越来越激烈。在这种情况下,一方面企业不希望和竞品公司打价格战,因为价格战会降低每家公司的盈利水平;另一方面,每家公司的营运成本也非常高。两家公司的合并,一方面可以帮助减少价格竞争,避免价格战;另一方面可以互补资源,互相利用彼此的平台,降低成本,提高企业绩效。

1.3.2 垂直并购

垂直并购往往发生在供应链上下游企业之间,可以是一家上游企业并购一家下游企业,也可以是一家下游企业并购一家上游企业。例如,一家钢铁公司并购一家矿山公司,就是典型的垂直并购。

垂直并购可以分成两类:一类是向前整合并购,一类是向后整合并购。向前整合并购是指一家供应链上游企业并购一家供应链下游企业;向后整合并购是指一家供应链下游公司并购一家上游公司。例如,一家冰激凌厂并购一家餐厅或一家超市就是向前整合并购,因为冰激凌厂是餐厅或者超市的供应商。并购后,冰激凌厂更加接近其最终的客户端。如果这家冰激凌厂去并购一家农场则是向后整合并购,因为农场主要饲养奶牛,可以提供牛奶、奶油,是冰激凌厂供应链上游的供货商。垂直并购通常由以下动机驱动。

1. 降低供应链上的交易成本

产业链上下游企业之间并购有助于企业降低上下游之间的交易成本。如果一家企业有一个比较强势的上游供应商,上游供应商的议价能力会比较强,上游供应商可能随时调价,造成这家企业的生产成本和绩效的不稳定。但如果企业拥有自己的上游供应商,就可以避免供应链的上游企业随时调价情况的发生,有效控制交易成本。

企业下游客户同样也会发生这种情况。如果企业的下游公司的实力很强,议价能力很强,就会尽量压低产品的销售价格,使得企业的销售收入和盈利能力降低。因此,如果企业能并购下游企业,就可以避免发生这些情况。由此,企业可以通过垂直收购打造一个产业链。

当企业只是产业链上的一家独立公司,企业和其上下游企业之间的交易都是外部交易。对于外部交易,每个交易方都有各自的利益诉求,因此交易成本比较高。通过垂直并购,企业拥有了整个上下游的产业链,把产业链上每个环节的交易都从外部交易变成内部交易。这样,企业在供应链上的交易成本就会下降。

2. 提高行业的进入门槛

如果一家企业不但拥有自己的产业,还拥有上下游行业的相关产业,形成了一个供应链,那么对于潜在的行业竞争者而言,意味着行业的进入门槛被提高了。一个行业的进入门槛越低,进入这个行业的企业也会越多,竞争就越激烈,利润就会越低。通常企业较容易进入一个单一的业务,初期投资也相对较低。但是企业如果要建立整个产业链,所需投资就比较高,进入市场的门槛就会比较高。另外,如果一家公司拥有整个上下游的产业链,其他要进入这个行业的公司就会面临更多的挑战,特别是如果这家公司掌握了一些上下游核心的资源,更会增加潜在的竞争者进入这个行业的难度。因此,通过垂直并购打造供应链,企业能够提高自己行业的进入门槛,降低行业竞争,并增强其在行业中的垄断地位。

案例 1-8 垂直并购之阿里影业并购粤科软件

垂直并购的案例有很多,除了典型的钢铁公司并购矿山公司这类案例之外,在互联网时代,新经济科技产业当中也有很多此类案例,如阿里影业并购粤科软件。阿里影业是阿里公司的一个娱乐板块,粤科软件可以为其新的娱乐业务提供一些技术支持,通过这一并购,阿里希望形成一个完整的行业产业链。

1.3.3 混合并购

混合并购是指并购的双方公司在产业上没有任何联系,因此这两家公司的并购不太会产生直接的协同效应。如一家汉堡包公司并购一家石油公司,这两家公司在并购之前所从事的业务几乎没有任何联系,很难预期并购会产生明显的协同效应。混合并购通常由以下动机驱动。

1. 多元化

混合并购中收购方和目标公司属于完全不同的产业,因此交易的重要动机就是收购者期望通过并购实现多元化经营,分散企业的经营风险。虽然在现实中很多多元化的企业战略是失败的,且对于企业的外部投资者而言,将企业业务多元化也不是一个有效的分散投资风险的方法,但仍有很多企业的管理层认为多元化业务有助于分散企业经营风险。

2. 通过其他业务的注入获得新的增长机会

对一些传统行业和发展遇到瓶颈的行业,获得新的增长机会是一个非常重要的并购动机。当行业发展到一定程度,市场份额已经非常饱和,已经没有太多增长机会。这种情况下,该行业中的公司如果想持续发展,甚至继续存活下去,就必须寻找其他的出路,如进行产业转型、产业升级,甚至进行资产置换。而通过混合并购收购一个全新的业务是一个快速有效的做法。

3. 构建商业帝国

一些企业的并购可能是由其管理层因为委托代理问题而产生的经理人私利来驱使的。经理人通常有动机把自己打造成一个跨多个行业的大公司经理人。有这类经理人的公司可能更容易发起混合并购交易。

如前所述,根据并购交易中收购公司和目标公司之间的行业关系,并购可以分为横向并购、垂直并购和混合并购(多元化并购)三类。三种并购形式的并购动机见表1-4。

表 1-4　三种并购形式的并购动机

并 购 种 类	并 购 动 机
横向并购	增加公司市场份额和竞争力 降低生产经营成本 寻找新的增长机会
垂直并购	降低供应链上的交易成本 提高行业的进入门槛
混合并购	多元化 通过其他业务的注入获得新的增长机会 构建商业帝国

1.4　行业生命周期与并购驱动因素

视频 1-4　行业生命周期与并购驱动因素

企业并购驱动因素与行业发展的生命周期息息相关。根据不同的行业发展情况,行业可以分成几个不同的生命周期阶段:第一个是先锋发展期,第二个是高速增长期,第三个是成熟增长期,第四个是稳定期,第五个是衰退期。不同的行业生命周期会驱动企业进行或参与不同类型的并购。

1.4.1　先锋发展期

在这一时期行业有以下特点:公司的产品非常新,市场定位、销售情况有很多不确定性。这一阶段,企业的风险非常大,通常需要注入非常多的资本。另外,由于产品还没有受到市场的广泛认可,公司的销售收入不高,所以在这个阶段企业的利润通常非常低。

在这一行业发展阶段,一方面,企业普遍新成立,规模很小,要想进一步发展,就必须获得大量的资金支持;另一方面,企业实力较弱,需要通过强强联合提高自己的抗风险能力和生存能力。基于这些原因,在这一阶段常见的企业并购形式是混合并购和横向并购。

　　一些拥有资金的基金公司或者是发展遇到瓶颈的比较成熟的产业公司,希望谋求新业务转型,在这种情况下,这些公司会通过混合并购先锋发展期的公司来谋求未来的发展。此外,在先锋发展期的公司规模通常较小,公司要想生存,必须强强联合提高企业生存能力。因此,同行业公司之间发生的横向并购也比较常见。

1.4.2　高速增长期

　　高速增长期仍旧是行业发展的早期阶段。在这一阶段,行业的竞争相对较低,企业产品逐渐受到市场的认可,企业的销售收入、利润也会得到较快的增长。

　　在这一阶段,比较重要的并购动机仍旧是获得资金,进一步扩大生产,实现增长。因为在这个时期竞争相对比较弱,市场对产品的需求是增加的趋势。企业要想抓住机会提高盈利就需要获得更多资金,快速扩大生产、提高产量。

　　在此因素的驱动下,常见的并购形式是混合并购和横向并购。很多希望转型的传统企业可以通过混合并购,进入新的、高增长的行业。此外,在这一时期,由于企业需要扩大生产,会产生进行横向并购的动机。因此,混合并购和横向并购是该阶段公司参与比较多的并购形式。

1.4.3　成熟增长期

　　在这一阶段,行业竞争变得越来越激烈,企业增长率降低。此时企业参与并购交易的动机主要是降低成本,提高运营效率。竞争增加说明未来的市场空间发展有限。在不能扩大规模、提高收入的情况下,要想保持盈利水平,需要考虑节约成本。规模经济效应、降低供应链交易成本都能降低企业的运营成本。

　　基于这一目的,横向并购和垂直并购在这一阶段都比较常见。通过横向并购,企业可以产生经济规模效应,降低成本。垂直并购可以帮助企业降低上下游之间的交易成本,能够更好地保障自己在行业中的竞争地位,提高其他企业进入该行业的门槛。

1.4.4 稳定期

这一时期,市场竞争进一步加剧,市场份额越来越饱和,未来的增长空间越来越有限。在这样的环境下,企业主要考虑的是降低成本。由于整个市场份额进一步萎缩,通过开源增加企业绩效的希望越来越渺茫。企业越来越有动机通过改善经营、改善管理来降低企业成本、提高企业绩效。在这样的动机下,会发生越来越多的横向并购和垂直并购。

1.4.5 衰退期

物极必反,盛极而衰。在最后一个时期,很多消费者的偏好会转移,产品已经被市场认为是老化的产品,所以销售收入会下降。同时,行业中产能过剩,企业利润率下降的趋势明显。在这种情况下,企业要想生存,可以采取两个渠道。第一个渠道就是进一步提高企业效率,节省成本,维持目前的经营。第二个渠道就是寻找新的增长机会,通过企业转型使企业存活下去。任何一个产业都不可能一成不变地持续存活。马云希望阿里巴巴能够存活至少102年,成为一家百年老店,102年之后还能保留阿里巴巴企业的名字。但如果阿里巴巴的产业内容不变,不可能维持102年。随着技术的发展,越来越多的产业的生命周期越来越短。一家企业要想长期存续,就必须不断地改变业务,改变技术。在这一阶段,企业要想生存下去,就需要寻找新的增长机会。

这样的动机使得横向并购、垂直并购、混合并购都可能发生。从节约成本的角度,横向并购、垂直并购可以帮助企业提高效率,节省成本;而混合并购可以帮助企业寻找新的增长机会,进入新的领域,为未来发展开拓新的空间。

总体来看,行业发展不同时期的企业并购驱动因素及主要并购形式见表1-5。

表 1-5　行业发展不同时期的企业并购驱动因素及主要并购形式

时　期	驱动因素	主要并购形式
先锋发展期	获取资金与资源,获取新的增长方向	混合并购和横向并购
高速增长期	获取资金与资源,获取新的增长方向	混合并购和横向并购
成熟增长期	降低成本,提高运营效率	横向并购和垂直并购
稳定期	降低成本,提高运营效率	横向并购和垂直并购
衰退期	提高效率,企业转型	横向并购、垂直并购、混合并购

1.5　驱动并购浪潮的宏观经济因素

除与公司个体相关的并购驱动因素和与产业相关的并购驱动因素之外,还有一些更为宏观的并购驱动因素。这些宏观因素,不仅会使单个企业进行并购,而且会导致多家企业在同时期进行并购,这种现象被称为并购浪潮。并购浪潮的宏观驱动因素主要包括政府政策、金融市场状

视频 1-5　驱动并购浪潮的宏观经济因素

况、技术发展和经济周期四个方面。本部分回顾了过去 150 年左右发生的六次重要的并购浪潮,总结出驱动并购浪潮发生的各种因素,最后,探讨中国并购市场的发展与改革。

1.5.1　六次并购浪潮

1. 第一次并购浪潮（1897—1904 年）（横向并购）

第一次并购浪潮发生的原因有以下几点:第一,政府政策。1897 年以前美国政府的政策不允许公司之间交叉持股,1897 年政府颁布了政策,允许公司之间互相持股。由此,并购后一家公司拥有另一家公司的股票为政策所允许,也即该政策的颁布推动了并购浪潮的发生。第二,股票市场的形成和投资银行的推动。并购需要融资,需要金融服务业来推动。股票市场的形成、投资银行的发展,推动了融资和整个金融业务活动,这也是促成本次并购浪潮发生的重要原因。第三,新的经济增长点。煤炭作为新能源支持了经济的发展,铁路系统在美国进一步形成。这一时期产生了很多新的经济增长点,降低了交易成本,带动了新的业务。第四,1883 年大萧条后经济开始复苏,产生很多新的经济增长机会。一家企业要想快速发展,通常需要抓住商业机会并购另一个公司,从而实现快速增长。因此,抓住新的经济增长机会实现快速增长,也是这一时期促进并购发生的原因之一。

这一阶段的并购浪潮,近 80% 都是横向并购。一个重要结果就是创造了很多商业巨头,形成很多垄断的大公司,进而提高了整个市场的行业集中度。第一次并购浪潮因为信用市场的崩溃和股票市场的崩盘而结束。由于资本市场环境的恶化,企业无法再进行融资。因此,股票市场的崩盘直接导致本次并购浪潮的结束。

2. 第二次并购浪潮（1916—1929 年）（垂直并购）

第二次并购浪潮发生的原因有以下几点。第一，政府政策。在第一次并购浪潮当中形成了很多大的垄断公司，这些公司在定价上收取垄断溢价。政府为保护消费者的权益，出台了很多法令，禁止垄断，保护竞争，这直接导致很多同行业的企业之间不能进行并购。由于垂直并购不会形成在一个行业中的垄断公司，这刺激了垂直并购的发生。第二，投资银行发展。这一阶段投资银行进一步发展，为并购交易提供了各种各样的服务，例如财务服务、投融资服务和咨询服务等，这些服务的发展进一步促进了并购浪潮的发生。第三，技术进步。技术进步、交通系统的发展和媒体广告的发展等因素给企业提供了更多的商业发展机会，使企业产生扩张需求，进而促进了并购行为。第四，经济复苏。这一时期正好是第一次世界大战之后的经济复苏时期。经济复苏带来很多新的商业机会，企业要想抓住这些商业机会，就需要通过并购的方式扩大生产，扩大自己的业务，这也是本次浪潮发生的重要原因。

这一阶段的并购以垂直并购为主，因此产生了很多寡头垄断公司。与第一次并购浪潮一样，本次并购浪潮也因股票市场的崩盘而结束。股票市场一旦崩盘，企业就无法发行股票进行融资来发起并购，因此，股票市场崩盘是导致并购浪潮结束的一个重要原因。

3. 第三次并购浪潮（1965—1969 年）（混合并购）

第三次并购浪潮发生的原因有以下几点。第一，反垄断监管促进混合并购。上文提到第一次并购浪潮导致了很多横向并购，而第二次并购浪潮又导致了很多垂直并购。垂直并购之后也产生了很多寡头垄断公司，所以政府进一步出台了一些政策，防止垄断的发生。在这种情况下，公司另辟蹊径，选择了混合并购来绕开政府的一些政策，所以在这个阶段有很多混合并购发生。第二，股票市场进入牛市。一个并购交易可以支付现金，也可以支付股票。对于支付现金的交易，企业在牛市里可以融到更多的资金；对于支付股票的交易，牛市意味着这家公司的估值偏高，实际需要支付的成本偏低。第三，科技发展。科学技术的发展给公司带来很多经济机会。第四，第二次世界大战后经济复苏。第二次世界大战后经济的复苏和重组带来的商业机会也促进了很多并购的发生。

这一阶段混合并购占到并购交易总量的 80% 左右。政府反对横向、纵向的并购，使得企业另辟蹊径——混合并购。在这一阶段很多并购的参与者是中小企业，因为政府监管对大企业比较严，怕它们通过并购产生垄断，但政府并不担心中小企业会形成垄断。

第三次并购浪潮结束的原因有以下几点。首先,美国国会发现混合并购太多也有很多弊端,所以进一步出台了政策限制混合并购。其次,一些融资也受到了限制,导致并购浪潮结束。20 世纪 60 年代后期股票市场开始进入熊市。熊市意味着企业增发股票很困难,用支付股票的形式来并购的成本比较高,这导致第三次并购浪潮的结束。

4. 第四次并购浪潮(1981—1989 年)(杠杆并购)

第四次并购浪潮发生的原因有以下两点。第一,证券监管放松导致大量垃圾债发行。一些金融公司会发行一些垃圾债,使很多原来募集不到资金的公司通过垃圾债可以募集资金。之所以称为垃圾债,是因为发行债券的公司资质不好,通过正常渠道无法进行融资,但它可以通过发行垃圾债的形式,给高额的回报率来募集资金。这使一些企业可以超额募集资金,用这些资金进行并购。可见,垃圾债为这些公司进行并购创造了条件。第二,混合并购多元化经营失败。这一阶段很多企业认识到第三次并购浪潮中混合并购的问题。第三次并购浪潮中,很多并购是混合并购,导致很多企业增加了很多非主营业务的资产,其后发现这种多元化的经营是失败的,因此希望能够回归主营业务。回归主营业务需要把原来非主营业务的资产变卖出去,就会涉及兼并收购。兼并收购的发生可由买方驱动,也可由卖方驱动。最后,这一时期政府也颁布了一些经济刺激政策,如减税政策等,增加了企业进一步发展的机会。

这个阶段并购的主要特点是出现了很多"蛇吞象"的交易:小公司并购大公司,弱公司并购强公司。原因是很多垃圾债的出现,使很多比较弱的、原先不可能融资的公司融资的渠道拓宽,从而可以进入并购市场。这一现象也促成了很多恶意收购,因为恶意收购需要很多资金支持,金融监管的放松为恶意收购开拓了道路。这一阶段产生了很多大的跨境并购。

第四次并购浪潮结束的原因主要是经济萧条,特别是海湾战争爆发带来的经济衰退。经济萧条之后经济增长机会减少,自然而然降低了并购动机。此外,政府颁布了一些反收购法律对企业进行保护,防止恶意收购,也导致了并购的减少。最后一个原因是垃圾债券市场的衰退。1987年股票市场出现暴跌,又一次走进熊市周期。债券市场由于对公司未来发展充满担忧,进一步推高了债务融资的成本。此次浪潮中的杠杆收购与垃圾债券融资难以为继,为本次并购浪潮的结束奏响了前奏。

5. 第五次并购浪潮（1992—2000 年）

第五次并购浪潮发生的原因有以下几点。第一，技术进步和全球产业竞争。技术进步和全球整个产业的竞争，使很多行业放宽了监管。很多以前政府严格管制的行业，如金融、交通、电信等非常重要的基础性行业，随着整个全球竞争产业的发展，越来越市场化。市场化趋势提供了很多并购机会，因为很多公司原来都是政府持股或者是国有持股，实现市场化需要引入一些其他的投资者。这一过程很多是通过并购来实现的。第二，亚洲金融危机。亚洲金融危机之后，很多资金从亚洲市场撤出来，回流到欧美市场，形成了美国市场的牛市。股票市场出现了牛市，意味着融资变得更加畅通；而且如果用股权去支付并购，成本也相对会降低。所以资本市场的牛市也推动了并购浪潮的发生。第三，技术进步。这段时间是互联网大爆发的时期，互联网技术发展突飞猛进，创造了很多商业机会。技术创新使经济增长呈现出非常好的状态。这一时期大约处于克林顿执政时期，美国经济非常好，好的经济环境也推动了很多并购的发生。这段时间的并购很多都是非常大规模的并购。

第五次并购浪潮结束主要有两个原因。第一，互联网泡沫的破灭导致很多公司市值降低，股市走低对投资和融资产生很多不利的影响。第二，"9·11"事件之后，美国经济出现了一段时间的减缓和萧条，对投融资产生了很多负面影响。

6. 第六次并购浪潮（2003—2007 年）

第六次并购浪潮的发生主要是由于私募股权基金的发展。私募股权基金大规模发展使融资变得更容易，很多企业能够获得更多的资金进行并购。私募股权基金和产业公司合作，形成并购基金，帮助产业公司完成并购。此外，这段时间房地产行业发展得也非常好。房地产和股票市场的发展为 VC（风险投资）、PE（私募股权）公司退出创造了很好的条件，使 VC、PE 公司更愿意与产业公司合作，进行各种各样的投融资行为，这也推动了整个并购浪潮的发生。此外，亚洲金融危机后更深入的国际化也产生了更多的并购机会，导致了更多的跨国并购发生。2008 年次债危机是这次并购风波结束的主要原因。

六次并购浪潮发生时间、驱动因素、主要并购形式及结束原因见表 1-6。

表 1-6 六次并购浪潮发生时间、驱动因素、主要并购形式及结束原因

并购浪潮	第 一 次	第 二 次	第 三 次	第 四 次	第 五 次	第 六 次
发生时间	1897—1904 年	1916—1929 年	1965—1969 年	1981—1989 年	1992—2000 年	2003—2007 年
驱动因素	1. 政府政策 2. 股票市场的形成和投资银行的推动 3. 新的经济增长点 4. 大萧条后经济开始复苏，产生很多新的经济增长机会	1. 政府政策 2. 投资银行发展 3. 技术进步 4. 经济复苏	1. 反垄断监管促进混合并购 2. 股票市场进入牛市 3. 科技发展 4. 第二次世界大战后经济复苏	1. 证券监管放松导致大量垃圾债发行 2. 混合并购多元化经营失败	1. 技术进步和全球产业竞争 2. 亚洲金融危机 3. 技术进步	1. 私募股权基金的发展 2. 房地产市场的发展
主要并购形式	横向并购	垂直并购	混合并购	1. 小并大、弱并强 2. 恶意收购 3. 跨境并购	大规模并购	全球化并购
结束原因	股票市场崩盘	股票市场崩盘	1. 政府政策限制混合并购 2. 融资受限 3. 股票市场进入熊市	1. 经济萧条 2. 反恶意收购条款 3. 垃圾债券市场衰退	1. 互联网泡沫的破灭 2. "9·11"事件后美国经济放缓	美国次级债危机爆发

1.5.2 驱动并购的宏观经济因素

宏观层面主要有四个因素推动很多企业同时进行并购，形成并购浪潮，包括政府政策、资本市场状况、技术发展和经济周期。

1. 政府政策

政府政策很重要，政府放宽一些政策会导致很多并购在放宽的领域发生，政府的政策收紧就会使得这一领域的并购消失。

2. 资本市场状况

基本上每一次并购浪潮都始于资本市场变好，股票市场进入牛市，终于资本市场下行，股票市场崩盘，进入熊市。这是因为并购企业需要融资渠道，当资本市场发展好的时候，融资渠道畅通，自然会产生更多的并购交易。除此以外，由于并购可以支付股权，所以如果资本市场为牛市，股权支付的并购成本会降低，并购也更容易发生。可见，金融市场的好坏会直接影响并购浪潮的发生和结束。

3. 技术发展

技术发展会产生很多新的经济增长点，而新的经济增长点会产生两个结果：第一，很多企业希望能够拥有新技术，想要通过并购去获得这些技术；第二，创造了很多新的需求，很多企业为了满足这些新的需求需要扩大生产、规模。扩大生产、规模的最快速、最有效、风险最低的方法就是进行并购。所以技术发展会导致很多并购同时发生。

4. 经济周期

经济周期和以上几个因素密切相关。经济好的时候，需求增加，商业机会增加，企业要想抓住商业机会、抓住需求，必须快速扩大生产，而快速扩大生产的一个重要途径就是并购。相反，如果经济周期进入衰退期，需求量降低，并购需求自然而然也会降低。

1.5.3 中国并购市场的发展与改革

中国的并购市场从 2005 年才开始发展。2005 年股权分置改革之前，中国的上市公司平均有 2/3 的股票是非流通股。因此，对于任何一个并购，公司都不可能通过二级市场收购股票来完成，而必须通过和大股东协商才可能完成。所以在股权分置改革之前，中国的资本市场上并没有真正意义的并购。

2005 年的股权分置改革启动了中国资本市场的并购活动,特别是激活了我国控制权市场。股权分置改革使大股东的非流通股变成流通股,很多并购能够通过二级市场完成。此外,2006 年中国证监会颁布了几项与并购相关的重要政策,这些政策促使中国并购市场的真正快速发展。在此之前,中国证监会要求企业并购必须 100% 支付现金。由于并购的交易金额通常很庞大,如果全部交易都要通过现金支付,企业的成本将非常高,会给企业带来现金流的流动性风险。因此,在 2006 年之前,中国的上市公司甚至是整个中国的企业当中,并购都非常少。

2006 年 9 月,《上市公司收购管理办法》实施,允许上市公司通过证券和现金的形式支付并购价款,这使并购市场快速发展,很多并购交易得以完成。此外,对要约收购的政策监管也有所放松,从而很多并购能在二级市场上发生并完成。另外,在过去的 10 年到 15 年期间,中国证监会颁布的很多政策,简化了并购相关审批手续,推动了中国的资本市场上并购的发展。此外,在金融监管机构推动下,金融市场开辟了很多新的并购融资渠道,如 2008 年中国银监会发布的《商业银行并购贷款风险管理指引》规范了并购贷款业务,商业银行有资格为并购企业提供贷款。2014 年 11 月,《上市公司重大资产重组管理办法》实施,简化了中国上市公司的跨国并购审批流程,极大地推动了很多并购的发生。

过去 10～15 年间,中国上市公司并购市场发展非常快,这与中国政府并购政策的发展和支持高度相关。因此,现今并购发展的速度越来越快,并购案例的发生越来越多。很多企业不仅在本土,也在海外开展了很多并购活动,这些海外并购推动了很多企业的国际化。

本章小结

本章主要介绍并购的动机。并购的动机可以分成几个层次:第一是公司层面的并购动机,第二是行业层面的并购动机,第三是国家宏观经济方面的并购动机。公司层面的并购动机又可以分成两类:一类是积极并购动机,一类是中性或者消极并购动机。在积极并购动机当中,最重要的一个并购动机是产生协同效应,即产生"1＋1＞2"效应。在行业层面的

视频 1-6　第 1 章小结

并购动机中,本章把行业的生命周期与企业的并购动机相联系。当一家企业所在行业处于不同的生命周期时,诉求也不同,因而产生不同的并购动机。国家宏观经济层面的并购动机可以归纳为四点:一是政府政策,二是金融市场状况,三是技术发展,四是经济周期。根据并购公司和目标公司之间的关系,并购分成横向并购、垂直并购和混合并购三大类。不同类型并购的并购动机也不一样。

 综合训练

1. 简述公司层面的积极并购动机和消极并购动机。

2. 简述宏观经济层面驱动并购浪潮发生的因素。

3. 简述横向并购、垂直并购和混合并购三种不同类型并购的驱动因素。

4. 简述历史上的六次并购浪潮。

 即测即练

第 2 章

并购尽职调查

本章学习目标

1. 掌握什么是并购尽职调查,并购尽职调查主要包括哪些方面。
2. 掌握在什么情况下并购尽职调查会更加困难。

2.1 尽职调查概述

并购尽职调查最主要的目的是帮助并购公司避免交易失败。交易失败,并不仅指这一交易最终未能完成,更多的是指该交易虽然已经完成,但没有给投资方真正创造企业价值、真正带来企业价值的提升。通过尽职调查可以避免这种失败。尽职调查是对目标公司进行全方位评估,收

视频 2-1　尽职调查概述

购公司希望通过尽职调查,尽可能获取更多的目标公司的相关信息,使交易双方对彼此能有更多了解,能够真正有效地评估交易是否应该进行,并希望通过获取的信息来指导交易结构的设计,甚至能对并购之后整合方案预先进行规划。

2.1.1 尽职调查的定义

尽职调查是指一家并购公司确定了目标公司之后,对目标公司进行全方位的资产评估。尽职调查的内容包括所有会影响并购决策以及并购结果的目标公司的相关因素。尽职调查的结论有助于并购公司作出重要决策:首先,结论有助于并购公司决定继续并购还是退出并购;其次,如果继续进行并购,结论将有助于并购公司最后设计交易结构以及确定对价等重要决策。

2.1.2 尽职调查的原因

并购通常是一项耗资巨大的风险投资,充满了很多不确定性和很多

风险。现实中有很多并购未能成功,没有给企业带来价值的提升。如在我国资本市场,有助于企业提升价值的并购不到 10%。从世界资本市场来看,很多很重要的并购耗资非常巨大,但是最终并没有给企业带来价值的提升。如戴姆勒-奔驰花费 400 多亿美元并购克莱斯勒、AT&T 动用 1 000 多亿美元收购 TCI 和 MediaOne、美国在线收购时代华纳等。通过分析和总结,可以看到这些并购案例失败的一个很重要的原因是,在并购之前对并购的风险预判不足或有误。很多案例不成功的最主要的原因是收购方在并购之前忽略了尽职调查或尽职调查不充分、不详尽,而并购之前的尽职调查可以帮助收购方收集信息、预判风险。

尽职调查的根本原因在于信息不对称。收购方只有通过详尽的、专业的调查才能清楚了解目标公司的具体情况。具体来说,尽职调查的原因包括以下几个。

1. 发现项目或企业的内在价值

由于并购双方的角度不同,分析企业的内在价值往往会出现偏差。企业内在价值不仅取决于当前的财务账面价值,也取决于未来的收益,企业的内在价值可能被高估或低估。对企业内在价值进行准确评估和考量必须建立在尽职调查的基础上。

2. 判明潜在的风险及对预期投资的可能影响

尽职调查是风险管理的第一步。任何并购项目都存在风险,如目标公司的财务账册是否准确、相关资产是否具有目标公司所声称的相应价值、是否存在任何可能导致并购后运营或财务运作出现问题的因素等。

3. 为并购方案设计做准备

相较于收购方而言,目标公司通常更了解自己企业的各项风险因素。因而,收购方有必要通过实施尽职调查明确目标公司存在的风险和法律问题,减少双方的信息不对称,在此基础上,与目标公司就相关风险和义务的承担进行谈判,并确定在何种条件下继续推进并购计划。

2.1.3 尽职调查的目的

1. 验证卖家的描述是否属实

收购方和被收购方思考问题的角度截然不同:被收购方总是希望能

够在并购中获取更高的对价,因此,被收购方就有动机去粉饰报表、包装资产,而收购方则希望能够降低对价。收购方在确定并购对价之前,应该详尽调查被收购方的资产情况是否与其描述一致,以避免支付过高的对价或并购之后发生意外事件。

2. 加强与目标公司的关系

并购经常被与婚姻相比较:结婚之前,男女双方要谈恋爱,恋爱中要沟通,增进了解,使今后的婚姻生活更加和谐。并购也如此,在并购之后,两家公司最后会形成一个经济体,要真正实现协同效应、提高公司绩效,需要这两家公司能够和谐相处、共同发展,前提是双方在并购之前就有一个比较融洽的关系。因此,在进行尽职调查的过程当中,收购方和被收购方要互相配合,进行多次沟通,在沟通过程当中增进彼此间的了解,彼此建立比较良好的关系,为日后整合打下良好的基础。

3. 了解公司的法律事务

很多公司的资产可能面临重要的法律合规问题,如公司税务、环境保护法律事务;再如一些公司可能有知识产权,这些知识产权是否有排他性、是否有合法的使用权等。这些相关合规问题都需要进行调查研究并核实。

4. 更好地了解目标公司所在市场的相关信息

收集并获取目标公司所在市场的相关信息,特别是一些细分市场、细分赛道的相关行业信息,也有助于对企业未来价值作出更加清晰的预判。

5. 为日后的整合做准备

公司要想通过并购真正实现价值的提升,需要并购之后双方进行有效的整合。尽职调查的一些信息可以为未来有效整合提供很多参考意见,甚至在尽职调查中可以预先设计一些未来整合的路线。

6. 为最终是否要进行并购提供参考意见

尽职调查的一个重要目的是帮助企业作出最终是否进行并购的决策。尽职调查可能会花很多时间和金钱,这些沉没成本不应影响企业的决策。如果通过尽职调查发现该并购并不能够真正帮助企业提升价值,企业应该当机立断停止交易,及时止损。

2.2　尽职调查的主要内容

视频 2-2　尽职调查的主要内容

尽职调查需要调查的内容可以归结为"3M＋L"。3M 主要指的是 Market、Money、Management，即市场问题、财务问题和管理问题；L 代表的是 Legal，即法律问题。3M＋L 具体内容见表 2-1。

表 2-1　3M＋L 具体内容

3M		L	
市场（业务）问题	公司/商业事务 技术	法律问题 （合规问题）	监管 税务 环境
金钱（财务）问题	财务		
管理问题	管理 劳动力情况		

2.2.1　市场问题

要了解一家企业，首先应该了解这家企业的市场业务内容。通过对市场业务内容的分析，可以了解该企业在经营当中的利润驱动因素，以及其成本痛点等相关因素，此外还可以了解企业商机、风险等一系列相关因素。这些因素都会影响该企业未来的发展与绩效。

1. 考察市场状况

很多尽职调查活动可以帮助并购方对企业的业务进行了解。首先，可以查阅企业项目计划书。很多企业都有相关的项目计划书，即其目前进行的项目、以往进行的项目和未来进行的项目的相关计划书。收购方通过阅读这些项目计划书，可以对目标公司今后的发展有更好的预判。其次，可以进行一些商业模式的尽职调查，增加对公司目前商业模式的了解。此外，还可以对公司现有的客户进行访谈。通过访谈，收购方能够对该公司的产品有更好的认知，对客户、产品的需求认可度有更好的了解，对未来的风险也有更好的预判。

对目标公司市场情况的尽职调查非常重要。销售收入的提高是企业提高未来净现金流的重要来源，对市场情况和对未来销售收入进行预判是尽职调查的一项很重要的内容。在考察市场情况时，需要注意以下几点。

1）行业分析

一家企业所在的行业,不仅有大的行业,还有细分行业。收购方不仅要对大的行业进行分析,更重要的是还要对细分行业进行分析。收购方需要知道在大的行业当中哪些企业是主要的竞争对手,在细分行业哪些企业又是主要的竞争对手。例如在可口可乐公司并购汇源果汁案例中,从大的行业来看,可口可乐和汇源果汁都属于软饮料行业;但是从细分行业而言,可口可乐和汇源果汁各属于不同的细分市场,可口可乐属于碳酸饮料,汇源果汁属于果汁类饮料,而且是100%纯果汁细分市场上的公司品牌。所以收购方需要对大的行业和细分市场都调查清楚,特别是调查谁是竞品公司以及竞品公司的情况。

2）市场份额分析

任何一个行业都可以分成垄断的行业或者竞争的行业。在一个比较垄断的行业,每家企业都有可能享受垄断溢价,可以对上下游合作商有更高的议价权,从中获取更高的利润。但是当该行业已经是一个竞争性非常强的行业时,毛利率对所有公司而言都非常低。进入这样一个行业,企业未来的利润会受到很大的影响。所以,充分了解目前市场的竞争状况也非常重要。

3）成长性考量

如果一个行业已经比较饱和,一家公司想要进入这一行业长时间持续发展,其成长空间就会非常有限。如果某个行业目前的市场饱和度比较低,未来的增长空间就会非常大,这样的行业才会有比较高的进入价值。例如,可口可乐公司之所以想进入中国的果汁行业,是因为通过数据分析发现中国的纯果汁销售额比较低,并且随着中国经济的发展和人民生活水平的提高,对健康饮品的需求将越来越大,行业可增长的空间也会比较大。

2．了解客户情况

市场销售收入的主要来源是客户,因此在做尽职调查的时候,并购方要对客户的情况有所了解。对客户情况进行尽职调查的维度也非常广泛。

1）考察上下游主要客户的集中度

在客户方面的尽职调查中,一个很重要的维度是要了解企业的主要客户及其名单。企业的客户可能比较集中,也可能比较分散。如果企业下游的客户比较集中,说明下游的客户对该企业的议价能力会比较强,企业很难提高单位价格的销售收入;如果企业下游的客户比较分散,相对而言,每个客户的议价能力就比较弱,企业产品的销售渠道会比较广泛,风险也会比较低。除了了解下游客户的集中度,并购方也要了解下游公司的经营情况如何:如果下游公司的经营情况很好,说明它会提高对上游公司的需求,这对公司长远发展来讲是一件好事。相反,如果下游公司的经营状况不善,一方面对上游公司的需求会缩减,另一方面可能会更有动机拖延上游公司的货款,从而给企业带来一定的现金流压力和财务风险。这也是收购方需要考量的一个方面。

2)分析与重要客户合同的合理性

收购方也需要考察目前目标公司和一些重要客户的合同是否合理。很多情况下,企业与客户之间的合同有可能并不合理或公允。例如,企业的下游公司如果是企业的关联公司,企业就有可能把一些很好的产品以比较低廉的价格销售给下游的该关联公司,会损害公司的业绩。所以在进行尽职调查的时候,也要对企业的下游客户进行考察,包括考察其是否为关联公司、是否存在关联交易、上下游的关联合同的价格是否公允等情况。

3)了解积压滞销产品情况

收购方还需要了解企业订单的积压情况。因为有些公司可能有很多滞销产品,有可能会影响到企业的绩效。此外,收购方还要了解终止订单的相关信息,如订单是因为突发事件还是其他情况而终止等。另外,收购方还要了解销售周期和一些重要的时间安排。一家企业的销售周期越长,回收货款的时间就越长,相应其下游企业的应付账款的周期、现金周期都会延长。企业的现金周期长,意味着企业在较短的时间内很难收回销售现金,就有可能使企业面临一些财务性风险。因此,尽职调查不仅要了解销售量,还要了解这些下游客户的还款周期以及整体的销售周期。

4)考察销售渠道情况

企业的销售渠道可以分成两类:一类是直接销售,一类是间接销售。直接销售意味着从本公司直接销售给客户,本公司通常会有销售人员,在尽职调查中需要访问本公司一线销售人员的情况,要对其工作当中的困难和工作效率有所了解。另外还要了解目前销售人员的薪酬体系是否包含正常、合理、高效的激励机制。销售人员的薪酬通常与销售的业绩高度挂钩,而如何挂钩需要在合同中精心设计。例如,销售人员的薪酬除了根据销售收入按比例提成之外,还可以与是否走访了客户、走访客户的次数、开发新客户的次数,以及是否销售了滞销产品等相关信息进行挂钩。如前文可口可乐并购汇源果汁案例中提道,之所以可口可乐并购汇源果汁会产生一定的协同效应,是因为可口可乐公司在全世界销售领域都很知名,对销售人员有完善的包括薪酬结构在内的管理体系,这种先进的管理体系有助于进一步促进汇源果汁的销售。因此,销售人员的薪酬结构也是一个很重要的考量因素。此外,如果企业采用间接销售,尽职调查的一项很重要的内容就是了解销售网络以及间接销售的中介机构,包括了解中介机构的销售效率和费用等情况。

3. 评估商业模式

对目标公司进行尽职调查的另一个很重要的方面,就是了解企业的经营状况,对企业的商业模式进行评估。对商业模式的评估主要包括两个角度:一是企业利润的驱动因素。利润的驱动因素主要来源于企业的一些特殊资源,这些资源可能是企业所拥有的自然资源,如矿山公司拥有的矿产资源、房地产公司拥有的土地资源等,另外还包括财务资源、技术资源等。这些资源会使企业拥有一些特殊的盈利能力。这些特殊的盈利能力可以提升企业价值。这是商业模式评估中很重要的资源问题。二是企业的风险因素。任何企业在经营过程当中都会面临风险,特别是一些企业之外的、不可控的风险,这些风险会直接影响企业发展的稳定性。企业风险的来源可能是自然因素,可能是政策因素,也可能是其他不可控因素。这些因素会直接影响企业的绩效,因此都需要进行考察。例如,一家以进出口为主的企业,其进出口情况和国家之间的政治关系高度相关,从企业层面而言,这种风险是不可控的,但会是影响企业绩效的重要因素。再如一家农产品公司面临的风险主要与季节和天气相关。气候风险不可控,但也是一个很重要的风险因素。在考察企业风险的过程中,要充分了解企业的商业模式,对其每一个风险点进行细化分析。考察方式可以是实地考察或访谈,还可以聘请咨询公司进行调查。

4. 调查技术和知识产权

如今,对一家企业的评估越来越重视其在技术方面的核心竞争力。

因此,在并购的尽职调查中,对技术与知识产权相关信息的尽职调查也越来越重要。技术与知识产权都是无形资产,很难对其进行准确的量化评估,而且对技术和知识产权的尽职调查需要很多专业的知识和信息,因此这方面的尽职调查难度比较大。实务中可以聘请第三方的咨询公司或机构,协助公司进行相关技术与知识产权的尽职调查。在调查的过程当中,需要注意的问题包括:第一,这些技术与知识产权的所有者是谁?是不是目标公司?很多时候虽然公司可能使用这一技术进行生产,但是未必实际拥有该技术的知识产权。第二,需要认真调查研究这些技术是否可以转让、是否具有排他性等情况。第三,需要考虑知识产权、技术的有效期问题。第四,很多知识产权、技术等无形资产会涉及一些法律纠纷,如知识产权、技术的所有权归属及权利转让等法律纠纷,在并购之前也应该对这些信息进行充分的调查研究。

📖 案例 2-1　并购医药企业的尽职调查

甲公司是一家集研发、生产和销售为一体的医药集团公司,为了配合企业战略扩张、增加产品种类,甲公司向乙公司发出收购要约,表示愿意以吸收合并的方式收购乙公司 100% 股权,最终取得乙公司的 A、B、C 三种药品的所有权。双方协商一致并签订《合作意向书》。甲公司没有外聘会计人员和资产评估人员,只安排公司财务人员和项目经理配合外聘律师完成法律尽职调查工作。

一周后,律师签发《法律尽职调查报告》,认为:①乙公司不具备并购交易的合法资质;②乙公司不拥有三种药品所有权,三种药品的所有者是丙公司;③药品 B 存在专利权争议;④药品 C 的专利权正被丁公司侵犯。一个月后,因上述四个问题迟迟无法解决,并购项目被迫终止,甲、乙双方按照《合作意向书》的约定解除共管账户,甲公司支付乙公司因"排他性协商和保密条款"而设定的经济补偿。

市场尽职调查内容及主要目的见表 2-2。

表 2-2　市场尽职调查内容及主要目的

尽职调查活动	细分活动	主要目的
考察市场状况	行业分析	了解和掌握大的行业和细分市场
	市场份额分析	充分了解目前市场的竞争状况
	成长性考量	掌握行业可增长的空间

尽职调查活动	细 分 活 动	主 要 目 的
了解客户情况	考察上下游主要客户的集中度	了解企业现金流压力和财务风险
	分析与重要客户合同的合理性	了解与重要客户的合同是否合理
	了解积压滞销产品情况	了解企业的现金周期和财务性风险
	考察销售渠道情况	了解企业是否具有先进的销售管理体系和薪酬结构
评估商业模式		了解企业的利润的主要驱动因素和重要风险点
调查技术和知识产权		评估企业技术和知识产权的所有权、有效期及涉及法律纠合规况

2.2.2　财务问题

财务尽职调查主要看以下几方面的信息。

第一个方面是三张财务报表：资产负债表、利润表、现金流量表。通过阅读这三张报表，收购方可以进一步了解企业的生产经营和财务风险状况。

第二个方面是企业的原始供销单据和财务报表信息的一致性。原始的供销单据能够更好地反映财务的真实情况，由于很多财务信息可以通过盈余管理、盈余操纵等手段进行调整，所以要把企业的财务信息和企业的原始供销单据再次进行比对，确保二者的一致性。此外，还要阅读企业的审计报告，特别是上市公司的审计报告，通过这些审计报告，收购方可以进一步了解企业的财务状况和风险状况，以及企业的财务信息质量。在财务尽职调查中，不能单纯看财务信息的内容，更重要的是要看信息的质量，因为有些内容有可能是虚假的、过度包装的，需要通过审计报告来核实财务信息质量。最后还要做一些税务尽职调查，税务尽职调查的意义在于：一方面可以了解这家企业是否合规，另一方面也可以通过企业缴纳税费的信息倒推企业的盈利状况。

在财务尽职调查时，收购方首先要获取的是财务报表材料，由于财务尽职调查需要对企业有一个相对长时间的了解，所以至少需要过去三年的财务报表。如果是上市公司则需要获取经审计的财务报表。在进行财务尽职调查的过程中，还需要与相关人士进行交流，特别是要与公司的CFO(首席财务官)和审计师进行交流，CFO 可以对企业的财务情况进行介绍，并回答对财务报表的质疑，而审计师可以提供很多相关的在审计过程中获取的信息。

在财务尽职调查中，除了注意资产负债表当中的信息之外，还需要注意一些额外的问题。例如会计准则的差异情况，不同的公司如果采用不一样的会计准则，最后所产生的会计结论也会不一样，所以并购之前进行尽职调查时，要对公司所使用的会计准则有充分了解。这也是因为在并购之后两家公司的会计准则需要统一：如果这家企业在美国上市，适用美国的会计准则；如果这家企业在中国上市，则适用中国的会计准则。此外，不同的公司有不同的会计操作，有的公司比较激进，有的公司相对比较保守。不同的会计操作手段，也会导致企业在实现的利润、中间成本的确认等方面不尽一致。因此，在尽职调查时，不仅要了解这家企业最后的财务状况，还要了解产生这一财务指标的过程。

第三个方面是表外业务。很多时候表外业务也能反映出企业的许多漏洞和问题以及很多非常重要的信息，所以要额外关注表外业务。另外，企业的或有债务和或有资产等情况也会影响企业并购之后的发展，因此也非常重要，需要关注。

通过对企业财务报表的分析，可以了解企业收入和费用的驱动因素、痛点与难点。此外，还要特别关注关联交易、非正常交易以及在非公允价格条件下进行的交易，这些交易也会影响企业的资产情况和绩效，因此都是尽职调查中非常重要的因素。并购时，目标公司为了能够获取更高的对价，总是有动机用一些会计的手段来包装公司资产、夸大公司资产价值。如果并购前没有很好地进行尽职调查，就会给目标公司提供夸大公司资产值的机会，最终导致并购失败。一个很典型的例子就是惠普公司曾经收购了一家英国的公司 Autonomy，收购之后，这家英国公司的CEO 和 CFO 都受到了法律的处罚，原因是他们在并购当中利用会计手段，夸大本公司的价值，提高对价，以至于收购一年之后会计减计了Autonomy 公司 88 亿美元的资产，最终本次并购归于失败。财务尽职调查活动及主要目的见表 2-3。

表 2-3 财务尽职调查活动及主要目的

尽职调查活动	主 要 目 的
选择性地查阅财务信息	获取/验证定量数据,确定需要进一步调查的领域
获取公司的原始财务信息	确保销售记录和原始单据之间的一致性
查阅审计报告	获取与风险、控制、历史错误等相关的信息
表外业务尽职调查	了解企业的漏洞和问题

2.2.3 管理问题

管理主要与人相关,管理方面的尽职调查主要是调查与人员相关的信息。所有的员工可以分成两类:一类是管理人员,一类是普通员工。

1. 对管理人员的尽职调查

1) 对管理人员的正面调查和侧面调查

对于管理人员,需要做两方面的尽职调查。

第一,并购方应该尽可能同管理人员进行面对面的沟通和访谈。通过沟通访谈,可以将管理人员提供的信息与公司财务报表、以前的各方面记录进行比对,看是否一致,从而对企业的生产经营风险等情况有进一步的了解。

第二,从员工角度对核心管理人员进行背景调查。除了通过与他们进行交谈正面了解外,也需要从侧面进行背景调查,调查他们的诚信和能力。对于一名管理者而言,收购方最关注的是两个方面:一是能力,一是诚信。一名合适的管理人员既要有能力又要有诚信,二者缺一不可。并购之后,一个很重要的方面是要进行人员整合,人员整合需要考虑到人员去留及调动问题。在对管理人员的尽职调查过程中,收购公司会有一些初步的想法,哪一些核心员工应该保留,哪一些核心员工可能并不适合继续留在公司,这也能为未来的整合奠定基础。而通过与一些非管理层的人员进行交谈和访谈,则会获得很多员工分享的公司信息,包括关于公司和管理层的一些信息。有的员工可能与管理层意见一致,有的则并不一致,这些信息对未来的决策都会非常有用。

尽职调查中,也应该包括现场的一些参访、实地的调查研究,这些实地的参访也能够提供很多一手的重要信息。

2) 对企业高管的尽职调查

公司的管理层分成两个团队,一个是企业的高管,一个是公司的董事会。

对于企业的高管,如 CEO、CFO、COO(首席运营官),收购方需要从多角度进行了解。首先需要了解这些企业高管的简历包括学习经历、工作经历以及个人表现等情况。其次也需要了解这些高管的聘任合同,如年薪、聘用条件等。收购方需要对他们进行一对一的访谈,以对这些高管的性格、人品和能力有更好的了解。此外还可以通过第三方渠道进行背景调查,以对他们的背景能够有更好的了解。之所以要在尽职调查当中对管理层有这样的了解,是因为需要知道这些管理层是否合格、是否能够胜任职责、是否具有一定的道德素质,这对未来并购之后进行整合是一项很重要的准备工作。因为在整合的时候会考虑到人员的重新安排,甚至是一些人员的保留和解聘的问题,这些决策都要在对管理层的了解基础上来进行。此外,管理层的能力对未来公司的绩效也是一个很重要的决定因素。因此,对管理层进行全方位了解,是尽职调查很重要的内容。

3) 对公司董事会的尽职调查

从公司治理结构上来看,一家企业除了管理层之外,还有一个很重要的团队即董事会,特别是上市公司都有非常正规和完善的董事会。董事会最重要的核心力量是董事成员。一家中国上市公司的董事会团队规模有 9~15 人。中国上市公司的董事会规模通常小于美国上市公司的,这是因为董事会规模跟公司规模通常成正比:公司越大,董事会的人员越多,反之越少。

在尽职调查时,首先要分析公司董事会目前的情况,有多少名董事、这些董事都有什么样的背景、他们的任期和轮选制是如何规定的。公司治理机制要完善、高效,需要有一个高效的董事会。董事会的董事必须满足两个基本条件:第一是有能力;第二是有道德,愿意为公司付出,愿意帮助公司提升价值。其次要考虑公司董事会成员的知识结构和背景经验是否适合未来并购之后公司的长远发展战略。此外,在并购之后,新的投资人会获取并购公司的控制权,改组董事会,这需要考虑改组的难易程度。很多公司的章程规定了董事会的轮选制,如一年当中只能更换 1/3 或者 1/2 的董事,要通过很多年才能彻底更换公司董事会的全部董事,这也会加大并购后重组的难度。因此尽职调查时,也要充分了解这些信息。管理人员尽职调查活动及主要目的见表 2-4。

表 2-4 管理人员尽职调查活动及主要目的

尽职调查活动	主要目的
管理人员访谈	获取有关经营业绩、风险和商机的定性信息
核心管理人员背景调查	核实管理人员的诚信与能力
其他人员访谈	向更多的员工了解管理层的管理情况
现场参观	直接接触与观察管理人员

2. 对普通员工的尽职调查

除了高管和董事的信息之外，尽职调查时还需要对公司其他员工的信息进行调查研究和了解。首先要弄清楚企业的组织结构图，了解企业的整体架构，如有些企业整体架构比较扁平化，有些企业比较垂直；有些公司是小总部大事业部，有些公司总部高度集权，事业部相对规模较小。不同的公司组织结构，其决策过程及具体实施过程可能完全不一样，这也是需要考虑的一个方面。其次还要考虑员工的薪酬水平，因为员工的薪酬水平直接影响企业劳动力的成本。在现代社会，劳动力成本变得越来越重要，因此，对劳动力成本的尽职调查也非常重要。劳动力成本主要取决于两点，一是单位劳动力的工资，一是劳动力的总人数。此外，整个劳动力的技术结构、招聘情况和人员流失的情况等方面，都是尽职调查需要考虑的很重要的内容。一家企业如果在劳动力市场上很容易招聘到员工，就能降低招聘费用，很容易输入新鲜的血液。但是从另外一个角度来看，如果劳动力的流动性非常大，对企业而言并非好事。企业的人力资源部门应考虑两个重要问题。第一是如何提高企业员工工作绩效，提高工作积极性。第二是如何稳定团队，降低人员的流失。很多时候，许多年轻人经过入职培训已经成为熟练技术人员，但很快就跳槽或被挖走。这会影响企业生产经营的稳定性，也会增加企业的劳动力成本，这些都是需要考虑的因素。此外，如果有条件可以对员工进行访谈，在访谈过程中，收购方可以对目标公司的情况有更多的了解，也能够对公司的员工及其技术水平、诉求有更多的了解，这些都增加了收购方收集企业相关管理信息的渠道。

而今劳动力相关因素的尽职调查在并购中变得越来越重要，也越来越引起大家的重视。首先，中国的劳动力市场变得越来越市场化，流动性越来越强，所以企业对劳动力相关的因素也越来越重视。此外，我国是人口大国，很多企业是劳动密集型产业，近年来立法机构、政府部门不断推出各种法律法规和政策，加强对劳动者的保护。立法及政策一方面加大了劳动者权益保护的力度，另一方面也增加了很多企业的用工成本。如2008年施行的《中华人民共和国劳动合同法》，对企业辞退员工、解除劳动合同等进行了许多规定，这些政策实际上增加了企业在人员调整上的成本，这些都是要在并购过程中思考的重要问题，因为在并购的整合中一个很重要的方面，就是劳动力的整合，需要裁员或降薪，这些都与新的立法政策密切相关。因此，在员工整合过程当中，也要了解相关的企业信息和相关的政策信息，要考虑到其间有可能产生的额外支出成本和遇到的额外风险。此外，近年来越来越多的中国企业走向海外，特别是中国企业到欧美国家进行并购，很多企业并购失败的一个很重要的原因就是没有和当地的劳工代表、工会谈妥条件。不同于中国，在很多欧美国家，特别是像德国、美国，一些大型的制造业企业的工会非常强势，在并购的时候也会发表意见，有时甚至会阻止并购。在德国公司的监事会当中，工会具有席位，对于一家公司的合并、并购享有投票权，因此如果工会监事不同意并购条款、不同意并购后可能采取的一些整合措施，这一并购根本不可能完成，即使完成，由于不能够减薪、不能够裁员、不能够降低劳动力成本，最后的整合也无法成功。所以，从这个角度来讲，劳动力因素对并购成败影响非常大。

对于员工的尽职调查分为两个层次：一是要充分了解目前企业员工的状况，如了解员工的规模、成本、技术结构等；二是要充分了解目标公司所在的行业、地区、国家的有关劳动力的相关法律、法规，如最低工资政策、劳资谈判、劳动者权益保护和裁员等相关的立法及政策，这些将直接关系到并购之后，企业能否顺利地进行人员整合、整合的成本有多大、会遇到哪些风险。劳动力尽职调查可以通过第三方的咨询公司和专门的公司协助进行。

调查时，应尽可能了解每一个员工：哪些是核心的、真正有价值的员工，哪些是冗余的员工，这是因为在并购之后进行整合时，要保留核心的、有价值的员工，解聘那些冗余的员工。这些信息在尽职调查时都应该尽量收集获取。

此外，还要了解目前企业的薪酬体系和激励计划，好的薪酬体系和激励计划，在并购之后应该保持，薪酬体系和激励计划的不足之处，也需要考虑在并购之后加以改变。

并购之前两家独立的公司，并购之后要合成一个经济体进行运作，需要两家公司在文化上能够互相兼容和调和,这就需要在尽职调查时,充分了解两家公司的文化差异以及是否可以调和,因为有些矛盾可以调和,而有些矛盾很难调和;有些事情可以改变,但是有些事情很多时候是根深蒂固、很难改变的。获取这些信息,首先,有助于决定两家公司是否真正能够进行并购;其次,有助于发现在并购之后,如果需要调和矛盾,哪些是可以调和的,哪些方法和手段可以用来调和这些矛盾。员工尽职调查活动及主要目的见表 2-5。

表 2-5 员工尽职调查活动及主要目的

尽 职 调 查 活 动	主 要 目 的
查阅与最低工资政策、劳资谈判、劳动者权益保护和裁员相关的规定	确定劳资风险
考虑第三方尽职调查/专家报告	确定潜在的可以改善的方面

2.2.4 法律合规问题

法律尽职调查非常重要,有助于并购后规避很多相关的风险。首先,通过法律尽职调查,可以确定企业及资产的所有权状况。例如出售或出租房屋,中介公司首先会要求出卖方或出租方出示房屋的房产证,对出卖方或出租方是不是该房产的所有者进行核实。在现实中会出现资产的出售者不是资产真正的所有者的现象,如果这一资产真的出售了,支付了对价,就可能会出现一些法律纠纷。其次,法律合规尽职调查还包括调查、核实公司的一些合同是否合规,是否存在一些法律的风险,以及是否能够履行。通过阅读董事会的一些记录,可以了解企业的重大事件,了解这些事件的操作过程是否合法、是否符合国家政府的相关规定以及是否履行了正常的审批手续等情况。再次,法律尽职调查还包括了解公司经营范围所适用的相关国家法律、法规和政策。一方面在法律尽职调查的过程当中,需要对这些法律、法规和政策进行了解;另一方面还要核实企业的经营行为是否在这些法律、法规和政策范围内展开。又次,目前整个社会越来越倡导绿色公司、绿色经济,大家也越来越注意环保问题,在尽职调查的过程当中,也要考察企业有没有环保相关的违规情况,是否存在环保方面的责任或风险。最后,不同的国家、体制有不同的相关政策和标准。在做尽职调查的时候也应该有所了解,特别是对于跨国并购,既要了解对方国家的法律情况,也要了解目标公司是否在整个法律体系下真正做到了合规经营。

总体而言,通过法律合规尽职调查,并购方需要了解两个问题:第一是公司经营行为在所处的经营环境是否合法,第二是公司经营环境中的相关制度是否符合当地的法律法规及政策规定。法律尽职调查活动及主要目的见表2-6。

表2-6　法律合规尽职调查活动及主要目的

尽职调查活动	主　要　目　的
确定企业及资产的所有权状况	确定所有权、合同风险、转让问题
查阅董事会会议记录	注意重大事件(如战略变化、审批)
注意相关规定	确定是否在监管框架范围内开展经营
审查环保行为	确定环保风险和相关或有责任
了解地方法规和相关国际准则	确定是否在现有监管框架或潜在的监管框架范围内开展经营活动

2.2.5　尽职调查相关文件清单

尽职调查主要依靠收集相关信息来进行,不同的尽职调查内容需要获取不同的材料。并购尽职调查3M＋L文件清单见表2-7。

表2-7　并购尽职调查3M＋L文件清单

市场问题	管理问题
• 公司营业执照 • 公司章程/规章 • 客户名册 • 会议记录 • 股东或其他实质协议、期权、认股权证	• 主要人事政策 • 其他管理层责任 • 保险政策,包括政策限制和理赔记录 • 有关高级职员养老金计划的合同
财务问题 • 经过审计的财务报表 • 审计报告 • 预算/预测与假设 • 财务安排清单——贷款、担保等 • 上一财年和本财年的收入详情 • 应付账款和应收账款详情 • 上一年度和本年度所有营业费用的详细清单 • 上一年度和本年度日常开支和管理费用的详细清单 • 主要固定资产清单——财产、租赁物、租期	**法律合规问题** • 诉讼报告(过去、当前) • 有关未决或可能面临的争议或调查的报告 • 纳税申报单备案的主管机关清单以及相关备案文件的复印件 • 相关环保许可证照的复印件以及过去的合规历史

从以上清单得知,进行市场尽职调查时,主要包括对市场状况、客户情况、经营状况以及技术、知识产权四个方面信息的调查和了解,可以通过查阅目标公司的公司营业执照、公司章程/规章、客户名册、会议记录等获取相关信息。在进行财务尽职调查中,需要获取的最重要的文件是企业经过审计后的三张财务报表,还包括企业的审计报告等相关文件,这些都是进行财务尽职调查的核心内容。从管理方面来讲,需要了解公司主要的人事情况,一些人事方面的责任、保险等相关记录。从劳动力的角度也要了解目前员工的薪酬、养老金计划等相关合同。从法律合规角度来讲,需要尽职调查相关法律文件,包括企业过去的或者是当前正在进行的诉讼报告,税务相关文件、纳税单,以及其他相关文件,还包括与环保相关的环保许可证照(原件和复印件),以及相关历史信息等。

2.3　并购目标的筛选

对并购目标公司的选择会涉及多方面的因素:首先是并购企业当中的战略层面因素,其次是并购目标公司本身的公司层面因素,最后是并购交易的操作层面因素。

视频 2-3　并购目标的筛选

2.3.1　战略层面因素

1. 并购公司业务布局方面的因素

一些并购由获取资源因素驱动,如并购的目的是希望通过并购获取某些先进的技术,获取一些垄断性的资源,对企业进行全方位的技术升级。在这种情况下,并购公司在寻找目标公司时,首先应该考虑业务布局方面的因素,即目标公司能否真正提供相应的资源。

案例 2-2　美国 AECOM 公司收购 Shimmick 公司

AECOM 公司是一家从事工程咨询的美国 500 强的大公司,这类公司为建筑房屋提供相应的设计咨询。2017 年 7 月 6 日,AECOM 公司宣布将收购 Shimmick 公司,Shimmick 公司是一家工程施工公司,在加州有很大的市场份额。AECOM 公司选择收购 Shimmick 公司有两点原因：第一，此时加州议会通过了一个 500 亿美元的道路修复法案，未来 10 年，加州的交通设计及施工都会大幅增加。如果 AECOM 公司成功收购 Shimmick 公司，就可以通过该公司获得这些相应的订单。第二，Shimmick 公司的施工业务和 AECOM 公司的工程设计咨询业务能够产生强强联合的互补效应。由于 Shimmick 公司能够为 AECOM 公司提供相应互补的施工业务，并可以让 AECOM 公司通过自己获得加州政府的一些大的订单，所以，AECOM 公司选择 Shimmick 公司作为并购目标。

2. 市场因素

很多并购公司都希望通过选取目标公司来帮助自己开拓市场。例如可口可乐公司希望并购汇源果汁的原因在于它看中了中国巨大的饮料市场。很多跨国并购都以占据市场为主要动机，一家企业如果想进入另一个国家的市场，最直接的做法就是并购一家当地的企业。因为如果一家企业直接进入一个完全陌生的市场获取市场资源，通常会有很多困难，例如文化上的冲突；对客户群体的不了解；很多政府订单都会优先考虑本土企业，而不愿意给外国企业机会等。克服这些困难的一个很常用的方法是并购一家当地的企业，用当地的企业获取当地的市场资源。

案例 2-3 中国交建公司进入巴西市场

中国交通建设股份有限公司（以下简称"中国交建"）是一家大型国有企业。虽然现在政府倡导"一带一路"，也非常鼓励中资企业开拓拉美市场，但实际上中资企业在开拓这些国家的市场方面难度很大。中国交建收购巴西本土企业的案例是中国企业如何进入巴西市场的经典案例。中国公司在进入巴西市场时面临很多困难，如文化上的困难、语言上的困难等，特别是对于中国交建这样的公司，其业务主要是基建项目，而承担一些大的基建项目，通常需要和当地的政府建立很好的关系。因此，一家外国公司通常很难承接到这些项目。中国交建为了克服这些困难，进行了以下三步走的策略。首先，在巴西圣保罗注册了一家子公司——中国交建南美区域公司；其次，通过这家子公司收购了一家巴西当地的基建设计公司（Concremat 公司）80% 的股份，建立了一个属地化的平台；最后，以当地的这家公司作为实体去承接当地的项目，尤其是那些政府的项目，由此获取了中资公司在巴西市场的一些份额。

3. 协同效应因素

并购的终极目标是希望通过并购,双方企业能够真正地实现协同效应,提升双方企业的价值。并购公司应该选择真正能够产生协同效应的目标公司。如中国交建选择收购美国 F&G 公司,原因在于希望通过收购能够真正实现协同效应。中国交建是一家很大的基建公司,F&G 公司有海上的钻井平台、船舶设计等一些非常先进的技术,这两家大公司可以通过强强联合,各自利用对方的优势,在不同领域进行很好的合作,产生一定的协同效应。

2.3.2 公司层面因素

考察目标公司本身的情况是筛选目标公司的一个重要的考虑因素。

1. 目标公司的经营情况因素

通常需要从纵向和横向两个维度来考察目标公司的经营情况。

第一个维度是纵向维度,即在不同的时间点上对目标公司自身发展进行比较,考察目标公司过去、现在和未来的经营情况。不仅要看公司此时的经营情况,更重要的是要关注企业的发展趋势,对企业未来的发展进行正确的预判。不仅要关注企业的绝对绩效水平,更要关注企业绩效的变化情况:是稳定增长,还是大起大落;变化是企业自身原因造成的,还是宏观经济、产业经济原因造成的。另外,还要关注目前目标公司是否存在财务风险,其合同和订单等其他相关方面的信息,也需要考虑目标公司此时选择出售、同意出售是因为目标公司陷入财务困境还是基于其他原因。还需要关注目前目标公司执行的合同和合同项目的储备情况,以及有多少项目或者合同在并购后能很快转化为营业收入等情况。

第二个维度是横向维度,即将目标公司同市场上同行业的其他竞品公司相对比,考察目标公司的整体状况:资产规模、竞争性、客户情况、市场份额、技术水平、人员水平和资产情况等分别如何。

只有对目标公司有横向和纵向两个层面的分析,才能对目标公司进行完整的评估。

2. 财务信息因素

在做尽职调查时,财务信息是最重要的内容之一。首先,三张财务报表提供了非常核心的财务信息,要看报表当中的关键数据,如盈利能力、现金流情况、资本结构等。此外还要格外关注表外业务。在考察财务信息时,还要看目标公司是否对财务报表进行了美化,是否存在人为添加营业收入、扩大资产规模等情况,要重点排查财务信息风险以及盈余管理的风险。

3. 法律方面的因素

目标公司是否合规经营、有无潜在的法律诉讼风险等都是法律方面的因素。目标公司没有法律风险,应是选择目标公司的首要条件。例如中国交建巴西并购的案例,为什么在众多的巴西公司中,中方最后选择了Concremat公司作为目标公司? 在收购Concremat公司之前,中方公司接触了很多其他的巴西公司,这些公司都或多或少卷入巴西的石油腐败案,由于这些法律风险有可能会波及中国的母公司,所以这些公司都不在并购的目标选择范围之内。中方最后选择了没有卷入腐败案、比较干净的Concremat公司作为目标公司。当目标公司可能存在法律诉讼风险时,这些法律诉讼风险会产生一些或有成本,例如行政处罚等负面信息可能会给并购母公司带来经营上的损失与资本市场上公司市值的损失等。因此在选择目标公司的过程中,法律合规相关因素也是重要的考虑因素。

2.3.3 操作层面因素

并购交易通常很复杂,涉及很多操作层面的问题,因此需要考虑操作层面的因素。

1. 审批风险

在操作层面,第一个需要考察的重要因素是审批风险。并购属于重大的投资行为,如果是跨国并购,需要境内、境外相关部门的层层审批和报备,若因审批没能通过而导致项目损失,按照合同要求,违约方一般需要承担相应的违约责任,甚至有可能需要支付巨额违约金。因此在筛选目标时,要重视审批和监管部门的规定,预防审批风险。此外,如果审批最终通过,但耗时非常长,也可能导致错过很多商业机会。因此,审批风险是一个非常重要的考虑因素。许多国家都建立了外国投资安全审查制度,最著名的是美国外国投资委员会的审查机制,很多知名的中资企业,如中海油、华为、三一重工,都曾经因未通过美国外国投资委员会的审批,导致其并购行为终止。同样,在境内审批方面,在提交报价或者签署股权买卖协议之前,中方公司也需要按照企业内部的投资管理办法层层提交审批,完成内部的审批流程,这一过程也非常复杂。此外,中央企业、国有企业还要将并购行为在国资委、国家发改委、商务部等政府部门进行核准和备案,核准备案后企业才能进一步办理外汇、银行贷款等一系列相关手续。本土并购同样也存在审批风险,如并购一家国有企业,需要向国资委进行备案或经其批准。

2. 时间风险

时间就是金钱,时间就是效率,如果交易可以很快完成,对并购双方都是一件很好的事情。但是在实务中,很多案例都花费了很长时间才最终完成并购交易。在并购过程中,通常卖方会面临很大的时间压力,如在公开竞价的时候,目标公司通常会要求买方公司用一个比较短的时间去完成交易对价的支付,原因是如果此时不能完成这个交易,卖方公司的现金流就有可能会断裂,所以卖方公司需要尽快把买方公司的资本注入自己公司当中。对于买方公司而言,如果没有能力马上提供资金的话,就无法去选择目标公司。因此时间因素也是选择目标公司的一个重要因素。

另外很多时候,卖方公司之所以希望出售资产或者股权,是因为遇到了财务风险。如果不能马上获取资金,也会考虑其他融资渠道,一旦卖方公司获取了其他融资渠道的资金,就可能不再希望出售公司,最后会停止并购交易。所以对于买方公司而言,在选择目标公司的时候,也要考虑这家目标公司此时此刻缺乏资金的程度,买方公司又有多少时间完成融资,支付并购的对价。即使买方公司通过努力同卖方公司达成排他性的协议,也需要在有限的时间之内按照协议完成所有的并购交易。

总之,在目标公司的选择当中,买方公司应该抓住机会,选择对自己最有利的时间安排交易,预防时间风险。如果目标公司特别缺乏资金,而买方公司不能够及时融资支付交易对价,就不应选择这类目标公司。

3. 社会舆论风险

移动互联网时代,信息传播非常快,因此社会舆论对经济的影响非常大。社会舆论风险会给并购带来一些额外的困难和成本。另外,社会舆论还会影响政府的导向及政府审批过程中的倾向性意见,这些都会对并购最后是否成功产生影响。社会舆论风险不仅会带来额外的并购成本和交易的不确定性,还会直接影响交易对价。例如社会舆论会直接影响到目标公司的股价,进而影响到最后的交易对价。因此在选择目标公司的时候,应该尽量避开那些会给并购公司带来负面社会舆论的目标公司,选取一些能够引起正向社会舆论的目标公司。

选择并购目标的因素见表2-8。

表2-8　选择并购目标的因素

层　　面	内　　容
战略层面因素	并购公司业务布局方面的因素
	市场因素
	协同效应因素
公司层面因素	目标公司的经营情况因素(纵向、横向)
	财务信息因素(表内、表外)
	法律方面的因素
操作层面因素	审批风险
	时间风险
	社会舆论风险

2.3.4　实证统计分析结果

根据以往的学术研究成果,特别是通过大数据实证分析的研究成果,具有以下特点的公司更容易成为并购对象:第一是规模小的公司。这是因为小公司更便宜,并购小公司成本更低,而并购大公司需要的资金量很大,成本很高,难度也很大。第二是资源和增长错配的公司。例如,一些小公司,特别是一些小的技术型公司,有新的技术和增长空间,但缺少资本,此即为一个典型的资源和增长错配的例子。由于并购方通常是资金比较雄厚的基金或者大公司,可以提供资金,这类公司就容易成为其并购的目标公司。第三是管理低下的公司。当公司的管理经营绩效不是很好的时候,就容易成为其他公司的并购目标。大鱼吃小鱼,小鱼吃虾米,并购市场也如此,在商场上不成为狼,而是一只羊,迟早会被狼吃掉。在公司的资产质量或者公司目前的经营绩效既定的情况下,估值偏低、便宜的公司更容易成为并购目标,因为任何理性的投资者都会去投资估值偏低、性价比更高的资产,而不会去投资一个估值偏高、性价比更低的资产。

2.4　尽职调查的挑战

2.4.1　并购中尽职调查的挑战

在并购之前的尽职调查非常重要,但也面临非常大的挑战。现实中很多尽职调查做得并不是很成功,最终导致整个并购的失败。尽职调查不成功主要有以下几个原因。

第一,在并购的过程当中,目标公司往往有动机去遮掩企业的一些问题,特别是企业的财务问题,例如隐瞒企业重要的潜在负债,以及重大的或有负债、或有风

视频 2-4　尽职调查的挑战

险。尽职调查旨在揭示这些负债和风险,但是如果目标公司故意地进行遮掩,会对尽职调查产生很大的阻碍。

第二,在尽职调查的过程当中,有时并购方的管理层可能会过于自大和自信,以至于未能真正仔细地进行完善的尽职调查,从而造成很多信息收集不完全、不准确,使整个并购的交易对价过高,交易风险非常大,最终导致并购失败。

第三,由于软性信息难以量化,尽职调查容易出现误差。并购尽职调查中,财务报表、资产情况等信息,易于获得并容易观测,出现问题的可能性并不是很大。但是一些软性信息,如企业的组织、文化、人事制度等,一方面会对企业最后的并购整合产生巨大的影响;另一方面不太好量化,会造成尽职调查信息收集不完全,结果出现误差。

第四,尽职调查在有的情况下会比较困难,例如恶意并购、兼并非上市公司和跨境并购等情况。在这些情况下,较难获取目标公司的信息,并购方和目标公司之间的信息不对称更为明显,尽职调查的挑战就会更大一些。

2.4.2　特殊并购中尽职调查的挑战

在不同的并购案例当中,尽职调查的难度也不同。首先,如果能够获得目标公司的全力配合,尽职调查就可能更加完善、更加顺利。在恶意并购当中,目标公司的管理层并不同意接受并购,他们不太可能接受并购方的尽职调查。所以对于恶意并购,尽职调查只能利用公开信息来进行,而

公开获取的信息会非常有限。其次,如果一个并购的目标公司是非上市公司,其公开信息非常有限,而且非上市公司整体的规范性可能也不如上市公司,尽职调查的难度就会比较大。最后,跨国并购尽职调查通常会比较复杂,难度也会比较大,这是因为跨国并购涉及来自两个不同国家的企业进行合并,法律制度、会计制度等都有可能不同,需要尽职调查的各个方面也会更加复杂。此外,跨国并购还存在很多文化和管理上的差异,这些差异也是尽职调查需要非常重视的方面。

本章小结

本章对并购前的尽职调查进行了详细探讨。尽职调查是在并购交易之前需要完成的一项很重要的工作,主要是为了帮助企业避免交易失败。尽职调查主要是对目标公司资产相关信息进行收集与评估,其核心内容可以概括为四个方面,3M+L。3M 主要是指市场方面、财务方面和管理方面,L 主要是指法律合规方面。尽职调查本身是一项非常具有挑战性的工作,在现实当中无法做到完美无瑕,但收购公司需要尽可能地去收集和评估目标公司的相关信息。在一些特殊的并购交易当中,尽职调查的挑战会更大,例如恶意并购、兼并非上市公司、跨国并购等情况。

视频 2-5 第 2 章小结

综合训练

1. 简述什么是尽职调查,尽职调查主要包括哪些方面。
2. 简述在什么情况下尽职调查会更加困难。

 即测即练

第 3 章

并购交易结构的设计

**本章学习目标**

1. 掌握并购交易结构设计的基本原则。
2. 掌握并购交易结构设计的基本内容。
3. 理解并掌握控制与规避并购交易风险的方式。
4. 理解掌握恶意并购与善意并购的区别。

3.1 交易结构设计的原则与内容

前两章阐述了并购的动机以及并购之前的尽职调查。本章对并购交易结构的设计进行讨论,这部分内容也是本书非常核心的内容。在介绍并购交易结构设计之前,首先要了解并购交易结构设计的基本原则和基本内容。

视频 3-1 交易结构设计的原则与内容

3.1.1 交易结构设计的原则

在进行并购交易之前,首先要进行一系列的交易结构设计。交易结构设计应遵循以下原则。

第一,交易结构设计必须遵循一个最基本的原则,即所有的利益相关方都能够接受这个并购交易。遵循此原则,应尽量最大化所有利益相关方的利益。利益相关方包括买方公司、卖方公司、政府、卖方的投资人、买方的投资人、公司客户以及员工等。

例如,在德国公司的监事会当中,工会具有一定的席位,在并购洽谈过程当中有很强的话语权。如果一个并购不能够被工会接受,它将无法实现。每个利益相关方都有自己利益最大化的诉求,收购方希望并购的对价越低越好,目标公司希望并购的对价越高越好,这本身就是矛盾的。要解决这一矛盾,需要使最后的并购交易结构设计达到一个均衡,即在保证各个利益相关方都能接受并购交易的前提下,最大化各方的利益。除此之外,并购交易结构的设计还应满足国家法律法规的要求。

第二,并购会产生很多交易成本,例如相关的手续费、税费,支付给投资银行、会计师、律师的佣金等。因此,交易结构设计的第二个重要原则是降低交易成本。

第三,并购过程中会涉及投资和融资,会引起企业的资本结构变化,随之企业的财务风险也有可能发生变化,所以交易结构设计的第三个原则是需要考虑降低企业的财务风险,不能给企业带来额外的财务风险。

第四,并购交易结构设计也要考虑融资需求,考虑交易结构的设计能否帮助收购方解决融资困难,使收购方筹集到足够的交易资金。

第五,由于并购交易中存在很多信息不对称和或有风险因素,交易结构设计还应考虑交易风险对冲和控制。

第六,交易结构设计还需要考虑企业战略经营方面的因素,例如并购后收购公司能否真正获取企业的控制权。由于并不是每一种并购最后都一定会导致控制权的转移,如果收购公司不能够真正获取企业的控制权,并购之后将很难进行相应的整合。

总之,并购交易结构设计的基本原则就是在各个利益相关方都能够接受的前提下,最大化收购方和目标公司的利益。这需要达到一种均衡。而后,还需要考虑并购的整个交易结构设计是否符合法律法规,能否降低交易成本、减少交易摩擦,在并购后能否避免不必要的财务风险和对冲交易风险。也应考虑交易结构设计能否满足企业融资需求以及实现战略发展和经营目的的需求。

3.1.2 交易结构设计的内容

任何一个并购交易都非常复杂,会涉及方方面面的问题和决策。每一个方面都有哪些可供选择的决策,每一个决策都有哪些可能的选择,不同的选择会带来哪些不同的经济后果。在做决策前需要对这些方面进行了解,这样才能根据不同并购案例的具体情况,设计一个针对这一案例高效合理的交易结构。

第一是并购主体的选择。在交易中可以对并购主体进行设计,并购公司是交易的发起方,但并购公司并不一定作为并购的主体直接进行并购。很多商业谈判都存在幕后老板,并购也是如此,可能会存在幕后公司。到底由谁真正操作并购,成为并购主体,需要根据不同的情况设计。第二是并购形式的选择。最基本的并购形式有两种,一是股权并购,二是资产并购。第三是付款方式的选择。在并购当中有两个基础的付款方式,一是现金支付,二是换股支付。什么情况下应该用现金支付,什么情况下应该用换股支付,不同的支付方式各有什么好处,都是付款方式所包含的内容。第四是融资方式的选择。其中外源融资主要有股权融资和债权融资两种。第五是交易程序的选择。并购的交易过程通常都非常复杂,可以一步完成,也可以多步完成。第六是交易风险的控制。其主要内容是如何规避并购风险、签订对赌协议。第七是关于善意并购与恶意并购的介绍。

3.2 并购主体的选择

并购交易结构设计的第一个核心内容是如何选择并购主体。一家公司如果想进行并购,并不一定要自己来进行,并购公司会选择不同的载体进行交易。并购主体的选择有三种比较常见的方式:第一种是公司自己进行并购交易,一家上市公司想进行并购,可以自己直接并购。第二种是成立控股子公司进行并购交易。当一家公司想并购另一家公司时,

视频 3-2 并购主体的选择

该公司可以成立一家控股子公司,通过控股子公司进行并购,实务中这种做法更为常见。第三种是目前越来越常见的一种做法,即通过并购基金进行并购。当一家产业公司想进行并购时,可以找一家投资基金公司合作,主要合作的形式是以该产业公司作为基金的退出渠道。基金公司为并购提供一部分资金,在并购之后对目标公司进行整合,提升价值后基金公司退出,将股权卖给合作的产业公司,合作的产业公司实际上是并购最终的买方。

3.2.1 上市公司直接作为并购主体进行并购

上市公司直接作为并购主体进行并购的主要好处是便于并购融资。上市公司如果自己进行并购,可以直接发行股票或者债券进行融资。一个经典的例子就是蓝色光标公司,该公司在上市后发展非常迅速,一个重要策略是通过不停的并购,实现了并购与企业价值一起增长的良性循环。

蓝色光标作为一家上市公司,能够通过股票市场进行并购融资,这些并购对企业而言在资本市场上是重大利好消息,这些利好消息又进一步带来了股价的上涨;蓝色光标就会再次发行股票进行融资,并获得了超额募集资金,然后再去进行并购,通过并购又产生了利好消息,同时也促进了企业业务业绩增长,如此形成良性循环。

蓝色光标是典型的上市公司,有较强的融资优势,可以通过不断并购实现良性循环,最终实现企业的高速发展。

3.2.2 成立控股子公司进行并购交易

成立控股子公司进行并购交易在并购案例中更为常见,原因如下。

1. 规避经营风险

对于并购公司而言,交易都会存在一定风险,如潜在的目标公司可能存在一些负债或者一些潜在的经营风险,并购公司如果不想让这些风险波及母公司,可以成立一家子公司,由子公司作为并购方,代表母公司并购潜在的目标公司,这样,如果并购后出现了风险,母公司可以免受牵连。

2. 规避政策风险

这种方法有助于并购公司规避政府政策风险和简化行政手续。例如在跨境并购中,并购的周期通常比较长,审批的手续也比较烦琐,很多实务操作都是由一家公司在目标公司所在国首先成立一家子公司,由子公司去并购目标公司,完成跨境并购。如此,跨境并购变成了本土并购。虽然实际并购的母公司是一家境外公司,但这一操作可以使该并购交易成为本土并购交易。

📖 案例 3-1 广州越秀集团并购香港创兴银行

广州越秀集团并购香港创兴银行案即为通过子公司进行并购的一个典型案例。广州越秀集团首先在香港注册了一家新的公司,即越秀金融控股公司,以之作为并购主体。所有并购的基金都是从海外的公司注入该子公司,越秀集团境内的母公司并不提供任何资产,也不提供任何权益或者担保。如此,越秀集团简化了一系列的行政审批流程。

3.2.3　与基金公司合作进行并购

以并购基金的方式进行并购,是指上市公司参与设立投资基金或者与某家投资基金公司战略合作进行并购。目前,这种方式越来越普遍。一家产业公司如果想并购另外一家产业公司,可以与某家投资基金公司进行战略合作。产业公司如果自身有一定的资金,可以成为这家基金公司的 LP(有限合伙人),投资给这家基金公司,基金公司就是 GP(普通合伙人)。如果一家产业公司想并购另外一家同行业的产业公司,有时由于同行竞争关系不便直接进行并购交易,就会让合作的基金公司首先进行并购投资,并购之后基金公司还会帮助产业公司培育目标企业,特别是一些小的目标公司企业,提供给这些企业各种各样的资源,让它们茁壮成长,实现价值增值后再把目标公司卖给真正有战略并购动机的产业公司,产业公司成为投资基金公司的一个退出渠道。除此以外,产业公司可以和基金公司进行简单合作,共同出资并购另一家目标公司。同样,当并购后目标公司价值增值、绩效提高后,产业公司可以购回基金公司持有的股份,产业公司和基金公司可以通过这样的方式进行长期合作。

> **案例 3-2**　思科公司和红杉资本长期合作并购

思科公司和红杉资本之间的上市公司加 PE 的协同并购非常经典。思科公司是国际上知名的大公司,它的成功同它与红杉资本多年合作频繁进行并购密不可分。思科公司作为一家高科技公司,要想永远在市场上占据主导地位,就必须要控制技术。思科公司并不害怕像微软、IBM这样的大公司,因为这些大公司都在明处,它更担心市场上出现那些拥有颠覆性技术的黑马创业企业。针对这种情况,思科公司采取与红杉资本长期合作的方式来应对。红杉资本作为一家基金公司,其特长就是寻找和孵化小的高科技企业。在与思科公司的合作中,红杉资本就扮演了这样的一个角色,它帮助思科公司去挖掘一些有潜质的小的科技公司,对它们进行投资,培育孵化,到一定程度再把这些技术卖给思科公司。另外,由于不方便亲自出面,思科公司可以把自己看好的一些同行业的目标公司交给红杉资本,让红杉资本去进行并购,然后再从红杉资本那里购入股权,最后达到并购的目的。思科公司在整个并购过程中不断充实自己的技术,防止被拥有颠覆性技术的小的创业企业超越,从而真正成为一家巨无霸的大企业。对于红杉资本而言,思科公司是它主要的退出渠道和获取稳定的投资收益的保证。

综上,如果一家公司有意愿去进行并购,不一定自己进行交易。并购公司可以在不同情况下选择一个适合的载体来进行并购,主要有三种选择:一是公司亲自进行并购,即自己就是并购方的载体。二是并购公司作为母公司去注册一家控股子公司,让这家控股子公司作为并购方的载体。三是和基金公司合作,让基金公司来进行并购,并购之后,产业公司作为基金公司的退出渠道,回购目标公司的股权。在这种情况下,基金公司就是并购交易的载体。

3.3 并购形式的选择

视频 3-3 并购形式的选择

并购通常有两种基本形式,一种是购买股权,一种是购买资产。对这两种并购形式,主要需要掌握如何进行交易操作以及各自面临的问题。

3.3.1 购买股权

购买股权的交易形式有如下基本特点:第一,交易直接在并购公司和目标公司的股东之间进行,需要股东大会批准。第二,交易对价由目标公司股东而非目标公司直接获取,股东需要缴纳相应的个人所得税,企业并不需要缴纳相应的税金。第三,交易将公司的资产和负债同时从目标公司转移到了买方公司,即转移时资产和负债不相分离。这样,并购后买方公司既获得了企业的资产,也承担了企业的负债,即负债从目标公司转嫁到了并购公司。

案例 3-3 前程无忧收购拉勾网

前程无忧是 2004 年在美国纳斯达克上市的中国国内著名的招聘网站。2017 年前程无忧收购了拉勾网 60%的股份,此即为典型的购买股权的并购交易。拉勾网也是一个招聘网站,但其主要是在 IT(信息技术)领域的一个细分的招聘网站。通过并购,拉勾网 60%的股权连同拉勾网的一些资产、债务都转移到了前程无忧。

3.3.2 购买资产

在购买资产的并购形式中,并购公司购买目标公司的某一个或者某一些特定的资产,如机器、厂房、设备等,这些资产可能是固定资产,也可能是技术、专利、版权等无形资产。与股权并购形式不同,购买资产的交易形式主要在并购公司与目标公司之间进行。因此如果并购的交易仅涉及目标公司小于 50% 的部分资产,通常不需要目标公司股东大会批准,只需要目标公司的管理层和买方公司互相协商就可以通过。由于此类并购在目标公司和买方公司之间进行,所以由目标公司而非目标公司的股东支付税费。

这种交易形式下,资产和负债可以相互分离。资产并购交易形式中,通常目标公司只出售资产,负债仍旧留在目标公司,买方公司仅购买目标公司的资产,因而可以分离资产和负债,这是这种并购交易形式很重要的一个特点。收购资产的案例也非常多,如很多公司在上市之前,为提升公司上市之后的市场形象,会紧急购买一些优质资产,装入自己的公司。桂林三金药业上市之前的收购就是一个典型案例。桂林三金药业是一家药品公司,在上市之前大量收购了一些重要的无形资产,例如某些药品的生产特许权,还收购了一些机器、厂房、设备等固定资产,这样在上市之后,桂林三金药业的资产情况看起来更为健康。

综上,并购通常有购买股权和购买资产两种主要的方式。第一,从付款的角度而言,购买股权的并购,并购对价直接支付给目标公司的股东。购买资产的并购,并购对价直接支付给目标公司。第二,从批准主体而言,购买股权需要股东大会批准,而如果只是少量资产的并购,并不需要目标公司股东大会批准。第三,从所得税缴纳情况而言,购买股权由目标公司的股东缴税,因为目标公司的股东获取了并购对价。资产的并购则由目标公司缴税,因为目标公司获取了并购的对价。第四,从资产负债情况而言,购买股权不能将目标公司的资产和负债分开,并购之后,并购方同时获取了目标公司的资产和相应的负债。资产并购中,通常并购方只购买目标公司的资产,无须接受目标公司的负债。购买股权和购买资产的主要不同点见表 3-1。

表 3-1　购买股权和购买资产的主要不同点

项　　目	购 买 股 权	购 买 资 产
付款	直接付款给目标公司的股东以交换他们的股份	直接付款给目标公司
股东批准	需要多数股东的同意	除非涉及大额资产的出售,不需要股东同意
公司缴税	无	目标公司支付资本收益所得税
股东缴税	目标公司股东支付资本收益所得税	无
负债	买方承担目标公司的负债	买方无须承担目标公司的负债

3.4　付款方式的选择

视频 3-4　付款方式的选择

并购交易的付款方式有两种最基本的形式,一是支付证券(股票交易),一是支付现金(现金交易)。两种支付形式各有优缺点。在很多情况下,两种形式可以结合使用。

3.4.1　支付证券(股票交易)

支付证券又叫作支付股票,或者叫作换股交易支付方式。在这种支付方式中,并购公司向目标公司支付自己公司的股票,换取目标公司的股权或者资产。并购之后,目标公司的股东还会留在公司里,但持有的股票变成了买方公司的股票,或者是并购后成立的新公司的股票。交易双方公司的股票价格、换股的数量和换股的比例这三个因素共同决定了最终的并购总对价。换股交易支付又可以分为两种方法。

1. 固定股份法

在固定股份法中,事先确定好换股的股份数量,而股价并不确定,在换股的过程中,总的并购对价不确定,最后总的并购对价为并购当时并购公司的股价和事先确定的换股股数的乘积。因此最后总的对价数额取决于并购当时并购公司的股价。

2. 固定价格法

在固定价格法中,并购的总对价是事先确定好的,但是换股的股份数量不确定,最后换股总数量取决于并购当时的并购公司的股价。如果并购公司的股价高,需要支付的股数就少;相反,股价低,需要支付的股数就多。

案例 3-4　TCL 集团换股收购 TCL 通讯公司

TCL 集团将自己的股份置换给 TCL 通讯的全体流通股股东,让他们按照一定的比例来换取 TCL 集团流通股的新股。目标公司 TCL 通讯公司在交易完成后被注销,TCL 通讯公司原有股东成为 TCL 集团公司的股东,所持有的股票变成 TCL 集团公司的股票。

3.4.2　支付现金(现金交易)

现金支付是另一种重要的支付方式,即买方公司会针对目标公司的股份或者资产支付约定好数额的现金。由于原有股东已经拿到现金对价,未来公司经营的好坏都不会影响他们所获得的收益。然而换股交易则不同,换股交易完成后,目标公司原有股东会仍旧留在公司当中,因此他们的收益会受到未来公司经营好坏的影响。

在不同的并购交易案例中,应该选取哪一类支付方式,取决于以下四个因素:第一是并购双方股东之间的风险分担与回报共享的因素;第二是股票估值的因素;第三是资本结构相关因素;第四是信息不对称因素。

1. 并购双方股东之间的风险分担与回报共享的因素

换股交易之后,双方的股东都会留在并购后的公司,这意味着双方的股东会共同承担风险,共同分享收益。并购中,如果买方公司对未来的经营非常有信心,买方公司一定会更愿意用现金来收购,原因在于其不希望目标公司的股东分享未来经营的额外收益。相反,如果买方公司对未来的经营不是特别有信心,会更倾向于选择换股交易支付。在此种交易方式下,交易完成后,买方公司和目标公司的股东都会留在公司,这样目标公司的股东也要共同分担未来经营的风险。

然而,从目标公司股东的角度,如果目标公司的股东对并购后的经营特别有信心,会更愿意接受换股支付方式,因为其希望分享未来经营的收益。例如,小公司被大公司收购后,小公司的股东直接成为大公司的股东,所以小公司的股东会更愿意接受换股交易。相反,如果目标公司的股东对未来的经营不是非常有信心,目标公司的股东就更愿意接受现金支付方式,因为目标公司的股东已经拿到现金,并购后与原公司不再有任何关系,如果未来经营的业绩不佳,目标公司的股东也不会受到损失。

2．股票估值的因素

如果买方公司是上市公司,当股市为牛市时,买方公司就会更倾向于选择换股的支付形式,因为受到大盘的影响,公司的股票此时通常会被高估。当并购公司的股票被高估时,用换股的方式去并购会降低并购成本。当一家上市公司发布公告称该公司要通过换股的方式去收购另一家公司时,通常意味着该公司目前的股票价格有可能被高估,对股市而言并非正面消息。通常在牛市的时候,会有很多并购案例发生,因为买方公司可以用相对便宜的价格实现并购交易。此外,牛市时并购公司也更容易通过增发股票来募集资金完成并购。

3．资本结构相关因素

不同的支付方式对并购后公司的资本结构产生不同的影响。首先,在换股交易时,由于并购的对价通过换股的形式来支付,并购公司并不需要进行额外融资。但如果并购交易通过现金来支付,并购公司就要考虑现金来源问题。企业内源融资的能力通常有限,必须依靠外源融资。如果并购企业是一家上市公司,可以通过发行股票进行融资。但是大多数企业都是非上市公司,对于它们而言,外源融资的主要渠道为借款或贷款,而借贷融资会直接影响企业的财务风险。当债务的比例比较高的时候,企业的财务风险会相应增加。如果企业经营不善无法按时还本付息,就会面临很严重的流动性风险,甚至破产风险。因此现金交易会提高企业的债务水平,从而提高企业的流动性风险和财务风险。

换股交易会降低这些财务风险发生的可能性。实务中很多案例使用换股交易,正是因为企业无法融到足够的资金来支付对价,或者企业虽然能够融到足够的资金,但因此会导致企业的杠杆率和财务风险都变得非常高。由于换股交易可以避免财务风险,企业可能会选择换股交易。

在外源融资方面,除了债权融资之外,企业还可以通过股权融资来进行募集资本,不过股权融资虽然不会导致企业产生财务风险,但会产生另外一个严重后果,即股权稀释,甚至带来控制权变更风险,对于大股东而言,这是重要的考虑因素。由于这个因素,买方公司在很多情况下不愿意进行现金支付,因为现金支付需要进行募集资金。在募集的过程当中,一方面并购公司可能会面临更高的财务风险,另一方面可能会稀释目前大股东的股权,导致大股东控制权的不稳定。因此,大股东会尽量避免这种情况的发生,而去选择换股交易。

4. 信息不对称性因素

信息的不对称性可能存在于买方公司,也可能存在于卖方公司即目标公司当中。当买方公司存在信息不对称,目标公司会更倾向接受现金支付方式。而当目标公司存在很多信息不对称,买方公司会更倾向于选择换股交易支付方式。

首先对于目标公司,买方公司可能存在一些信息不对称性,如原目标公司的股东可能会觉得新的并购公司在并购后并不一定能够管理好企业,存在很多不确定性。如果买方的不确定性很高,目标公司的股东更愿意接受现金的支付方式,因为目标公司的股东不相信并购后新的管理层,他们希望尽快拿到现金。

如果目标公司存在很多信息的不对称性,买方公司通常会选择换股交易支付方式。因为如果目标公司存在很多不确定性,买方公司需要进一步绑定目标公司的股东,而不愿让这些目标公司的股东获取现金对价后直接离开公司,不再受到未来经营业绩的影响。

3.4.3　证券加现金的混合付款方式

在很多并购案例当中,支付方式并不单纯仅用现金交易或者仅用换股交易,而是将现金交易和换股交易相结合来使用。

📚 案例 3-5　蓝色光标收购美国公司 Cogint 案

如前所述,蓝色光标是国内一家上市公司,近些年的发展主要依靠快速并购战略。蓝色光标收购了美国很重要的一家公司 Cogint,该公司在纳斯达克上市,旗下有两家子公司,一家为 Fluent,一家为 IDI。Fluent 是经营、资产都很好的板块,这是蓝色光标希望收购这家公司的一个原因。IDI 的经营状况并不是非常好,因此在收购之前,蓝色光标首先剥离了 IDI 的资产,因为其主要希望收购 Fluent 的资产。蓝色光标收购了 Cogint 公司非公开发行股份 63% 的股权,获得了控制权,从而获得了海外上市公司的平台。在这个案例当中,并购交易方式是混合式的,对价是 1 亿美元的现金,剩下的部分用蓝色光标海外子公司的股权进行换股来支付。

这一做法的好处在于：首先，海外并购通常需要用现金支付，这是因为跨国并购进行换股交易，意味着要交换在两个不同国家资本市场上流通的证券。这种交换很不方便，也不利于并购之后证券的流通，特别是海外投资者无法直接交易 A 股，所以对于海外的股东而言，换股持有 A 股根本不具有吸引力，因此中国企业在海外进行并购，通常都是以支付现金的方式进行交易。其次，如果这一交易完全用现金交易，会给蓝色光标带来很大的现金和融资的压力，解决这一问题的方法是在交易对价中，除了一部分现金交易之外，再加上一部分换股交易。

在这个换股交易当中，蓝色光标既采用了现金交易，又采用了换股交易，而且换股的双方都是在美国注册的公司，因此交易双方都能接受换股，交易双方的股票对价也比较好计算。蓝色光标首先在海外注册了一家子公司，再把蓝色光标海外公司的收入注入该子公司当中，然后再用该海外子公司的股票同美国上市公司的股票进行换股。因此蓝色光标这一交易结构的设计，一方面克服了很多执行操作层面上的困难，使得交易双方的股份实际上都是在同一个国家流通的股份，另一方面通过换股加上现金的方式，使得现金融资问题得到了解决。因此，这是一个很成功的两种并购交易支付形式相结合的案例。

综上，并购支付方式主要有两种：一种是现金支付，一种是换股支付，很多情况下两者可以相结合使用。选择并购支付方式时，首先要考虑买卖双方股东的风险分担和收益分享。其次还要考虑在并购的过程当中，并购双方公司的股价是被高估，还是被低估。再次还要考虑到并购交易完成之后，对公司资本结构的影响，如果是现金支付的并购，对于并购公司来讲，就要进行大量的融资。融资有两种主要的外源融资方法：一种是债权融资，如果并购公司进行大量的债权融资，融资之后可能会引发企业一定的流动性风险和财务风险；另一种是股权融资，股权融资在发行股票的过程当中，有可能会稀释大股东的股权，从而导致企业的控制权的变更，这会给买方公司控股股东带来控制权转移的风险。最后要考虑到并购双方存在的不确定性，这会影响目标公司对并购支付方式的接受程度，也会影响并购公司对并购支付方式的选择，从而影响最后并购对价支付方式的选择。

3.5　融资方式的选择

3.5.1　影响并购融资选择的主要因素

设计一个高效而且安全的融资方案,需要考虑以
下三个重要的因素。

视频 3-5　融资
方式的选择

1. 融资方案的有效性

无论采用什么样的融资方式,首先要确保这一融
资方式有助于并购公司募集到并购所需资金。很多情况下,由于并购公
司通常需要的资金量非常大,如果只依赖某一种融资方式,不足以帮助并
购公司募集到并购所需资金,所以并购公司需要去考虑通过什么样的渠
道进行融资才能帮助其募集到足够的资金。

2. 公司财务安全问题

如果并购公司主要依靠债权融资,由于债权融资会给企业带来流动
性风险和财务风险,甚至带来破产风险。这种情况下,企业就要考虑融资
的结构、融资的渠道是否会带来财务安全方面的问题。

3. 资本成本问题

不同融资渠道所对应的融资成本也不同。对于并购公司而言,如果
想要提高并购的收益,需要降低并购募集资金的融资成本。因此,在并购
融资的过程当中,需要思考如何降低融资成本。只有降低融资成本,才能
增加并购交易的收益。

3.5.2　融资来源渠道

不仅对于并购交易,通常所有的投资项目都有两大融资来源,即内源
融资和外源融资。内源融资是公司用留存收益来满足未来投资的需求。
任何一家公司要想发展,仅靠自有资金总是存在很大的局限性,难以满足
公司未来的投资需求。特别是对于并购这种交易额非常大的投资而言,
内源融资通常存在不足,需要考虑外源融资。外源融资主要分为两种:
一是股权融资,二是债权融资。股权融资主要包括公司直接在二级市场
上发行股票向中小投资者募集资金,从 VC、PE 等基金公司进行融资,通
过向战略投资者等定向增发股票进行融资,还可以向员工或者向高管定

向增发股票进行募资。债权融资也有很多种,最简单的就是向银行贷款,此外还可以发行债券。对于公司而言,不同债券的风险等级也不同。低风险等级债券和高风险等级债券利率水平不同,其对应的融资成本也不同。除了这两种主要的外源融资之外,还有第三种仅在并购交易中出现的外源融资方式,即卖方融资。

1. 股权融资

1) 直接发行股票

直接发行股票,即上市公司在二级市场上直接对投资者发行股票,投资者用现金购买这些股票。上市公司直接获取现金后就可以用这些现金来支付并购对价。股权融资主要存在三个问题。

一是会影响到公司的控制权。如前所述,股权融资方式下,由于发行了新股,公司的股权结构会发生变化,可能会导致公司控制权的变更。

二是相对于其他的融资方式,股权融资的融资成本最高。由于一旦公司出现经营不佳、财务破产,对于股东的偿付顺序会排在债券投资者、银行等所有的债权投资者之后,所以,股权投资者通常面临最高的投资风险,为补偿这种风险,他们就会要求比其他的投资者获得更高的回报率。投资者的预期回报率对于企业而言即为融资的资本成本,因此股权融资的资本成本最高。

三是股权融资会直接受到股票市场好坏的影响。如果股票市场好,为牛市,股权融资就比较容易进行,股权的需求量也比较大,股票发行的价格也比较高,整个股权融资就会比较容易。相反,如果股票市场的行情不好,熊市情况下,股票发行不容易,整个股权融资的困难较大。蓝色光标是一个利用股权融资进行并购的典型。蓝色光标从2010年上市以来,净利润从6 200万元增长至2013年的4.83亿元,在这一期间很多利润都是来自并购业务。蓝色光标之所以能不断实现成功的并购,主要是不断通过资本市场进行股权融资来并购,并购之后带动了利润和市值的增长,使得企业在资本市场上融资更加容易,融到了资金之后又进行并购,形成双向的良性循环,最后实现公司的快速成长。

2) 私募股权投资基金或者风险投资基金

私募股权投资基金或者风险投资基金,可以给产业公司提供资金进行并购,特别是一些比较困难的、很难获取银行贷款的产业公司,或者无法通过在二级市场上公开发行股票进行股权融资的非上市的产业公司。

这些公司可以通过与私募股权投资基金合作,从它们那里获取相应的资金来进行并购,融资后私募股权投资基金会占有融资公司一定的股份。并购交易后,基金公司还会为目标公司提供一些相应的资源和对其进行监督,帮助其进行整合,提高公司治理水平等。当公司的绩效提高、价值提升后,私募股权投资基金会把目标公司的资产或者股权卖给产业公司,最终实现退出变现。

前述思科公司和红杉资本的协同并购就是产业公司与投资基金合作的一个经典案例。思科公司是著名的高科技公司,红杉资本也是全球著名的创投基金,它们之间进行了多年的合作。红杉资本对很多企业进行投资并购,思科公司再从红杉资本那里收购这些目标公司的股权,相应思科公司成为红杉资本投资退出的主要渠道。进行这种操作的原因在于:思科公司需要挖掘很多新技术。如果完全靠自己研发新技术,时间与精力都有限。此外,一些初创企业具有非常先进的技术,这些技术对思科这样的大公司会构成威胁。思科公司希望在这些公司很小的时候,就能将之收购,从而有利于自身保持技术上的优势。因此,红杉资本的作用在于帮助思科公司寻找、并购、孵化这些小的并具有先进技术的初创企业,再把这些企业的资产或股权卖给思科公司。

在这一运营模式中,思科公司和红杉资本各得其所。红杉资本作为一家投资公司,希望寻找到有价值的目标,再将这一目标升值,最后寻找退出渠道。思科公司作为一家产业公司,希望能够保证公司的技术优势,因此需要不断吸收新的技术血液。当企业可能会产生行业的垄断,并购时通常会面临舆论甚至是政府干预以及被否定的风险。思科尽量避免自己直接并购这些小公司,因此依托红杉资本来做前期的投资和孵化。当红杉资本对这些小公司进行投资并且孵化到一定程度,思科公司从红杉资本那里再把这些小公司的股权收购进来。通过这种方式,思科公司可以不断实现技术升级并保持技术领先。思科公司和红杉资本的长期合作,也是私募股权投资基金和产业公司结合,不断进行融资和并购的一个经典案例。

3) ESOP 融资

ESOP(公司职工持股计划)融资,即向目前公司的员工或者高管定向增发股票。这类案例在实务中也很常见。2016 年格力电器发布公告,希望通过向公司的员工和包括董明珠在内的高管进行定向增发以募集资金收购珠海银隆。这一方案最终被股东大会否决。实际上这一方案是为了使董明珠能够在格力电器获取更多的股权,从而获取更大的控制权而设计。定向增发会稀释目前股东的股权,这是股东大会最终否决这一方案的主要原因。

2. 债权融资

1) 银行贷款

债权融资是外源融资的另一个重要来源,债权融资最主要的方式是银行贷款。公司可以根据自身的资产情况向不同的银行贷款。银行根据公司的资产以及可以提供的抵押物,如存货、应收账款、固定资产等情况决定向公司提供多少贷款。此外,公司还可以根据自身的经营情况,预期公司的现金流,以此作为保障来向银行贷款,银行根据公司历史财务情况进行判断,最后决定是否给予贷款,以及贷款的数额和成本。小型企业或者增长型企业通常很难获得传统的银行贷款。

2) 发行公司债券

除了银行贷款之外,公司还可以通过发行债券进行债权融资。不同类型的债券有不同的风险,不同的风险对应不同的利率水平,即融资成本。高风险债券通常利率比较高;相反,低风险债券的利率会比较低,对应的融资成本也会比较低。

通过债权融资是进行并购的一个很重要的方式,称为杠杆收购,英文为 LBO(leveraged buyout)。美国的私募基金 KKR 就是非常著名的杠杆收购专家。杠杆收购是风险很高的收购行为,在杠杆收购中有很多是蛇吞象的案例,即公司只用自己较少的资金,加上很高的债务杠杆,并购比自身资产规模大很多的企业。在杠杆收购中,企业的债务水平非常高,因此会给企业带来非常大的经营风险。并购之后,如果企业不能马上进行非常有效的整合,提高企业的经营绩效,最后杠杆收购很有可能失败,并购后公司的财务风险也非常之大。

案例 3-6 西王食品收购加拿大公司 Kerr

1. 并购双方基本情况及并购计划

西王食品收购加拿大公司 Kerr 的案例是一个非常经典的利用杠杆收购的案例。该案例是由一家中国企业收购一家国际大企业,即非常典型的蛇吞象。西王食品是一家深圳上市的中国公司。Kerr 是一家加拿大的大公司,是国际保健品行业的龙头企业。并购前两家公司的规模悬殊,按照总资产比,卖方公司是买方公司的 2.8 倍;按照净资产比,卖方公司是买方公司的 3.6 倍;按照停牌时的市值比,西王食品的市值是64.25 亿元,而此次交易的对价是 48.7 亿元,这超过了买方公司 3/4 的市值。在这一案例中,西王食品通过杠杆收购,购买了 Kerr 的股权。由于按照国际惯例的一些要求,换股交易会产生很多问题,所以在跨国并购中,通常使用纯现金交易支付。现金支付需要考虑融资问题,如果需要购买 Kerr 100%的股权,其交易价格为 7.3 亿美元,约合人民币 48.7 亿元。交易分为两期来执行,第一期收购目标公司 80%的股权,收购价格为5.84 亿美元,折合人民币约 39 亿元。第二期收购剩余的 20%的股权,收购价格为 1.46 亿美元。融资通过引入私募股权投资基金、借款、信用贷款、自有资金,以及 earn-out 五大环节安排来实现。此外还计划先引入一定的过桥贷款,等并购交易完成之后,再用定向增发的方式募集到新的资金来偿付之前的贷款。

2. 第一期交易

在第一期中,西王食品购买 80%的股权,需要募集人民币 39 亿元。人民币 39 亿元的募集分为三大部分:上市公司西王食品自己出资人民币 16.92 亿元,并邀请 PE 公司春华资本出资人民币 5.6 亿元,再加上西王青岛对外借款人民币 16.75 亿元,总共获得 39 亿元人民币。上市公司的 16.92 亿元人民币并不完全是自有资金,其中有 10.05 亿元的对外借款,此外还包括母公司西王食品集团的财务公司——西王财务对上市公司的 6 亿元人民币授信。所以西王食品自己真正需要支付的资金是8 775 万元人民币,即 16.92 亿元减去 10.05 亿元再减去 6 亿元。完成这部分募集资金后就可以完成第一期的收购。由于第一期收购的是 80%的股权,这意味着完成第一部分收购就能够获得目标公司的控制权。第二期需要收购剩余 20%的股权,对价是 1.46 亿美元。这一案例把整个交易分成前后两部分进行,前 80%后 20%的巧妙安排既缓解了上市公司的筹款压力,也会因为并没有一次付清全款,给目标公司带来一定的压力与约束力。通过几大融资手段的连环嵌套,上市公司只需要支付 8 775万元人民币,就可以撬动首期的 39 亿元的支付,并获取控制权,完成整个交易的大部分,相当于可以完成一个 48.7 亿元的跨境并购。

在这一并购案例的谈判过程中,西王对并购主体做了一次调整。并购之初,并购主体是母公司西王集团。在执行过程中,变更为西王集团旗下的上市公司西王食品。这一调整对买方而言,是为了更好地进行融资。前文提及,如果买方公司是上市公司,可以通过资本市场募集资金。此外,上市公司从债券市场来募集资金,也更有优势。可见,西王食品集团将并购主体由集团母公司变更为上市公司,正是为了方便后来的融资。但这一变更对卖方公司 Kerr 却并非好事,因为卖方公司与上市公司进行交易,会带来更多的监管和信息披露,流程会更慢,外界的干扰也会更多,而卖方公司希望的是整个交易能够很顺利,能够很快获取交易对价。因此,卖方并不是特别愿意接受这一变更。

很多并购交易中,卖方公司需要出售的原因在于其缺乏资金,因此,卖方公司通常希望能够很快取得对价,交易主体变更为上市公司并不利于卖方公司实现这一目的,同时卖方公司还会因为这一变更而质疑买方公司是否真的有实力来完成这一交易。这一情况下,卖方公司开出额外的条件,要求买方公司必须在一个月之内,出具一份 40 亿~50 亿元的贷款承诺函,以此证明买方公司确实可以通过贷款融资募集到交易资金。这一条件给西王公司带来很多压力,其必须尽快地到处融资。最后,信达资产介入,仅仅用了 20 多天,信达资产就给西王公司开具了几十亿元的贷款承诺函,使并购得以继续进行并最终完成。

3. 卖方融资

卖方融资是针对并购交易的特定融资方式。在卖方融资方式下,买方先支付一定的金额,获得公司的所有权和经营权,其余的大部分金额将在未来付清。这就相当于卖方公司给买方公司提供融资,即相当于卖方借钱给买方。在这种情况下,买卖双方需要签订合同,规定将来付款的时间、金额、付款条件以及付款利息等相关内容。买方或者卖方公司愿意选择卖方融资这种特殊的融资方式,有两个重要的原因。

1) 有助于买方公司解决融资困难

如果买方公司需要一次性全款付清,资金压力会非常大,买方公司可能没有足够的资金或者没有足够的能力融到足够的资金。如案例 3-6 提到的西王食品收购 Kerr 的案例,之所以这个交易要分成两期来执行,是因为如果一次性完成 100%股权交易,西王食品的资金压力会非常大,可能不能一次性募集到全部资金,而卖方融资可以帮助买方来解决融资困难。这一方式仅需买方公司和卖方公司进行协商,达成协议即可,而不需要通过第三方进行融资,因此是一个非常好的帮助买方公司解决融资困难的方式。

另外,卖方融资也有助于卖方公司尽快找到买家。一些买方公司虽然可能很有实力,并有收购意愿,但短期内可能并没有足够的资金,面临一些融资约束,因此无法实现交易。在这种情况下,卖方公司可以作出一些让步,允许买方分期付款来实现最后的交易。这样,卖方公司也能够比较容易找到买家。

2) 能够激励目标公司配合整合

这一方式也给目标公司提供了一定的激励,能够让目标公司在并购之后,更好地配合整个公司的整合,最后实现协同效应,即企业的价值增值。协同效应是否真正能够实现取决于最后的整合过程,而最后的整合是否能够顺利完成,取决于目标公司的管理层和员工是否积极配合。如果目标公司暂时还没有拿到全款,它会更有动力配合整合的过程,这样,整合的过程就能更加顺利。

此外,在很多情况下,并购公司通过前期并购先获得公司的一部分经营权利,然后通过经营产生一些利润,再从这些利润当中获取一些资金,付清剩下的余款。这也可以激励目标公司更好地配合并购后的整合,产生价值,最终使买方公司更有资金实力来付清余款。

另外,卖方融资协议可以附加一些限制条件,如余款支付的限制条件,此即人所熟知的对赌协议。对赌协议通常要求并购后目标公司的绩效必须达到某个条件,买方才会把余款付清,如果达不到这个条件,就不会付余款或者付得比较少,甚至在一些比较极端的情况下,买方还可能撤销并购,要求把原来付的钱再还回来。这些对赌协议附加额外的条件,会使目标公司更有积极性来配合买方公司进行并购后的整合,特别是部分并购后的整合,最终提高整体公司并购后的绩效。国际、国内并购交易中,卖方融资这种方式都比较普遍。

案例 3-7　华纳传媒出售子公司阿泰利案

美国的华纳传媒出售自己的子公司阿泰利的时候,就使用了卖方融资,原因在于华纳传媒看中了一个很有潜力的收购者,收购者当时的CEO Jack 是一个非常有潜力的经理人。所以华纳传媒认为,虽然潜在的收购者当时没有足够的资金来收购自己的子公司,但是它有非常优秀的经理人,华纳传媒相信在收购者并购了这一子公司后,能够把这家公司扭亏为盈。因此,华纳传媒宁可放弃一些自己的利益,如暂时放弃收回并购对价全款,同意进行交易。由此可见,当买方有很多额外优势的时候,如有很多管理优势、技术优势等,会更容易获得卖方融资,卖方会更愿意通过卖方融资的方式,提供给买方一些额外的融资渠道,最后能够顺利完成交易。

综上所述,融资是一个很复杂的过程,也有很多渠道,特别是对于并购的融资。所有的融资渠道可分成两类,一类是内源融资,一类是外源融资。内源融资主要是靠自有资金来进行融资,完成交易。但是对于并购这类非常大规模的交易,内源融资的力量有限,所以在并购中,还需要进行外源融资。

外源融资,特别是针对并购交易的外源融资,通常有三种方式。第一种方式是股权融资,公司可以通过发行股票,引入私募股权投资基金来进行股权融资。第二种方式是债权融资,公司可以向银行进行贷款,有些银行专门提供并购贷款;公司还可以发行债券。第三种方式是卖方融资,即在并购交易当中,卖方允许买方只支付一部分的资金,剩下一部分资金在将来分期还款,完成最后的交易。这一融资方式相当于卖方公司在短期内借给买方公司一笔钱,而买方公司也需要支付卖方公司相应的利息和其他一些费用。

进行并购的公司在设计融资方案时,需要考虑三个主要因素。第一要考虑融资方案的融资能力问题。无论使用何种方式融资,其目的在于最后能够融到足够的资金,完成并购交易对价的支付。由于并购交易对价通常涉及的金额都非常大,所以可能需要多方面、多层次、复杂的融资结构,需要通过多个渠道共同完成融资,才能最终实现全部资金的募集。第二要考虑财务安全的问题。如果在募集资金的过程当中,涉及很多债权融资,并购交易之后会给企业带来很高的债务压力,因此企业有可能会面临严重的财务风险和流动性风险。如果经营良好,能够按时还本付息,就没有问题;如果经营不善,企业还本付息的压力就会非常大,就会面临财务风险、流动性风险甚至破产风险。此外,股权融资会影响公司的股权结构,进而威胁公司的控制权的稳定性。第三要考虑资本成本的问题。资本是有成本的,不同渠道的融资方式所面临的资本成本并不一样。例如发行相对安全的债券,利息和资本成本相对较低。而发行高风险的债券,甚至发行垃圾债,资本成本则非常高。此外股权投资的资本成本,一定高于债权投资的资本成本,因此如果引入股权投资者,如 VC、PE 等投资者,他们所提供的资本成本肯定高于贷款投资人、债权投资人期望的资本成本。从投资者角度来看,并购也是投资交易,对于投资而言,如果给定现金流,则资本成本越高,最后的 NPV(净现值)就会越低;相反,资本成本越低,NPV 就会越高。所以在整个融资过程当中,在考虑融资的能力、融资的安全后,还要考虑资本成本,能够通过最低的成本募集到资金,如此并购中产生一定的现金流之后,最后得到的 NPV、折现值才会最高。

3.6　交易程序的选择

并购通常涉及金额巨大而且复杂的交易,因此需要考虑并购交易程序的设计问题。如在西王食品并购加拿大公司 Kerr 股权这一案例中,交易结构设计分为两步进行。一个并购交易可以一次性完成,也可以分几步来完成。并购交易分步骤完成主要有以下几点原因。

视频 3-6　交易程序的选择

1. 分步交易有助于确保交易的顺利实施,特别是并购后整合的顺利实施

并购过程中,买卖双方通常需要一定的时间来真正了解双方实际的资产和经营的情况。如此,买卖双方可能有意延长交易时间,在更长的时间之内,买卖双方可以增进对彼此的了解,增进彼此合作上的磨合,这会使整个交易完成得更加顺利。

2. 分步交易有助于应对意外事件的发生

意外事件可能会影响公司的价值,从而导致买卖双方在以后调整并购的对价。这些意外事件对于目标公司的估值可能是好事,也可能是坏事。如果是好事,目标公司可能并不希望在此时一次性地确定所有的对价,而希望保留一部分的股份,后期逐步出售,在后期出售的过程当中,使买方公司愿意调高对价。相反,有些消息对于目标公司可能是不利的消息,对于这种情况,买方公司可能不愿意一次性完成所有的交易,并一次性支付所有的对价,希望先付一部分的对价,而后根据具体情况调整后期的对价。如果发生一些不利的情况,买方公司会希望调低对价,从而最终能够降低交易成本并规避风险。

3. 卖方公司有时并不愿意一次性用尽全部筹码

从长期而言,卖方公司也有可能愿意保留一些股份,以继续参与公司的经营,所以会延长交易时间,从而使交易并不是一次性完成。

4. 分步交易有助于激励卖方公司配合整合

如果交易分多期完成,对于买方公司而言,就不是一次性付清全款;对于卖方公司而言,也不是一次性收到全部对价。这实际上相当于买方公司给予卖方公司一定的激励,使卖方公司能更好地配合在并购后进行交易的整合,最终能真正创造并提升企业的价值。在这一情况下,通常买方公司和卖方公司在签订条款的时候,还会再附加一些业绩承诺条款,如此能够更好地激励目标公司配合买方公司进行并购后的整合。如果并购后的业绩不能够达到业绩承诺条款的要求,卖方公司就不能够获取后期的对价,这对卖方公司而言,既是压力也是约束。

案例 3-8　蓝色光标分段收购博思瀚扬

蓝色光标分段收购博思瀚扬就是一个比较典型的分段交易的收购案例。蓝色光标是一家依靠并购企业发展得非常成功的公司,而博思瀚扬是其收购的公司之一。博思瀚扬主要从事市场营销培训服务,拥有摩托罗拉、微软等知名客户。蓝色光标在收购博思瀚扬的时候共分四个阶段完成了最终的交易。

第一个阶段是 2008 年 4 月,蓝色光标以 1 800 万元收购了博思瀚扬 51% 的股权,余下 49% 的股权将依照以下约定收购:在博思瀚扬税后净利润较参照值增长大于 0% 的情况下,蓝色光标将以该年税后净利润乘以 P/E 再乘以该年对应的剩余目标的股权计算出来的价款对其进行收购。在税后净利润较参照值增长小于 0% 的情况下,公司有权决定以 7 倍的 P/E 购买博思瀚扬的股份,或者在当期不购买博思瀚扬的股份。在这种情况下,收购的年度将向后顺延一年,以此类推,最终达到收购博思瀚扬 100% 的股权的目标。

第二个阶段是 2010 年的 4 月 7 日,蓝色光标以 375 万元收购博思瀚扬 17% 的股权,收购之后将持有博思瀚扬 68% 的股权。这次交易约定 2011 年付款,但是附有条件,如果博思瀚扬 2010 年度经审计的税后净利润超过 400 万元,这一次的付款是 375 万元,否则就降为 180 万元。

第三个阶段是 2011 年 3 月 16 日,蓝色光标以 480 万元超募资金,通过子公司上海蓝色光标品牌顾问有限公司收购博思瀚扬 16％的股权,如果完成此次收购,蓝色光标将拥有博思瀚扬 84％的股权。第三次收购同样也是附有条件的支付,如果博思瀚扬及其子公司在 2011 年度经审计的税后净利润高于 580 万元,蓝色光标将向博思瀚扬的原股东共转让 480 万元。480 万元按如下方式支付:240 万元于本次收购协议签署后支付,其余的 240 万元于公司 2011 年度审计报告出具后 30 个工作日内进行支付。但是如果博思瀚扬及其子公司在 2011 年度经审计的税后净利润低于 580 万元,蓝色光标仅向博思瀚扬的原股东支付 50％的对价,即 240 万元,其余的 240 万元不予支付,实际上交易对价就变成了 240 万元。

第四个阶段,也即最后一个阶段,2012 年 3 月 30 日,蓝色光标将以 583 万元透过子公司上海蓝色光标品牌顾问有限公司向博思瀚扬收购剩下的 16％的股权,完成对博思瀚扬 100％全资子公司的收购。

这一案例中,蓝色光标分四步完成了对博思瀚扬的收购,基本上蓝色光标在每一步中都附加了一些额外的业绩承诺条款,只有达到付款条件,蓝色光标才向博思瀚扬支付完全的对价,否则这个对价就会调整,甚至整个并购就可能被拖延。这就是很典型的分步进行并购的案例,整个分步过程中附加了很多业绩承诺,即对赌协议。

本节主要讨论交易程序的选择。并购通常是一个非常复杂的交易,因此可以一次性完成,也可以分步完成。分步、分阶段完成交易通常有以下几个重要原因。

第一是并购需要买卖双方互相协作,最终才能够完成项目,所以在整个交易过程中,需要买卖双方互相磨合,互相了解,共同做好这一项目。第二是交易过程当中,公司的价值及经营情况可能会受到很多外部条件的影响,这些外部条件可能是正面的,也可能是负面的,但都可能会影响到目标公司的估值。如果是正面的条件,可能会增加目标公司的估值;如果是负面的条件,可能会降低目标公司的估值。在这种情况下,很多时候无论是买方还是卖方,都可能有动机延长交易时间。第三是卖方公司有时并不希望一次性用尽全部筹码,不希望一次性出售公司的全部资产。第四是并购交易中,需要通过并购后的有效整合,才能够实现协同效应,实现企业价值的提升。如蓝色光标并购博思瀚扬分四步进行,每一步都附加了对赌协议和业绩承诺条款,因此能够有效保障交易的最终完成。

3.7 交易风险的控制

并购通常都是涉及很大规模交易的投资,因此会存在很多风险。前已述及,有一些方式可以帮助并购方规避潜在的交易风险,如分步付款、卖方融资等。本节将系统梳理规避交易风险的方式以及如何设计更有效的交易结构来控制交易中可能产生的风险。

3.7.1 交易风险的来源

并购交易通常会涉及大量资金的转移,因此并购交易的风险通常很大。风险可能来自并购公司,也可能来自目标公司。

1. 并购前对目标公司评估不准确

并购前需要对公司进行尽职调查,但尽职调查不可能尽善尽美,总有可能出现一些事先没有调查清楚的信息、事先没有预想到的情况。尽职调查的不完善,会导致资产评估不准确,并购之后发生的情况,就有可能与之前的预想不一致。这样就无法实现并购的价值和协同效应。这是最典型的因目标公司而产生的并购风险。

2. 不确定性因素

并购过程中可能出现的很多不确定性因素也会给并购带来风险,这主要是由于外在因素会对支付对价造成影响。现金支付方式下,并购的对价是事先完全确定好的,但换股交易中,最终的并购对价可能由买方公司的股价确定。股票价格的上升和下降都会导致并购对价不一样,给最终并购对价带来不确定性风险。

3. 或有负债

一些或有负债或者或有问题也是很重要的风险来源。这些或有负债、或有问题带来的风险很大一部分是政策性和法律性的风险。或有风险可能是宏观层面风险,也可能是微观层面风险。

4. 行业层面或者公司自身经营层面的因素

除这些宏观的因素之外,还有一些可能是行业层面或者公司自身经营层面的因素。如一些科技公司,特别是生物医药公司,其最有价值的资产是一些特许的经营权,如药品的生产许可证、专利等。如果政府出台的新政策使得一些药品不能进行生产,或者许可证过期导致不能继续使用,都会对潜在的企业绩效、生产及最终的企业估值造成影响。这类风险因素会给最终的交易对价以及交易能否完成带来不确定性。

3.7.2　交易风险控制方法

设计交易结构时风险控制机制主要有三类:第一类就是采用有条件的支付方式,如 earn-out、对赌协议、业绩承诺条款等;第二类是在交易过程中,给买方或者卖方增加一些灵活的选择权,允许买方或者卖方规避一定的风险;第三类是通过附加条款把一些资产与潜在的或有债务、或有风险相分离,在交易过程当中只选择资产部分。

1. 采用有条件的支付方式

并购中最主要的一个风险是并购后,发现并购的资产与并购之前所预期的情况不一致。为避免发生这种情况,一个很重要的方法就是分期付款,分步进行交易,后期的付款金额应根据前期交易后公司的绩效决定。交易过程中,买方不是一次性付清全款,而是分步进行交易,最后实现完整的交易。如此交易的原因如下。

1) 信息不对称

任何并购交易过程中,买卖双方总会存在信息不对称。卖方总是希望能够卖出更好的价格,获得更高的对价,因此就有动机夸大资产实际价值或掩饰资产瑕疵。并购之前,买方不可能完全获取资产所有的信息。虽然买方可以做尽职调查,但是无论如何努力,因为不可能提前预想到所有的问题,尽职调查不可能尽善尽美,总会存在信息不对称。如果买方一次性付清全款,后续就没有办法再进行调整,也就没有了议价权。无论资产好与坏,买方再也无法规避交易风险。为规避交易风险,买方可以分期进行付款,并增加一些付款的浮动条件,再根据前期交易后的一些情况,来决定后期交易的对价金额,典型的做法是经常被提及的 earn-out,另外还有其他分期付款的方式。

2) 卖方承诺信号

如果卖方愿意接受这些条款,愿意承诺相应的业绩,就相当于向买方发出一个很有效的信号,表明其所出售的资产情况和所披露的信息是真实的。可想而知,如果卖方公司大肆作假,肯定想要一次性拿到全款,而不愿意接受后期有浮动条件的支付条款;如果愿意,则说明卖方公司对自己出售的资产有信心。这种付款的协议,降低了买卖双方的信息不对称性,一方面有助于买家规避潜在的风险,另一方面也是卖方对自己出售资产的质量以及披露信息的质量提供的一种保障。

浮动支付方式要和企业在并购后产生的一些重要经营性指标相挂钩,即通过并购后前期体现出来的经营绩效来调整后期的对价。这些指标通常是与经营绩效相关的指标,可能包括一些财务指标,也可能包括一些非财务指标。后期的对价应与前期已经确定好的这些指标相挂钩,最终确定后期的并购交易对价。

在有条件支付方式中,如果并购后的公司绩效提高,后期的并购对价会相应提高;如果并购后前期目标公司的绩效不好,后期的并购对价会相应降低。在一些非常极端的案例中,当并购后的公司绩效非常不好,买方甚至可以要求撤回之前的并购,除了让卖方退回之前的全部付款,还可以要求其支付相应的利息来补偿买方。由此可见,设计这样的条款一方面可以使得买方规避风险,另一方面也使卖方更有动力去积极配合在并购后的整合,最后能够保障整个并购顺利完成。

📚 案例 3-9　上海神开收购杭州丰禾

这一案例中,上海神开收购杭州丰禾 60% 的股权。根据协议,此次交易的对价分四期支付,是很典型的有条件浮动支付方式。前三期付款金额均是 2 000 万元,是确定的。第四期为有条件的支付,采用的是典型的 earn-out 付款方式。

第四期最终的付款金额是根据过去 4 年即 2014 年到 2017 年间公司的绩效水平来确定的。如果在这 4 年期间公司累计实现的净利润大于等于 1.4 亿元,并且 2017 年的净利润大于等于 4 000 万元,在 earn-out 下的付款金额为 1.56 亿元人民币。但如果在过去 4 年累计实现的净利润小于 1.4 亿元,但 2017 年的净利润能够大于等于 2 684 万元。在 earn-out 的付款安排下,最终的付款额是 2014 年到 2017 年累计实现的净利润除以 4 乘以 9.3,再乘以 60%,再减去 6 000 万元所得到的一个数额。如果第二种条件也没有达到,最终的付款额是 2014 年到 2017 年累计实现的净利润除以 4 乘以 9,再乘以 60%,再减去 6 000 万元所得到的一个数额。

可见第三种情况下,由于业绩最差,所以支付的对价也最低。第二种情况和第三种情况相比较,第二种乘的系数是 9.3,第三种乘的系数是 9,因此第三种情况下,支付的对价最低。由此可见,最终杭州丰禾公司拿到的对价与其业绩高度正相关。本案中并购方上海神开付款条件见表 3-2。

表 3-2　本案中并购方上海神开付款条件　　　　　　　　万元

支付期	付　款　条　件		付款额
第一期	《股权转让协议》生效		2 000
第二期	股权转让工商变更登记完成		2 000
第三期	获得杭州丰禾 2014 年度审计报告		2 000
第四期	2014 年度至 2017 年度累计实现的净利润	2017 年度净利润	earn-out 下付款额
	≥14 000	≥4 000	15 600
	10 736～14 000	≥2 684	2014 年度至 2017 年度累计实现的净利润÷4×9.3×60%－6 000
	除以上两种情况以外的其他情况		2014 年度至 2017 年度累计实现的净利润÷4×9×60%－6 000

案例 3-10　高盛和雨润食品对赌协议

这一案例比较经典,也相对极端。雨润食品在上市之前引进了几个战略投资者,包括高盛、景辉和新加坡政府基金。2005 年 3 月,这三个战略投资者联合向雨润食品投资了 7 000 万美元。在投资之前,高盛和雨润食品签署了一个对赌协议,规定中国雨润 2005 年的盈利必须达到 2.592 亿元。如果未能达到这个标准,说明雨润的业绩不够好,部分战略投资者就有权要求大股东以溢价 20% 的价格赎回其所持的股份,即投资方不仅可以要求退回原来投资的金额,还可以要求支付 20% 的溢价。所幸雨润食品上市之后业绩非常好,远远超过了对赌协议规定的业绩指标,所以没有发生退款。由此可见,在这一经典的对赌协议中,如果被投方达不到业绩要求,投资者不仅可以要求赎回全款,而且可以要求支付 20% 的溢价。

2. 增加选择权

这种方法的逻辑也非常简单:不同情况下,赋予买方或者卖方一些额外的选择,使其可以更灵活地对交易进行调整,从而规避一些风险。这些选择权通常利用金融市场、资本市场上的一些金融工具、金融衍生品来实现。资本市场上的一些金融衍生品可以用来规避一些由资本市场的波动而产生的风险。例如,如果对未来的股票价格有一个正向的预期,可以买入买方期权,相当于 call option(看涨期权)的股票。相反,如果对未来的股价有一个负向的预期,可以买入卖方期权,如 put option(看跌期权)的股票。通过资本市场上一些衍生品的运作,可以规避很多对价方面的风险。利用金融衍生品、金融工具对冲风险,虽然在国际资本市场上使用得比较广泛,但是由于中国的衍生品市场并不是很发达,使用这种方法就比较受局限。

并购交易中,往往会应用领子期权即 collar 这种工具,来规避并购的一些风险。通常并购都非常复杂,特别是对于一些跨国并购,由于受到很多行政审批方面的影响,交易的时间会比较长,很多事情都有可能会发生。如果在这段时间,并购双方的股票价格产生了一定的波动,最终会影响到并购的对价,产生支付风险。为了避免由于股票波动所带来的交易风险、并购对价确定的风险,可以在交易当中使用领子期权。领子期权通常有两种具体的形式。

第一种是固定比例换股的价格区间保护机制,英文叫作 fixed exchange collar,这种条款主要是用来控制收购方公司的股票变动给整个并购带来的风险。这一条款下,当收购方公司的股价在特定的区间之内,换股的比例是固定的,但是最终换股的对价是浮动的。在换股交易当中,如果固定了换股的比例,最后的对价取决于最后交易时的公司股票价格,因为总的价值是换股的股数乘以当时的股票价格。所以在这种情况下,当收购方公司的股价在这个确定区间之内,换股的比例是确定的,而换股的总对价数额是浮动的。如果并购公司的股价在这个确定区间之外,换股的对价是确定的,但是换股的比例就不确定。由此可见,这一方式有效规避了风险,因为当并购方公司的股价在一定范围之内时,确定了换股的比例,但是最终换股的总对价并不确定,允许一定的调整。但是如果公司的股价变得比较极端,在一定范围之外,为确保整个并购交易能够完成,交易的对价是确定的,换股的比例相应并不确定。

案例 3-11 First Union 并购 Bank of Florida

这一案例中,双方签署的协议约定了固定比例换股区间的价格保护机制。该条款约定，First Union 公司，即买方公司的股票价格如果在 41.875～44.875 美元之间，每股 Bank of Florida 公司的股票将换取 0.669 股的 First Union 公司的股票。可见，在该固定区间之内，换股的比例是确定的，但最后的总对价取决于最后 First Union 公司的股价。当 First Union 公司的股价不在这一区间之内，即低于 41.875 美元，每股 Bank of Florida 股票将换取相当于 28 美元的 First Union 股票；如果买方公司 First Union 股价高于这个区间，即高于 44.875 美元，每股 Bank of Florida 股票就要换取相当于 30 美元的 First Union 股票。

第二种是固定价格支付的价格区间保护机制，或者称为 fixed payment collar。与前一种机制正好相反，这种领子期权是指当收购方的股价在特定区间之内的时候，目标公司将获得的每股对价是固定的，而换股的比例是相对浮动的。但是如果并购公司的股价在特定区间之外，换股的比例是固定的，而对价是不固定的、浮动的。Bank One 公司收购 First Community Bank Corporation 公司案中，协议作出以下规定：如果 Bank One 公司的股价在 47～51 美元之间，则每股的目标公司股票将获得 31.96 美元的 Bank One 公司股票，即对价是固定的。但是如果并购方公司 Bank One 的股价不在这个区间之内，对价就不一样。如果 Bank One 公司的股票价格低于最低的 47 美元，每股会有一个换股比例，即每股目标公司股票将获得 0.68 股 Bank One 公司股票。如果 Bank One 公司的股价高于最高的 51 美元，换股的比例则是每股目标公司股票将获得 0.626 7 股并购公司 Bank One 公司的股票。可见，这种领子期权的应用是把并购公司股票价格的预判分成三段。对于中间这一段，给定一个固定的每股对价，两边根据不同的情况给予不同的换股比例。

案例 3-12　吉利集团收购戴姆勒公司股份

著名的吉利集团收购戴姆勒公司股份案即为在跨国并购中使用领子期权的一个经典案例。2018 年 2 月 24 日，吉利集团宣布，已通过其旗下海外企业收购了戴姆勒公司 9.69% 具有表决权的股份，吉利集团成为戴姆勒公司最大的股东。戴姆勒公司是奔驰公司的母公司，整个目标对价达到了 90 亿美元，价格非常高，整个交易也花了一年多时间才完成。

这一案例之所以很经典、很著名，主要有两个原因。第一个原因是，这一案例是作为我国民营企业的吉利集团，收购国外知名大公司。从中国的企业特别是中国的民营企业走出海外并购的角度来看,该案例非常经典。第二个原因是,这个案例的执行过程有效利用领子期权进行了一些风险对冲,来规避目标公司股价波动的风险。因为并购中,目标公司股价的波动,无论是向上调,还是向下调,都会对并购产生一定的影响。大的跨国并购交易时间往往非常长,在这么长的时间之内,公司的股价肯定会有波动,对交易会产生影响。为避免这些影响和风险,企业可以采用领子期权来对冲。

吉利集团通过购买戴姆勒公司股票的方式并购该公司,吉利集团自然不希望戴姆勒公司的股票价格下跌,因为这样并购后公司的资产就会缩水并亏损。但是吉利集团也不希望戴姆勒公司的股票价格上涨,这是因为在并购过程中,如果戴姆勒公司的股票价格上涨很多,戴姆勒公司可能就不愿意接受原来协商好的对价来出售股权,整个交易可能会终止。特别是当这一交易的持续时间很长,吉利集团会希望在这段时间,戴姆勒公司的股价比较平稳,如此,戴姆勒公司可能就更愿意按照之前谈妥的对价来进行交易。交易之后,整个公司资产的过渡也会比较顺利。

在长达一年的时间里,戴姆勒公司的股价肯定会有所波动,并购消息也会对公司股价造成冲击。为了避免股价波动带来的风险,最终能够顺利完成交易,吉利集团购买了期权等金融衍生品加以利用,用这些金融衍生品来对冲潜在的股价波动的风险。

另外,在这一交易过程当中,吉利集团和戴姆勒公司都是汽车行业的公司,吉利集团进行并购的主要目标是并购后产生产业方面的协同效应,而不是在资本市场上进行短期套利。为此,吉利集团愿意放弃一些短期的资本市场套利机会,甚至愿意付出一些代价,以确保能够完成产业上的并购,最终在产品市场上产生协同效应,实现企业的价值升值。

因此,吉利集团采用一系列的策略来对冲股票市场股价波动风险。其大致做法如下:吉利集团首先通过买入戴姆勒公司的期权,将戴姆勒公司的股票价格变动风险,转移到投资银行或者这些金融衍生品的提供机构。吉利集团希望通过这样的一个安排,控制戴姆勒公司的股票价格,以使在一年多的交易期内,戴姆勒公司的股票价格不会出现过大的波动。

吉利集团买入戴姆勒公司股票的同时,还买入戴姆勒公司的看跌期权,同时又卖出看涨期权。这样,如果戴姆勒公司的股票价格下跌,吉利所拥有的股票价值就会下降,但由于吉利集团已经买入看跌期权,看跌期权价值会上升,所以看跌期权能对抗股价下跌的风险,如此吉利集团就不会受到损失。

相反,如果戴姆勒公司的股价大幅上涨,由于吉利集团已经拥有很多看涨期权,吉利集团可以将其卖出。当市场上有很多投资者卖出看涨期权,就会把戴姆勒公司的股价拉低。如此,吉利集团卖出看涨期权就会亏损。吉利集团并不希望戴姆勒公司的股价大幅度上涨,因为大幅度上涨之后,戴姆勒公司就有可能反悔,放弃目前谈妥的条款,终止交易。这种情况下,吉利集团可以放弃一些资本市场上的利益,以确保戴姆勒公司股价不会大幅上涨,而保持相对平稳。因此,通过这一设计,吉利集团一方面防止了资产缩水,另一方面也能保证戴姆勒公司股价不会大幅波动,最终保证整个交易能够在一个比较平稳的情况下完成。

3. 附加条款分离或有债务或者或有风险

在进行并购交易时,买方公司可以在并购协议中加入一些条款,将或有债务、或有风险同并购的资产相分离。例如,一家公司想出售自己的一家子公司,而子公司可能存在非常严重的潜在环保问题,环保问题日后可能会带来很多麻烦,导致很多或有风险、或有责任,很多并购方都不愿意购买该子公司。

这种情况下,最简单的办法是并购的目标公司降低价格,出让一部分利益,来抵消日后买方可能会付出的治理成本。但对于买方而言,如果只是用一个相对较低的价格来购买这一资产,仍然存在风险。由于买方并不知道未来需要花多少钱来治理环保问题,日后治理环保问题的费用可能会远远高于卖方降低的价格。因此,一个可行的办法是将该公司的资产和潜在的或有问题相分离。

在这一案例中,出售公司可以把出售的资产和潜在的环保问题相分离,以后出了问题,仍由原出售公司负责治理环保问题并承担治理环保问题的相应费用。由于买方只接受资产,而不用去处理潜在的或有环保问题,就会有更多的买方愿意接受这一资产。当然剥离或有债务后,买方将要购买的资产质量相对更高,风险相对会更小,并购的对价也会相应提高。

综上,本节主要探讨了并购交易设计中控制交易风险的三种主要的方法。

第一种方法是采用有条件的支付方式来规避潜在的风险。并购方不用一次性向目标公司支付所有的对价，可以有条件地分期进行支付。条件通常是根据并购后前期并购公司的绩效来决定后期的并购对价。如果并购后前期的绩效很好，后期的并购对价也会相应提高。如果并购后前期的绩效不是很理想，后期的并购对价就相应降低。在一些极端的情况下，如果并购后前期的绩效很不理想，并购方还可能会要求偿还前期支付的全部并购对价。

第二种方法是增加一些选择权，使整个交易更加灵活，如加入一些期权以对冲潜在的风险。这种方法主要用来应对并购交易中，并购双方股票价格的波动所带来的风险。并购双方股票价格的波动会导致并购对价的不稳定，从而影响并购双方最终是否进行并购的决定，这些都是潜在的风险。利用一些金融衍生品可以对冲这些风险。

第三种方法是通过附加一些额外的条款，将并购资产和相关联的或有风险相分离。并购方仅并购相应的资产，而或有风险仍留在目标公司当中。采用这样的方法使得整体并购资产的质量通过剥离得到提升，因此并购对价也会相应提高。并购风险控制的方法和原则见表3-3。

表3-3 并购风险控制的方法和原则

方　　法	原　　则
1. 采用有条件的支付方式（earn-out、对赌协议） 2. 增加选择权 3. 附加条款分离或有债务或者或有风险	1. 让并购双方的股东具有分享合并价值的更多选择 2. 强化融资能力和灵活性 3. 控制问题资产和负债的潜在风险 4. 控制或有风险 5. 为管理层创造有效的激励机制

3.8　善意并购与恶意并购

根据并购中目标公司管理层对于并购的态度，并购通常可分为两类：一类是善意并购，另一类是恶意并购。如果目标公司的管理层非常愿意接受并购，这类并购就是一个友好的交易，即善意并购。善意并购中，整体的交易环境比较友善，交易过程也比较简单。相反，如果目标公司的管理层不愿意接

视频3-8　善意并购与恶意并购

受并购,该并购就会被视为恶意并购。恶意并购中,整个交易过程比较复杂,交易形式也较为多样。善意并购和恶意并购的交易流程区别很大,交易实施过程也迥然不同。本节主要讨论善意并购和恶意并购,特别是对恶意并购的实施方法以及操作程序进行探讨。

3.8.1　善意并购

如果目标公司的管理层认为本公司被另外一家公司并购,对本公司的经营是一件好事,目标公司的管理层就会非常愿意接受这一并购交易,并且非常积极地配合完成并购交易,善意并购就会在一个比较和谐、比较顺利的过程中完成。善意并购中,很多情况下可能是目标公司本身遇到了经营上的困难,目标公司的管理层主动寻找并购公司,希望并购公司来并购自己的企业,为企业注入资金,提升企业的生产和管理。

案例 3-13　清华同方并购 713 厂

清华同方于 1998 年成功兼并收购了 713 厂。713 厂是一家老的军工企业,1997 年由于其体制问题和经营问题,经营非常困难,资产负债率高达 92.7%,年亏损也达到了 950 万元,非常缺乏资金。713 厂厂长杨志明主动通过江西省政府找到了清华大学和清华同方,希望清华同方能够兼并收购 713 厂。清华同方正好在 1997 年成功上市,当时资金非常充裕,由于这是一个善意的并购,整个并购的过程当中,双方都非常配合,积极地促进完成了最后的并购交易。

这一案例还留下了一个经典的故事,当时正值 1997 年香港回归祖国,邓小平申明港人治港,收回香港之后仍是港人治港。因此成功并购 713 厂后,当时清华同方的 CEO 陆致成也向杨志明厂长表明,虽然清华同方向 713 厂注入资金,帮助 713 厂解决资金困难,并购了 713 厂,但还是厂人治厂,希望原有的领导团队能够发挥作用,在清华同方的资金支持下将企业经营好。

事实证明这一做法确实很正确,在清华同方的资金支持下,在杨志明厂长和其他团队的努力下,原来的 713 厂业绩不断地提高,摆脱了原来很多生产经营上的困难,这是一个比较成功的善意并购案例。

善意并购的交易过程通常比较简单。目标公司通常会比较配合买方公司,允许买方公司派人进行尽职调查,允许买方公司聘请的第三方机构进行尽职调查。尽职调查之后,买卖双方公司的管理层会进行一系列的谈判磋商,确定最终的并购对价、交易结构等细节之后进行交易,整个交易过程通常会比较顺畅。并购之后,目标公司很多管理人员也继续留在原来的公司,如上文讨论的清华同方兼并收购713厂案,当时清华同方的CEO陆致成作出了厂人治厂的表态,因此交易双方在一个非常友善的环境下完成了整个交易。

在善意并购的过程当中,通常买方会向卖方提出一个报价,如果卖方的董事会认为这一报价比较合理,而且接受并购比拒绝并购对目前的股东更有利,也会向股东大会推荐接受这个报价,然后股东大会再来讨论决议是否要接受这个并购,整个过程都比较友善。虽然在整个交易过程当中,买卖双方各有利益诉求,买方总是希望价格越低越好,卖方总是希望价格越高越好。但在善意并购情形下,买卖双方都会愿意作出一定的让步,最后达到一个价格均衡。通常善意并购的交易周期为3~9个月,在这一周期内一般可以完成交易。

3.8.2 恶意并购

恶意并购实际上是一个很有趣的话题,在媒体报道中经常会看到很多恶意并购的案例。之所以恶意并购的案例能够引起更广泛的注意,是因为通常恶意并购的交易结构更加复杂,涉及的相关方也更多。善意并购通常是买卖双方私下进行磋商最后实现交易,恶意并购则不同,恶意并购的交易买卖双方往往意见不一致,很多是公开进行的并购,公开的信息也比较多,这也是在媒体报道中会更多看到这类案例的原因。恶意并购通常采用的方法有以下三种。

1. 爬行收购

买方不通过目标公司的管理层或者董事会,直接从二级市场上秘密购买目标公司的股票,当购买的股票达到一定比例的时候,就有可能会获取公司的控制权,这种方式被称为爬行收购。

2. 要约收购

要约收购在实务中更为常见。在这种形式中,当一家公司希望去并购另外一家目标公司的时候,通常会先去接洽目标公司的管理层,如果管理层不同意,就会继续接洽目标公司的董事会。公司治理的层级当中,董事会地位高于管理层,董事会有更高的决策权。如果董事会进一步拒绝了并购的提议,买方公司会直接与目标公司的股东接洽,如直接向目标公司的股东发出要约,进行要约收购,从股东那里去购买股票,获得公司控制权,最终实现收购目的。买方公司甚至可以不用考虑董事会、管理层的意见,直接从股东那里收购股票,最后获取控制权。

在美国等西方发达国家的资本市场,有非常多的中小股东和机构投资者,公司股权集中度非常低,这意味着一个潜在的收购方可以仅从二级市场上不断地购买中小股东的股票,获取这些股东的股票并积累到一起,就能使自己的股权达到一定比例,最后可以威胁到大股东的控制权。

3. 管理层争夺战

管理层争夺战是除了上述爬行收购和要约收购之外的另一个很重要的方法。管理层争夺战,又称代理权争夺战或控制权争夺战。恶意并购中,如果潜在的并购方已经持有了目标公司的一部分股份,就可以通过股东大会或相应的公司治理机制,以支持他们并购的董事或者是高管更换公司的原有董事或管理层,最终促成并购的完成。

3.8.3　要约收购

要约收购案例经常出现在媒体报道中,也是恶意并购的常用手段,很多恶意并购最终都要通过要约收购来实现。要约收购主要是指并购公司即买方,直接向目标公司的股东发出要约,购买他们手中的股票。要约通常包括两个重要的信息。一是要约的价格,即买方公司打算收购目标公司股份的价格。为顺利收购目标公司的股份,要约价格通常都要高于目前目标公司股份的市场价格,否则目标公司的股东不会把自己的股份卖给潜在的并购方。二是要约的有效时间范围,即在要约有效的时间范围内,买方公司愿意以该特定的价格收购目标公司股东的股票。

要约表明买方希望在某一个特定时间内,以一个特定的价格来收购目标公司的股票。并购公司可通过媒体报道、网络宣传等各种形式,向目标公司的股东发出要约信息,希望目标公司的股东能够响应要约,将自己的股票卖给买方。但最终这一要约能否成功,买方能否通过要约收购到足够多的目标公司的股票,取决于很多因素。出于各种原因,资本市场上有很多要约并没有成功。

在要约的过程中,买方要按照要约的价格去收购卖方的股票。如果卖方的股票价格高于要约的价格,不会有卖方的股东愿意去出售自己的股票,这一要约就一定会失败。即便在发出要约的时候,要约的股票价格高于目标公司当时的股票价格,要约也不一定成功。因为要约通常要持续一段时间,在这段时间里,目标公司的股票价格会有波动。如果这个波动造成目标公司的股票价格高于要约价格,最终也会导致要约失败。如果在要约期间内,虽然有股票价格的波动,但是自始至终价格都是远远低于要约价格,要约成功的可能性就会比较大。在市场上,如果一家公司向另一家公司的股东发出了要约,这一信息本身就会影响目标公司股价的波动,通常发出这样一个要约后,目标公司股价会上涨,如果上涨的幅度高于要约价格,也会导致要约失败。以下一组案例都是要约收购,收购结果截然不同。

案例 3-14 要约收购案例

1. 美的集团要约收购小天鹅

美的集团希望通过要约收购,收购 20% 的小天鹅股份,但最终未能成功。在该案例中,买方诚心诚意发出要约收购,而且给出了一个比较高的要约价格,但是最终并没有成功。最开始目标公司的股票价格确实显著低于要约价格,但是目标公司的股票价格不仅受到本公司信息的影响,也受到大盘走势的影响。由于在要约期间股市大盘走势非常好,目标公司的股票价格也受到了一个正向的影响,不断上涨,到最后一天突然涨停,冲破了要约的价格,最后导致这一要约收购的份额未能达到 20%。

2. 中化资产要约收购天科股份

这一案例实际上是一个假意要约收购的案例,之所以说是假意收购,是因为在这个案例中,中化资产给出的要约价格几乎和目标公司在停牌前的股价一样,即并购公司给出的要约价格几乎不存在溢价。对于目标公司而言,收到要约收购的信息实际上是一个利好信息,通常会引起目标公司股价的上涨。如果并购方给出的要约价格和目标公司目前价格几乎一样,没有过多的溢价,基本上注定了这一要约不会成功,是一个假意的要约。一旦这一信息出现在市场上,目标公司的股价就会上涨,很容易超过要约价格,这一要约最终不可能实现。后来有媒体对这一要约产生了很强的质疑,有的认为是中化资产、天科股份和一些券商的合谋,更多的说法是这一要约实际上是中化资产和天科股份的一个合谋,天科股份邀请中化资产作为"白衣骑士"来帮助它提高股价或者拖延时间,以抵御一些其他的潜在并购方。因此,这一要约实际上可能只是一个预先设计好的合谋,并不是一个真正的要约。

3. 嘉士伯收购重庆啤酒

这一案例实际上是一个全盘成功的套利要约收购。有以下两个原因支持这一结论:首先,在这一收购当中,嘉士伯确实通过要约收购了重庆啤酒。其次,有一些投机者、投资者、套利者也在整个交易当中获取了很高的投资收益、交易收益。要约收购中,不仅并购方和目标公司的股东会参与交易,一些套利者或者投机者也可能会参与交易。当买方公司发出要约收购目标公司股票的公告后,一些投资者、投机者也可以参与购买目标公司的股票,再卖给并购方,从中进行套利和获取投资收益。只要从目标公司的股东那里购买股份的价格低于要约收购的价格,这些投资者或者套利者就可以从中获取投资收益。

嘉士伯要约收购重庆啤酒这一案例,最后各方参与者都实现了各自的目的。嘉士伯在收购重庆啤酒的时候,重庆啤酒的母公司的确诚心诚意地想要出售该公司 20% 的股份,愿意接受这样的一个要约收购。但是当这一要约宣布之后,重庆啤酒的股价并没有上升,反而因为一些负面的消息而下跌了,要约价格和股票价格的差距进一步拉大。重庆啤酒当时正进行乙肝疫苗的研发投资。一家啤酒公司去投资乙肝疫苗的研制,本身没有任何基础,这对外界而言,属于一个非常大的跨界经营,而跨界很多时候难以成功。而且啤酒是饮品,乙肝是传染病,这会使公司形象受到影响。此外,疫苗的研制风险非常大,失败率也非常高,需要高技术的支持,前景非常不明朗。因此,重庆啤酒投资乙肝疫苗并不是一个利好消息,导致重庆啤酒的股票价格进一步下跌。这一下跌正处于要约期间,使这家公司的股票价格和要约价格之间的差距加大。这就给了一些套利者机会,一方面他们可以以一个比较低的价格购买重庆啤酒的股票,另一方面又可以把这个要约作为一个退出机制,最后将股票卖给并购方嘉士伯。通过这样的一个操作,一方面最终重庆啤酒卖出了希望出售的股份,另一方面有很多套利者在参与要约收购的交易过程中,也获取了投资收益。因此,这是一个全盘成功的套利要约收购。

4. 帝亚吉欧要约收购水井坊

这一案例是典型的恶意并购,由于最终未能成功实现收购,对于目标公司是一个有惊无险的要约。对于恶意并购,目标公司的管理层并不希望要约能够成功。最简单的阻止要约成功的方法是想办法把股票价格拉到要约价格之上,这样自然而然股东就不会愿意把自己的股份以一个更低的价格卖出去了。帝亚吉欧要约收购水井坊就是这样的案例,最开始,并购方也给出了一个有溢价的要约,之后股票价格一直高于要约价格,所以对于目标公司而言还是比较安全的。但是忽然有一天股票价格就开始下跌,要约即将结束的时候,目标公司的股票价格眼看就要跌到要约价格之下。如果跌到要约价格之下,目标公司的股东就有可能卖出自己的股份,最后要约就可能会成功。此时出现了一家神秘的基金,注入大笔资金购买目标公司的股份,使目标公司的股价一下就上涨到要约价格之上,最终导致要约整体的失败。股东差点就要售出自己的股份,但是大股东或管理层可能联合了一些券商或者投资机构注入了资金,使股票的价格上涨到要约价格之上,最终要约未能成功。

5. 熔盛重工收购全柴动力

这一案例是一个各方面都非常失败的案例,最终收购并没有成功,而且参与收购的一些投资者或者投机者,最后也未能获得自己希望的投资收益。最开始熔盛重工就不是特别坚定地想去进行收购,在收购与不收购之间摇摆不定,但是最后还是给出了要约的价格。当时目标公司的股票价格,也在要约价格之下,因此,这一要约很有可能会成功。当要约发生时,目标公司的股票价格低于要约价格,通常会吸引很多投资者和投机者来参与收购目标公司的股票,希望能够通过一个中间的价格,收购到目标公司的股票,最后再卖给并购方。当这些套利者进入交易之后,收购公司熔盛重工突然宣告撤销要约,不再收购。这样,这一交易最终归于失败。另外撤销交易的信息对市场是一个负面信息,导致目标公司的股票价格进一步下跌。很多投资者和投机者本以为可以通过要约的价格将买入的股票卖给并购方,结果并购方不再收购,而股票价格又进一步下跌,导致这些参与的投资者和投机者投资受损,最后不但未能取得所期望的收益,而且遭受了很多经济损失。

综上,要约交易能否成功,有很多很复杂的影响因素。整个交易过程中,目标公司的股票价格、影响自身股票价格的公司信息、大盘的走势等因素都会对交易结果产生影响。除此之外,有没有其他的套利者、参与者、投机者,并购过程中交易双方的意向等各方面的因素,都会对要约能否成功产生影响。

3.8.4　代理权争夺战

代理权争夺战,通常是指当并购方已经拥有了一些股份时,可以通过股东大会或者一些其他的公司治理机制,行使一些权利,甚至换掉公司的管理层或者是董事会当中的董事,让新的管理层或者新的董事来同意进行并购。如此,就可以把一个潜在的恶意并购转化为一个善意并购。

如宝能和万科之争就是恶意并购转为善意并购的经典案例。宝能和万科的争斗过程中,宝能系之所以要把王石换掉,是因为王石认为宝能的资金风险很大,强烈反对宝能进入万科。最终宝能换掉了王石,使宝能进入万科能够更加顺畅,这样一个恶意并购的案例就转为一个善意并购的案例。再如一个国际上比较经典的案例——微软公司和雅虎公司之间的代理权争夺战,也是恶意转为善意的收购案例。最开始,雅虎拒绝了微软的收购,为了迫使雅虎接受其要约收购,微软利用大股东的身份,置换了雅虎的董事会,使雅虎最终同意接受微软的要约。

3.8.5　恶意并购和善意并购的比较

恶意并购和善意并购最主要有两点不同。

1. 信息对称性不同

从信息的角度比较,主要是信息获取的充分程度差异。善意并购信息获取会更充分,在善意并购过程中,买方和卖方的关系很融洽,买方到卖方公司做尽职调查,卖方会予以配合。在这一过程中,买方可以获取很多信息,特别是一些非公开信息,这样买方公司在并购之前,会对卖方有更多的了解。但是对于恶意并购而言,买方能获取的信息只是公开的市场信息,很难获取卖方公司那些私有和特质的信息。因此,恶意并购中,信息不对称会更加严重。

2. 融资渠道存在差别

从融资的角度比较,通常恶意并购中的并购公司很难获取融资渠道。银行不太会愿意为恶意并购提供贷款,并购公司也很难在资本市场上向潜在的股东声称要恶意并购来进行股权融资。因此,恶意并购的融资渠道很少。但善意并购则不同,善意并购中通常买卖双方的信息不对称程度会更低,买卖双方的协同性会更强,而且并购之后,卖方会更积极主动地配合并购后的整合,这样就能顺利实现并购后的协同效应,最后提升企业价值。这些正面的因素都有助于买方进行股票市场的融资和债权市场的融资。可见,从融资的渠道而言,善意并购要比恶意并购更加广泛且更容易获取。

善意并购,并购之前获取的信息更加充分,并购之后整合更加通畅,融资渠道也更为广泛。恶意并购,并购之前获取的信息比较有限,并购之后整合的困难比较大,融资渠道也较为狭窄,所以从整体来看,基于信息和融资渠道这两个因素,善意并购的成功概率要远远高于恶意并购的成功概率。

本节主要对善意收购和恶意收购进行探讨。根据目标公司的管理层对并购的态度,并购可分成两类,一类是善意并购,一类是恶意并购。善意并购的交易程序比较简单;恶意并购的交易程序相对而言比较复杂,形式也更多样化。

恶意并购可分成三种方式,一是爬行收购,买方公司不通知目标公司的管理层或者董事会,直接从二级市场上秘密购买目标公司的股票。二是要约收购,即直接在市场上通过公开的方式,向目标公司的股东发出要约收购股份,通过收购一些中小股东的股份,逐渐持有比较多的股份,最终获取控制权,动摇大股东的地位。三是控制权争夺战,即潜在的收购方已经持有一部分股份,可以通过股东大会或者一些公司治理机制,更换不同意并购的管理层或者董事,使得新替换的管理层或者董事同意这一交易,最终恶意并购就转变为善意并购。要约收购和控制权争夺战这两种形式,是比较常用的恶意并购方式,其中要约收购更为常见。

要约收购能否成功,取决于很多因素。要约通常是给定价格和时间,所以最终要约能否成功,取决于在要约期内要约的价格和目标公司的股价。如果目标公司的股价高于要约价格,最终要约就不会成功;反之,这一要约就有可能成功。公司本身信息、这一时期大盘的走势,甚至目标公司的管理层是否会与一些券商或投资者进行合谋操纵股价等很多因素都会影响公司股价的变动。因此,实际操作中很多要约未能成功。

 **本章小结**

本章对并购交易结构设计的相关内容进行了探讨,这部分内容也是

本书非常核心的内容。

首先是并购交易结构设计的基本原则。基本原则是这一设计能使所有的并购利益相关方,都接受交易。利益相关方不仅包括买方公司、目标公司,还包括员工以及政府等。只有所有的利益相关方都能够接受交易,并购交易最终才能真正完成。

视频 3-9　第 3 章小结

其次是如何选择并购交易结构设计中相关内容的问题,可分为以下七点内容。

第一是并购主体的选择。对于一个并购而言,买方公司并不一定亲自作为并购主体参与进来。买方公司既可以作为并购主体来参与并购;也可以选择注册一家子公司,由子公司作为并购主体进行并购。此外,买方公司还可以与投资基金公司合作进行并购。

第二是并购形式的选择。并购主要有两种形式,一种是股权并购,一种是资产并购。股权并购中,资产和负债都会在并购的过程当中从目标公司转移到并购方。但资产并购中,通常目标公司仅出售相应的资产,相应的负债仍然留在目标公司。

第三是付款方式的选择。并购的付款方式通常有两种,一种是换股支付,一种是现金支付。支付方式会影响融资结构。并购交易如果选择现金支付方式,并购公司就要考虑相应的融资渠道。

第四是融资方式的选择。并购的融资方式通常与其他投资的融资方式一样,有内源融资和外源融资。内源融资主要依靠公司的自有资金,外源融资主要有股权融资和债权融资两种渠道。关于并购的融资渠道,企业需要考虑三方面的问题。其一,融资渠道能否确实帮助企业融到足够的资金。其二,融资之后是否会影响企业的财务安全,如果企业融资后杠杆率非常高,将面临很高的财务风险。其三,融资的成本问题。不同融资渠道的融资成本不同。对于一个并购交易,企业希望能用一个相对低廉的融资成本来完成整个过程。

第五是交易程序的选择。并购交易可以一次完成,也可以分步完成。分步完成有很多原因,其中很重要的一个原因是控制潜在的风险。

第六是交易风险的控制。并购通常是大规模投资,会涉及很多风险。所以,在设计交易结构的时候,通常要考虑如何规避这些交易风险。通常规避交易风险的方法有三种,第一种是采用浮动的支付方式,并购方并不

是一次性把所有的并购对价支付给目标公司,而是将其后的并购对价与并购支付后目标公司的一些核心绩效指标相联系。第二种是引入一些金融衍生品的期权、选择权,希望通过这些规避一些潜在的风险。第三种是用附加条款分离或有债务或者或有风险。由于一些并购资产可能会产生一些或有风险、或有负债,这些都会影响到最终的交易能否成功。所以在交易的过程中,可以把潜在的或有风险、或有负债和交易的资产相分离,这样企业可以避免相应的交易风险。

第七是关于两种不同的交易——善意并购和恶意并购的探讨。对于管理层来讲,如果目标公司的管理层同意并购,该并购就是善意并购。如果目标公司的管理层不同意并购,该并购就是恶意并购。恶意并购的方法多种多样,有的简单粗暴,也有的比较委婉。

 综合训练

1. 什么是并购交易结构设计的基本原则?

2. 并购交易主体有哪些形式?

3. 选择并购目标公司需要考虑哪些方面?

4. 有哪些并购交易对价的付款方式?在选择交易对价的付款方式时需要考虑什么因素?

5. 控制与规避并购交易风险的方式有哪些?

 即测即练

第 4 章
并购目标公司对价估值

本章学习目标

1. 熟悉并掌握现金流折现法及其优缺点。

2. 熟悉并掌握可比公司法及其优缺点。

3. 熟悉并掌握可比交易法及其优缺点。

4. 了解其他四种量化估值方法：账面价值法、商业模式估值法、实物期权估值法、新经济估值法。

4.1 并购对价估值概述

并购交易价格又称作并购对价，是并购交易合同中非常重要的部分。并购对价根据并购的目标公司的估值来确定，公司估值是公司金融中非常核心的内容。并购的目标公司的估值是以传统公司金融中的公司估值为基础，再考虑到并购的特殊场景来决定的。对目标公司的估值方法可以分为两类。

视频 4-1　并购对价估值概述

第一类方法建立在定量估值的基础上，包括四种基本方法。第一种是现金流折现（DCF）法，该种方法主要对目标公司进行收益分析。第二种是可比公司法，第三种是可比交易法，这两种方法都建立在对目标公司进行市场分析的基础上。第四种是资产基础法，即以资产负债表为基础确定评估对象价值的评估方法。此外，还有其他量化估值方法，如账面价值法、清算价值法、重置成本价值法和证券市场价值法。这些方法在现实中都未被广泛应用，主要是因为这些方法本身存在一些问题和局限性。

第二类方法建立在定性与定量相结合的基础上，包括商业模式估值分析法、实物期权估值和新经济企业估值法。商业模式估值分析法是并购估值中定性分析的主要方法，也是产生溢价或商誉的主要原因。实物期权估值适用于那些难以准确预测协同效应的并购情形，其实质是把企业的并购机会看作涨期权。新经济企业估值法适用于那些区别于传统企业的互联网新经济企业。

4.2 现金流折现法

视频 4-2 现金流折现法

现金流折现法是公司估值中最基本和最常用的一种方法。本节首先介绍现金流折现法的基本思路,然后介绍在兼并收购的具体场景下,如何用现金流折现法对目标公司进行估值。

4.2.1 现金流折现法的基本思路

顾名思义,现金流折现法是通过预测公司未来若干期产生的现金流,然后把这些现金流进行折现,公司的估值就等于未来的现金流折现后的现值的加总。需要注意的是,这一方法是对未来的现金流而非利润进行预测和折现。这是因为,现金流是企业真正能够持有的资产,而企业的利润则是通过各种各样的会计操作、盈余管理得到的数据。

现金流折现法的第一个步骤是对未来的现金流进行预测。通常把未来的现金流分成两个阶段,第一个阶段是预测期,即从现在开始往后的5~10年,通常假设企业在这一阶段会相对高速地发展,这样可以将企业每年的现金流都预测出来。第二个阶段是稳定期,在此阶段企业进入一个相对稳定的发展时期,以一个稳定的增长率实现增长。

由于存在通货膨胀等原因,资金具有机会成本和时间价值。因此要对预测出来的未来现金流进行贴现,并且选取的贴现率应该能够反映公司资本成本,最后再将这些现值进行加总完成对公司的估值。

综上,现金流折现法中,首先对未来的现金流进行预测,而后确定一个适当的贴现率进行贴现得到这些未来现金流的现值,再把这些现值加总就得到了公司的总体估值,此即现金流折现法的基本思路。

4.2.2 自由现金流的定义

现金流折现法的第一个核心问题是如何预测公司未来的自由现金流。预测公司未来的自由现金流,首先要知道如何计算公司的自由现金流,计算的基本公式为

公司的现金流＝税后净利润＋折旧－投资支出－净营运资本的增加量

即

$$FCF＝NOPAT＋折旧－CAPEX－NWC$$

其中,NOPAT(税后净营业利润)等于 EBIT(息税前利润)×(1－t),t 是适宜的边际现金税率;折旧是非现金支出的费用,包括计算所得税时考虑使用的折旧、耗减和摊销;CAPEX 是固定资产的资本支出;NWC 是净营运资本的增加量,其定义是流动资产减去无息流动负债,即净营运资本＝流动资产(不包括现金及现金等价物)－无息流动负债(不包括短期债务)。

针对这一公式,需要注意以下几点。

第一,从税后净利润开始计算的原因在于,税收对企业来讲是真实的现金流支出,所以税后净利润是企业获得自由现金流的真正来源。

第二,税后净利润加上折旧的原因在于,折旧不影响企业的现金流。计算税后净利润时把折旧作为企业的成本扣除,但是折旧并不是企业需要支付的现金流,只是一个书面的记录,不涉及真正的现金流流出,所以计算时应当再加回折旧。虽然这一公式只加回折旧,但还应当加回包括无形资产的摊销等类似的会计科目。

第三,企业的投资也是现金流的流出,因此需要减去。

第四,净营运资本的计算公式为净营运资本＝流动资产－无息流动负债。流动资产包括存货和应收账款等,这些会计科目都会导致企业现金流的减少[①]。流动负债包括应付账款[②]、预收账款,这些会计科目会直接导致企业现金流的增加。总的来说,净营运资本代表了企业现金流的减少,因此在计算企业的自由现金流的时候要减去净营运资本的增加量。

企业在对未来的自由现金流进行预测时,应该结合企业本身的特点、其所处行业的情况,以及目前与未来的宏观经济因素进行完整和全面的预测。

1. 收入预测

对某一公司未来收入进行预测时,可采用自下而上、自上而下和上下结合三种分析方法。采用自下而上分析方法时,首先分析某一公司或其

---

① 企业的存货增加,意味着其销售收入会减少,企业的现金流减少。企业的应收账款增加,也会导致企业的现金流减少。应收账款意味着应收未收,相当于企业暂时借钱给对方。

② 应付账款即企业应该支付但是没有支付的账款,意味着企业的现金流会增加。

可报告的业务或地区分部的历史收入增长率或公司在预测期内推出新产品的预期,然后在此基础上预测收入,即为自下而上分析方法。采用自上而下分析方法时,首先作出对宏观经济变量(通常为名义 GDP 预期增长率)的预期,而后依据 GDP 预期增长率及其与公司销售额之间的预期关系预测收入,即为自上而下分析方法。上下结合分析方法融入自上而下和自下而上这两种分析方法的要素。采用上下结合分析方法时,可能会着重突出自上而下分析与自下而上分析所依据的假设条件之间存在的任何矛盾之处。上下结合分析方法是最常见的收入预测方法。

采用“相对于 GDP 增长的增长”方法预测收入时,GDP 与公司销售额之间的关系可表示为“GDP 增长率＋x％”或“以 GDP 增长率×（1＋x％）的速率增长”。例如,预测 GDP 增长率为 5％,并且预测公司的收入增长率将比 GDP 快 20％,因此预测公司收入增长率将是 5％×（1＋20％）＝6％。业务分部或地区分部不同,GDP 增长与收入增长之间的关系可能存在很大差异。例如,某公司中国分部的预期收入增长率可能低于中国 GDP 增长率,但日本分部的预期收入增长率可能高于日本 GDP 增长率。

采用“市场增长和市场份额”方法时,首先预测行业销售额（市场增长）,然后预测公司收入在行业销售额中的占比（市场份额）。市场份额乘以市场增长,即为公司收入预测值。

2. 成本预测：销货成本（COGS）

COGS 属于可变成本,通常用其在预期未来收入中的占比来表示,也可通过预测产品价格的变动来预测 COGS。成本预测可以用于预测公司各种产品类别和各个业务分部的 COGS,也可以在需要改进公司预期 COGS 时使用。其公式如下：

预测 COGS＝（历史 COGS/收入）×（预期未来收入）

或

预测 COGS＝（1－毛利率）×（预期未来收入）

成本预测中还可能包括对其他成本的预测,如销售和分销成本、研发支出（R&D）以及其他固定成本。其中,销售和分销成本可能与销售额直接相关,因为为了提高公司销售额,可能会雇用更多销售人员。研发支出尤其是短期支出,可能由管理层确立,且可能与收入无关。公司总部、管理层工资和 IT 运营等费用一般属于其他固定成本而非可变成本。这些成本往往随着公司发展壮大而逐步增加，而与公司当期销售额变动无关。

3. 所得税税率

所得税税率包括法定税率与实际税率。法定税率，即企业注册国征收的税率。实际税率，即实征税额与实际收益额的比例。为了促进各地方的经济协调全面地发展，国家对不同地区和不同行业的公司采用不同的公司法定所得税税率，从而直接地影响了不同地区和不同行业的公司法定所得税税率，也直接影响了不同地区和不同行业的公司的实际负担，造成公司实际税负的差异，而且这种差异和法定税率表面上的差异有时并不一致。现金流意义上的实际所得税税率则两者都需要考虑。

4. 资本支出

资产负债表列报的不动产、厂房和设备（PP&E）按折旧和资本支出（CAPEX）厘定，为提高预测效率，可以分别分析维护性资本支出与增长性资本支出。由于重置成本预计会随通胀增加而增加，预测维护性资本支出时，历史折旧应随通胀率增加而增加。按营运资本变动净额方法作出的预测将维持营运资本项目与损益表项目的关系，若无任何其他复杂因素，营运资本项目的增长率将与收入增长率相同。

存货周转率是衡量存货管理的一项指标。用预计年度 COGS 除以存货周转率，可预测资产负债表列报的存货价值，该预测与损益表 COGS 预测一致。"应收账款周转天数"是衡量应收账款管理的一项指标，可用于预测资产负债表列报的应收账款：

预计应收账款＝（应收账款周转天数）×（预计销售收入/365）

5. 规模经济和评估技术发展对成本支出的影响

对于实现规模经济的公司，产量越高，成本就越低，营运利润率就越高，并且其销售额应与利润率呈现正相关关系。当大公司（即销售额较高的公司）取得较高利润率时，即实现了规模经济。

评估技术的发展也会对成本支出产生影响，因为某些技术进步会降低生产成本，进而提升利润率，至少对早期采用者而言如此；某些技术进步会产生改进的替代产品或全新产品，这些都可能会降低生产成本，提升利润率。

4.2.3 预测期、稳定期和终值

1. 预测期

预测自由现金流时,通常把未来的时间分成两个阶段,企业在第一个阶段(预测期)的增长速度较快。通常根据企业的净资产收益率是否大于企业加权的资本成本来判断企业是否会有较快的增长速度。如果净资产的收益率大于企业加权的资本成本,就意味着企业的现金流增长速度较快。这种情况通常不会持续很多年,因为高盈利会引来很多外部的企业进入这一行业中,更为激烈的竞争会导致企业的利润率下降,所以预测期的时间是有限的。在有限的预测期中,现金流通常并不稳定,因此需要预测未来每一期的现金流。

选择明确预测期应考虑的因素包括:第一,适当预测期可能仅仅是股票的预期持有期。例如,对于年换手率 25% 的投资组合,股票平均持有期为 4 年,因此 4 年可能是最合适的预测期。第二,对于周期性很强的企业,预测期应包括一个完整的经济周期。第三,若估值是为重大事件服务,如并购或重组,预测期应包含足以使此事件带来收益的期间。

2. 稳定期和终值

经过高速发展之后,企业会进入第二个阶段(稳定期)。在这一阶段,企业将会以相对稳定的速度增长,通常假设现金流以一个固定的速度增长,因此可以利用永续增长年金的公式计算这一阶段所有未来现金流的折现总值,即终值(terminal value)。终值的计算公式为

终值=稳定期第一期的自有现金流/(加权平均资本成本—稳定期现金流的增长率)

上述公式计算出来的终值,可以看成在预测期最后一期出现的某个现金流,因此要计算企业最终的估值,还要将这个终值再次贴现到估值的原始时间。实际操作中,除了上述借用永续增长年金的公式来计算终值的方法之外,还可以使用另外一种方法。这种方法类似于可比公司法,即参考其他公司,获取其他可比公司的市场价值与其现金流的比例,然后用这一比例乘以预测的公司在预测期最后一期的现金流,就可以得到估计的终值。这样估算出来的终值仍然是预测期最后一期的估值,因此如果要进行公司的估值,还要进行二次贴现,把价值贴现到起始点来计算在起始点的现值,再把该现值和从其他的预测期贴现回来的现值相加,才能够

得到该公司的最终估值。

4.2.4　折现率

现金流折现法的核心是对未来现金流的折现,如何确定适当的折现率是另一个非常重要的问题。折现率反映了企业的资本成本,因此这一问题就转化为如何确定企业的资本成本。企业可以从多个渠道进行融资,每一个融资渠道的资本成本及比重都不同。企业整体的资本成本就是各个融资渠道的资本成本的加权平均,称之为 WACC(加权平均资本成本)。公司一般有两个比较主要的融资渠道,股权融资渠道和债权融资渠道[①]。计算 WACC 时,每一个融资渠道的比例都可以从公司的财务报表中获得,但确定公司的股权融资的资本成本和债权融资的资本成本则比较困难。

债权融资的资本成本根据债权融资时借贷双方所规定的债务到期收益率来确定。当企业进行多次债权融资时,应当考虑新发债券的收益率,并以之为企业债权的资本成本。相比之下,确定股权融资的资本成本更为复杂。根据公司金融的基本理论,公司股权融资的资本成本由资产定价模型(CAPM)确定,这基于金融投资的核心理念是高风险高收益,股权的资本成本与股权投资风险高度相关,因此,问题就转化为如何确定股权投资的风险。

股权投资的风险和被投资资产的价值在资本市场上的风险是高度相关的。这一风险有两个来源:一是宏观因素引起的风险,即系统性风险;二是资产个体因素引起的风险,即非系统性风险(或特有风险)。在考虑资本成本时,通常只考虑系统性风险,而不考虑非系统性风险,这是因为投资者无法规避系统性风险,但可以通过设立不同的投资组合模型对冲抵消资产个体风险。因此,企业的系统性风险越高,股权投资的资本成本也越高。

通常使用贝塔系数 β 来表示企业的系统性风险。贝塔系数体现了一家企业的股票收益率与市场总的股票收益率的相关性,相关性越高,则说明这家企业面临的系统性风险越高,反之则越低。股权投资的资本成本还应体现机会成本的内容,即企业融资的资本成本应该等于机会成本。

[①]　债权融资可以抵税,因此其资本成本要减去企业所得税税率 t,所以债权融资的实际资本成本低于其名义资本成本。

如果投资者不对这家企业投资,而将资金投到其他同等风险的项目中所产生的收益率或回报率,此即为企业在进行股权投资时所面临的机会成本。因此,计算企业股权融资的资本成本,应该根据 CAPM 来计算。CAPM 如下:

股权融资的资本成本 K_e = 无风险投资收益率 R_f + 贝塔系数 β ×

$$（市场的收益率 R_m - 无风险投资收益率 R_f）$$

无风险投资收益率是任何有风险投资收益率的一个最低线。[①] 无风险投资收益率 R_f 通常用长期政府债券的收益率衡量。[②] 股票市场的收益率应该等于无风险投资收益率与市场风险溢价之和。由于股票市场的投资有风险,因此公司的股票收益率和市场风险溢价收益率的相关性为系统风险。预期的市场风险溢价等于市场的股票收益率与无风险投资收益率之差。通常按照历史平均的股票市场的指数收益率和长期政府债券收益率之差来进行具体的估算。在美国可以用一些股票市场的指数,如标准普尔指数等来估算。在中国也可以用上证指数收益率等作为市场整体收益率的代理变量。贝塔系数代表了股票的系统性风险,系统性风险通常有两个来源,一个是经营杠杆,一个是财务杠杆。

贝塔系数的估算方式有多种。一种方式是通过可比公司法获取企业的贝塔值。例如,对于一家要估值的公司,可以去找一家可比公司,将可比公司的贝塔值作为公司贝塔值的代理变量。这种方式通常用于那些股票成交量少的上市公司和非上市公司贝塔系数的估算。贝塔系数估算时通常要先去掉可比公司的杠杆率,而后增加被估值公司的杠杆率水平。另一种方式是收集这家公司以前的股票收益率,通过统计回归模型来估值,将这家公司的股票收益率减去无风险投资收益率之后,对市场的风险溢价进行回归,回归后得到的系数就是贝塔值。上市公司贝塔系数估值中,通常根据市场总收益率回归得出公司股票收益率。

收益法中的贝塔系数应该是能代表未来的贝塔系数。但计算贝塔系数通常只能利用历史数据。一般认为,采用数据的时段越长,贝塔系数的方差将越低,其稳定性可能会更高,但时段过长,企业经营的变化、市场的

---

① 如果有风险投资的收益率无法达到无风险投资的收益率,投资者是不会愿意进行投资的。因为投资者可以直接去投资无风险的资产,其风险更低且收益率更高。

② 原因很简单,通常认为政府是相对可靠的,政府破产的概率非常低。此外政府有长期债和短期债。我们在对公司估值时,通常会采用长期债的无风险投资收益率,因为企业是一个长期经营的经济体,所以应用长期对应长期。

变化、技术的更新、竞争力的变迁、企业间的兼并与收购行为以及证券市场特征的变化等都有可能影响贝塔系数的计算结果。一般认为,最佳的计算时段为 4～6 年。对于市场风险溢价,通常采用证券市场的某一指数的收益率进行计算。我国的证券市场指数有多种,以采用上证综合指数为例,常见期限和频率是五年期月度数据。对于快速增长市场,可能更适合以两年期周数据作为常见替代方案。

市场风险溢价是市场投资组合或具有市场平均风险的股票所必需的报酬率与无风险报酬率之间的差值。在此定义中强调了市场风险溢价自身是一个事前期望比率。股票风险溢价历史估值为大盘股票市场指数历史平均回报率与给定时间段无风险投资回报之差值。该种估值方式的优点是客观、简单;其缺点是该方法以假设回报率均值和方差是常数(即平稳)为前提。如果样本仅包括在测量期间幸存的公司(称为幸存者偏差),需要上调历史的风险溢价水平。

此外,还可采用前瞻性市场风险溢价估值法(戈登增长模型),其计算公式为股票风险溢价＝预期股息收益率＋预期股息增长率－当期长期政府债券收益率。例如,以 1 年期市场指数预测股息收益率,其计算公式为 GGM(Gordon Growth Model)市场风险溢价＝(1 年期市场指数预测股息收益率)＋(共识长期收益增长率)－(长期政府债券收益率),公式中各构成分别用 (D_1/P)、g 和 r_{LT} 表示,前瞻性股票风险溢价估值为 $(D_1/P)+g-r_{LT}$。

前瞻性或事前估值方法使用了有关经济变量与财务变量的现行信息和预期进行估值。该方法的优点是,不依赖平稳假设,且受幸存者偏差等问题影响较小;其缺点是,由于前瞻性估值随时间推移而变化,需要不断更新。在经济繁荣期,股息收益率通常较低,增长预期较高;而当经济增长放缓时,情况通常相反。

一些分析师建议根据贝塔系数漂移情形调整贝塔系数。贝塔系数漂移是指贝塔系数估值随时间推移而趋于恢复至 1.0。调整后上市公司贝塔系数的计算公式为调整后贝塔系数＝(2/3×贝塔系数回归值)＋(1/3×1.0)。

得到 CAPM 的各个相关系数之后,就可以计算出该企业的股权资本成本,同时能够确定企业新借债权的资本成本及每一个融资渠道的份额,然后可以计算出企业加权的资本成本,最后得到 WACC。这一企业加权的资本成本即为进行贴现时所运用的贴现率。

确定未来预测的现金流和贴现率之后,就要对企业的现金流进行贴现,然后把所有的现值相加,就得到了对公司的估值。

4.2.5　确定并购对价

本小节介绍如何用传统的现金流折现法结合并购的特殊场景来对目标公司进行估值,从而最终确定在交易中的对价。对目标公司进行估值时,需要了解以下问题:第一,该并购存在哪些潜在创造价值的资源;第二,如何将预想的协同效应价值纳入现金流折现法的分析中;第三,协同效应如何影响企业未来的现金流和资本成本,从而影响未来现金流的贴现;第四,通过现金流折现法估算出目标公司的整体价值后,如何计算出该公司股权投资的价值及每股的最终对价。

1. 目标公司估值的两个步骤

对并购的目标公司进行估值通常分成两个步骤:第一步是对目标公司独立的现金流进行估值,即不考虑并购带给目标公司潜在的协同效应价值的增值,是假设并购没有发生,在目标公司独立经营的前提下对目标公司进行估值。这一估值代表了目标公司目前可以接受的最低价格,并购的对价必须高于这个价格,目标公司原有的股东才会愿意出售股份。并购的动机是产生协同效应,使企业在并购之后价值增加、绩效提高,如提高企业销售收入、降低企业成本等。第二步是将潜在的协同效应产生的价值纳入企业的估值中。这两个步骤估值之差就是协同效应,协同效应在买卖双方之间分配。因此,最后的并购对价是在这两次估值得到的价值之间取值,取值的高低取决于买卖双方的议价能力。如果买方的议价能力比较高,意味着更多的协同效应产生的价值会归买方,最终的并购对价会更接近第一个对独立现金流进行估值后算出来的结果,最后的对价会偏低。相反,如果卖方的议价能力比较高,意味着大部分协同效应产生的价值被卖方拥有,最终的并购对价会更加接近第二次估值算出来的结果,最后的对价会偏高。

这两次估值构成一个区间,最终的对价必须落在这个区间范围之内。如果高于这个区间,就意味着这个交易对买方而言不合适,因为交易成本高于潜在可以获得的协同效应。如果低于这个区间,对卖方而言不合适,因为交易对价还不如卖家不出售资产。并购方需要非常清楚地理解在并购的过程中存在哪些价值创造的源泉,才能比较精准地对目标公司在并购前后的现金流以及贴现率进行预测和估计,最后确定的并购对价才会比较准确。

2. 贴现率的确定

另外一个非常重要的问题是,在对并购的目标公司估值时如何确定贴现率。因为并购不仅会影响未来的现金流,也可能影响未来的贴现率,很多情况下并购后资本结构会产生变化,其资本成本也会产生变化,贴现率也随之发生变化。这种情况下,就需要考虑如何确定并购后目标公司新的贴现率这一问题。

1)资本成本未发生很大变化时贴现率的确定

如果并购前后目标公司的资本成本没有很大变化,可以采用并购之前的目标公司的资本成本作为贴现率。如果并购后并购公司和目标公司都在同一个行业经营,可以用并购公司的资本成本作为并购后的目标公司的资本成本的代理变量,以之为贴现率;另一种方法是参考并购后同行业的其他公司的资本成本水平,此时利用了可比公司的概念,即采用一些可比公司的资本成本,作为将要进行估值的目标公司在并购后的资本成本贴现率,这种方法在实务中也得到了应用。上述方法都是在并购前后目标公司的资本结构没有特别大的变化的前提下,以比较灵活的方式来确定资本成本,最终确定贴现率的。

2)资本成本变化非常大时贴现率的确定

但在很多情况下,并购前后目标公司的资本成本变化非常大,计算起来就比较复杂。如之前提到的杠杆收购中,企业通过大量借债来收购目标公司,完成收购之后,企业的负债率非常高,目标公司的资本结构变化也非常大,与此同时,企业财务风险也会加大。这时要重新确定企业并购后的资本成本,就要确定企业每一类融资渠道所面临的资本成本。

债权融资比较简单,可以根据借贷双方签署的债权合同、债务的到期收益率来确定资本成本。股权融资的资本成本就比较难确定。当一家企业的资本结构变化的时候,其股权的资本成本也会变化。原因在于,资本结构变化之后,企业的财务风险也会变化,而财务风险是企业系统性风险的一个重要来源,会导致企业的股权投资资本成本发生变化。股权融资的资本成本可用CAPM来计算,股权的资本成本取决于系统性风险,系统性风险由贝塔系数来衡量。贝塔系数代表的风险主要有两个来源,一是经营杠杆(风险),一是财务杠杆(风险)。资本结构的变化会影响到企业的财务风险,但资本结构并不会影响企业的经营杠杆,因此,可以利用这一点来构造一个并购后新的贝塔值。

首先考察并购之前企业的贝塔值[①],经营风险不会受到资本结构变化的影响,所以经营风险在并购前后是相同的。但是由于企业在并购前后资本结构产生了巨大的变化,所以贝塔值所反映的资本结构在并购前后所反映的财务风险是不同的。这时可以通过 MM 理论(Modigliani-Miller Theorem),将并购前有财务杠杆的贝塔值换成没有财务杠杆的贝塔值,替换得到的贝塔值实际上就代表了和并购前有同样的经营风险的一家公司,但是没有财务风险,然后再利用 MM 理论,将没有杠杆的贝塔值和并购后新的目标资本结构相结合,计算出并购后的贝塔值。这一贝塔值保持了与并购前目标公司相同的经营风险,但是由于不同的资本结构,具有不同的财务风险。换言之,这一方法实际上是利用 MM 理论置换系统性风险,让新的贝塔值既具有原来公司的经营风险,又具有并购后新产生的财务风险。当贝塔值反映了两方面的风险,就可以用来计算在并购后股权融资的资本成本。

当然,如果并购本身也导致了目标公司经营风险的发生,上述的方法就需要再进行调整。因为在上述方法的论述当中,假设并购前后目标公司只是资本结构和财务风险发生变化,而经营风险并无变化。

简言之,假定并购前后的经营风险不变,只是财务风险改变,可以通过上述步骤调整计算出并购后所能够体现财务风险的贝塔值。得到贝塔值之后,再根据无风险投资收益率、市场的风险溢价等指标计算出并购后的公司所面临的股权融资的资本成本。已知股权融资的资本成本、债权融资的资本成本及每一部分融资的份额,就可以计算出加权的平均资本成本,该数值就可以用来贴现,以得到最终的现值和最后的估值。

3) 确定贴现率应注意的其他问题

第一,贴现率应与被贴现的现金流类型相对应:按 WACC 计算的全公司现金流和按所需股本回报率计算的股本现金流需对应不同的贴现率。如果估算的是实际现金流现值,此时应使用实际贴现率。但多数情况下,会使用名义贴现率贴现名义现金流。

---

① 如通过收集历史数据统计回归分析。

第二,非上市公司估算贴现率时需要调整以下几个因素。一是规模溢价因素,在估算非上市公司贴现率时,评估师可使用小盘股上市公司的数据,但这些数据可能包含不适用于非上市公司的财务困境溢价。作为一种无法被分散的风险,股票的财务困境风险越高,股票所提供的收益也必须越高(财务困境溢价),只有这样投资者才会选择持有。也即规模小的公司更容易受到经济影响,从而更易陷入财务困境,因此规模小的股票具有更高的收益是对承受财务困境风险的补偿。由于非上市公司没有在股票市场上交易,所以并不存在这种财务困境溢价。二是可用性和债务成本因素,非上市企业获得的债务融资额可能不及上市公司,或融资利率高于上市公司。三是预测风险因素,鉴于信息可用性较低以及需要依靠管理层作出预测,与上市企业相比,非上市企业现金流预测风险较高。四是生命周期阶段因素,由于缺乏历史数据,通常难以估计初创企业的贴现率。

由于贝塔系数通常源自上市公司回报率,CAPM 模型可能不适用于非上市企业,非上市企业通常采取股本回报率估算模型。一是 CAPM 扩展模型,即增加规模溢价和企业特定风险溢价来计算贴现率。二是累加法,即用市场回报率加上行业风险和其他风险溢价来计算,这一方式通常在没有可比上市公司贝塔系数时使用。

整个企业的价值等于权益成本加上负债,因此,计算企业的每股单价,还需要用估算出来的企业的总价值减去企业的债权融资的价值,便得到权益投资的总价值,也即股权的总价值。已知股权的总价值和目前公司发行的总股数,就可以计算出每股的单价,每股的单价即可作为并购中每股的对价。获得每股的对价之后,买卖双方的议价能力决定最终的交易对价。

案例 4-1　现金流折现法:A 公司并购 B 公司

A 公司希望并购 B 公司,需要对 B 公司进行估值。对目标公司 B 公司的估值分两步进行:首先,对 B 公司进行一个独立的估值,即假设没有发生并购,B 公司的估值应该是多少?然后加入并购因素,考虑有可能产生的协同效应,再对 B 公司进行第二次估值。根据两次估值确定价格范围,最后根据双方的议价能力确定最终交易对价。

B 公司未来的现金流可分成两期,第一期是 1～5 年,即预测期,第 6

年及以后是稳定期。表 4-1 是对第 1 年到第 5 年每一年的现金流的预测。预测一家企业的现金流,应该从销售收入开始。销售收入减去成本得到毛利润,再减去管理性成本和折旧就得到了息税前利润即 EBIT。EBIT 再减去税款,即为税后净利润。税后净利润还需要再加上折旧,因为折旧不是真正的现金流流出,在计算税后净利润时,将其当作成本减去,所以此时要加回来。而后还要减去企业的资本支出和净营运资本的增加量,最后算出的结果才是企业自由现金流的流量。

本案例对并购场景下如何利用现金流折现法来确定公司的并购对价进行了讨论。表 4-1 说明了并购场景下如何利用现金流折现法对目标公司进行估值。

由表 4-1 得知,企业年收入的增长率在预测期预估为 6%,到了稳定期增长率下降到 5.9%。企业生产相关的成本占销售收入的 55%,管理类成本占 20%,净营运资本占 22%,企业 WACC 是 10.90%,企业所得税税率是 39%。根据这些信息,可以算出预测期中每一年的自由现金流。以第 1 年为例,销售收入是 1 万千美元,可以计算出生产相关的成本是 1 万千美元乘以 55% 即 5 500 千美元,毛利润 4 500 千美元。在这个毛利润的基础上,还要减去管理类成本 2 000 千美元(占销售收入的 20%,20%×1 万千美元就是 2 000 千美元),再减去折旧(直线折旧法,每一期都是 1 000 千美元),就得到了 EBIT。EBIT 是计算税收的基础,乘以税率就得到了需要交的税,EBIT 减去税就得到了税后净利润,第 1 年税后净利润为 915 千美元,还要加回折旧 1 000 千美元,并减去资本的投资即资本支出 1 250 千美元,再减去相应的净营运资本的增加量 55 千美元,就得到了自由现金流 610 千美元。第 1 年至第 5 年每年都如此计算。第 6 年,企业开始进入稳定期,其销售收入的增长率从 6% 变到了 5.9%,假设企业以 5.9% 的增长率到未来无限期,所以在第 6 年的时候,就需要计算稳定期之后的终值。这个终值实际上是第 6 年之后所有期现金流的一个加总,时间点在第 5 年末,就相当于将在第 5 年出现的现金流 11 305 千美元进行二次贴现,将 610 千美元、624 千美元、713 千美元、808 千美元以及 12 213 千美元这几个现金流,根据每一年的时间贴现到最终的起始点得到每一期的现值,最后将每一个现值进行相加,得出企业的最终整体价值。

表 4-1　B 公司以独立实体存在时的估值

（假设 A 公司允许 B 公司作为独立实体运营，而无协同效应）

收入增长率	6.00%
销售成本(COGS)	55%
管理类成本(SG&A)	20%
净营运资本(NWC)	22%
稳态增长率	5.90%
WACC	10.90%
税率	39%

时间	第 0 年	第 1 年	第 2 年	第 3 年	第 4 年	第 5 年	第 6 年（稳态）
收入/千美元	9 750	10 000	10 600	11 236	11 910	12 625	13 370
COGS/千美元		−5 500	−5 830	−6 180	−6 551	−6 944	−7 354
毛利润/千美元		4 500	4 770	5 056	5 359	5 681	6 016
SG&A/千美元		−2 000	−2 120	−2 247	−2 382	−2 525	−2 674
折旧/千美元		−1 000	−1 000	−1 000	−1 000	−1 000	−1 059
EBIT/千美元		1 500	1 650	1 809	1 977	2 156	2 283
税款/千美元		−585	−644	−706	−771	−841	−890
税后净利润(NOPAT)/千美元		915	1 006	1 103	1 206	1 315	1 393

项目	第 0 年	第 1 年	第 2 年	第 3 年	第 4 年	第 5 年	第 6 年（稳态）
折旧/千美元		1 000	1 000	1 000	1 000	1 000	
资本支出/千美元		−1 250	−1 250	−1 250	−1 250	−1 250	−664
NWC 的增加量/千美元		−55	−132	−140	−148	−157	−164
自由现金流量/千美元		610	624	713	808	908	565
终值/千美元						11 305	
自由现金流量＋终值/千美元		610	624	713	808	12 213	

续表

B公司以独立实体存在时的估值

	第 0 年	第 1 年	第 2 年	第 3 年	第 4 年	第 5 年	第 6 年（稳态）
NWC（22%销售额）/千美元	2 145	2 200	2 332	2 472	2 620	2 777	2 941
NPPE（＋CAPEX－每年折旧）/千美元	10 000	10 250	10 500	10 750	11 000	11 250	11 914
经营利润率[NOPAT/销售额]/%		9.20	9.50	9.80	10.10	10.40	10.40
PPE 周转率[销售额/NPPE]		0.98	1.01	1.05	1.08	1.12	1.12
RONA[NOPAT/（NWC＋NPPE)]/%		7.30	7.80	8.30	8.90	9.40	9.40

第 1 年到第 5 年是预测期,第 6 年就进入稳定期。第 1 年到第 5 年企业的增长率是 6%,到了第 6 年是 5.9%。在计算到稳定期第 1 年的销售收入时,应该用第 5 年的销售收入乘以 1 加上稳定期增长率 5.9%即乘以 105.9%。在计算终值的时候,应采用永续增长模型来计算。计算出来的终值是未来现金流总的现值,但总的现值落在了稳态的前期也即预测期的最后一期,即稳定期之前这个时间点。因此要想计算最终企业的估值,需要进行二次贴现,将 11 305 千美元二次贴现到预测期之前,也即整个估值原始的时间点,这样把得到的所有现值加总才能得到最终企业的估值。

为了计算终值,需要对未来稳定期的企业销售收入的增长率做预判,本案例使用的增长率是 5.9%。在本案例中,企业的长期无风险收益率是 5.88%,5.9%是参照 5.88%设定的,略微高于 5.88%,原因有两方面:第一,如果企业的增长率低于无风险投资收益率,这一企业对于投资者而言就不具有任何吸引力,因为投资者可以选择无风险资产投资,而不会愿意投资这样的企业,所以不能假设企业未来的增长还达不到长期无风险资产投资收益率。第二,企业的长期增长率也不能过高,如果该企业的长期增长率非常高,其所在行业会吸引很多潜在竞争者,激烈的竞争会使得企业的利润率下降,其增长也会下降。因此,鉴于这种情况,增长率定为 5.9%,略高于长期无风险投资收益率。

表 4-1 总结了这两家公司的基本信息,并说明了为什么选取 5.9%作为公司长期增长的指标。另外,在这一案例中,企业进入稳态之后,如果计算企业的净资产收益率,会发现这一指标与其资本成本大致相同。企业的净资产收益率高于或者低于资本成本,在长期均不现实。[①] 表 4-2 为投资方和目标公司的 WACC 的基本构成内容。

表 4-2　投资方和目标公司的 WACC 的基本构成内容

项　目	投资方	目标公司
	A 公司	B 公司
债券评级	A	BBB
债券到期收益率 k_d/%	7.20	7.42

---

①　如果企业的净资产收益率高于资本成本,意味着该企业是一家盈利性非常好的企业。从长期来看,企业很难维持续的高盈利,因为非常高的盈利会引起竞争,竞争会导致利润率的下降。如果净资产收益率低于企业的加权资本成本,也是不正常的,这意味着企业的经营赚不回其资本成本,这种情况下企业不可能长期生存。

续表

项　　目	投资方	目标公司
	A公司	B公司
税率/%	39.00	39.00
税后债务成本 $k_d(1-t)$/%	4.39	4.53
贝塔值	1.05	1.2
权益成本 k_e/%	12.18	13.08
债务占资本的百分比 W_d/%	20.00	25.00
权益占资本的百分比 W_e/%	80.00	75.00
10 年期国债收益率/%	5.88	5.88
市场风险溢价/%	6.00	6.00
WACC/%	10.60	10.90

这一案例，应考虑到并购交易给 B 公司带来的协同效应，再次对 B 公司进行估值(表 4-3)。并购产生的协同效应包括如下两点：第一，增加企业销售收入；第二，降低企业各种成本，例如生产成本、管理成本等。降低这些成本有助于提高企业的估值。假设并购帮助 B 公司的销售收入增长了 2%，生产相关成本降低了 2%，管理成本降低了 1%，结合这些信息再次对 B 公司进行估值。在预测期，销售收入每年的增长率是 6%，现在增加了 2%，就变成了 8%。与生产相关的成本原来是销售收入的55%，但是现在降低了 2%，就变成了 53%。与管理相关的成本原来是销售收入的 20%，现在降低了 1%，就变成了 19%。在这样的条件下，可以做同样的计算，仍把这一企业未来的现金流分成两期，第一期是第 1 年至第 5 年，第二期是第 6 年之后。在对每一年的现金流进行预测时，应重新代入这些条件，计算每一年产生的销售收入，减去相应的生产成本，得出毛利润，然后减去管理成本，减去折旧，得到 EBIT，再计算相应的税款，把折旧加回来得到现金流，减去相应的资本支出，并减去净营运资本的增加量，就得到了第 1 年到第 5 年相应的现金流。同样可以在第 6 年之后计算终值，对终值进行二次贴现，所有的现值相加就得到了企业的价值。通过这样的计算，企业的价值明显增加了。但企业未来的增长并没有变化，这是因为从长期稳态来讲，企业不可能持续不断地以特别高的速度增加，但也不能太低，所以 5.9% 的增长率并没有变化。表 4-3 即为考虑协同效应后对 B 公司的估值。

表 4-3　考虑协同效应后对 B 公司的估值

B 公司以独立实体存在时的估值

（假设 A 公司允许 B 公司作为独立实体运营，而无协同效应）

项　　目	第 0 年	第 1 年	第 2 年	第 3 年	第 4 年	第 5 年	第 6 年（稳态）
收入增长率 8.00%			稳态增长率	5.90%			
COGS 53%			WACC	10.90%			
SG&A 19%			税率	39%			
NWC 22%							
收入/千美元	9 750	10 000	10 800	11 664	12 597	13 605	14 408
COGS/千美元		−5 300	−5 724	−6 182	−6 676	−7 211	
毛利润/千美元		4 700	5 076	5 482	5 921	6 394	
SG&A/千美元		−1 900	−2 052	−2 216	−2 393	−2 585	
折旧/千美元		−1 000	−1 000	−1 000	−1 000	−1 000	
EBIT/千美元		1 800	2 024	2 266	2 528	2 809	
税款/千美元		−702	−789	−884	−986	−1 096	
NOPAT/千美元		1 098	1 235	1 382	1 542	1 713	1 815
折旧/千美元		1 000	1 000	1 000	1 000	1 000	
资本支出/千美元		−1 250	−1 250	−1 250	−1 250	−1 250	−664
NWC 的增加量/千美元		−55	−176	−190	−205	−222	−177
自由现金流量/千美元		793	809	942	1 087	1 241	974

续表

项　目	第 0 年	第 1 年	第 2 年	第 3 年	第 4 年	第 5 年	第 6 年（稳态）
终值/千美元						19 490	
自由现金流量＋终值/千美元		793	809	942	1 087	20 731	

B公司以独立实体存在时的估值							
项　目	第 0 年	第 1 年	第 2 年	第 3 年	第 4 年	第 5 年	第 6 年（稳态）
NWC(22%销售额)/千美元	2 145	2 200	2 376	2 566	2 771	2 993	3 170
NPPE(＋CAPEX－每年折旧)/千美元	10 000	10 250	10 500	10 750	11 000	11 250	11 914
经营利润率[NOPAT/销售额]/%		11.00	11.40	11.90	12.20	12.60	12.60
PPE周转率[销售额/NPPE]		0.98	1.03	1.09	1.15	1.21	1.21
RONA[NOPAT/(NWC＋NPPE)]/%		8.80	9.60	10.40	11.20	12.00	12.00

案例 4-2　顺丰控股借壳鼎泰新材上市的估值

1. 背景

2017 年,顺丰借壳鼎泰新材在 A 股上市。根据交易方案披露,在对顺丰的资产评估中,运用了资产基础法和收益法,最后选取了现金流折现法的评估结果作为最后的估值。

2. 收益法估值的主要步骤

顺丰借壳鼎泰新材的整个估值过程包括确定收益法评估模型、预测现金流、确定折现率、评估或估值测算、非经营性和溢余资产的分析和确认、最终得出评估结果六个步骤,如图 4-1 所示。

图 4-1　顺丰控股借壳鼎泰新材上市的估值步骤

1) 确定收益法评估模型

第一步是确定用哪种收益法模型来评估。评估的最终答案不是企业的整体价值,而应从股东的角度思考归属于股东的那部分的价值是多少。从股东全部权益价值往前倒推,可以得到企业整体价值,继而得到企业自由现金流价值。

在确定企业自由现金流的时候,顺丰采用了分段法的模型:将未来收益分为两部分,一部分是明确预测的收益期(5 年),另一部分是 5 年之后永续期的收益。将这两部分分别折现,然后加总,就得到了顺丰企业自由现金流的总价值。

首先,股东全部权益价值＝企业整体价值－付息债务评估值。其次,企业整体价值＝企业自由现金流评估值±非经营性资产(负债)的价值＋溢余资产价值。最后,企业自由现金流价值:采用企业自由现金流折现模型,涉及未来预期现金流、折现率、折现期等。

2) 预测现金流

顺丰控股借壳鼎泰新材上市采取了预测自由现金流的估值模型。预测现金流包括 13 个步骤,首先要确定收益口径,对营业收入和营业成本进行预测,有了营业收入和营业成本两个大项,再综合营业外收入、支出、资产减值损失等小项,可以得出息税前利润。但这并不是自由现金流,因为还需要交税;需要新增投资,如建造物流转运中心、购买飞机等;需要更新设备,如更新运输车辆等;还需要因为经营规模扩大增加营运资金,如增加应收应付、预收预付等款项。这些现金流都是保证顺丰正常经营和发展的必要现金流,不属于自由现金流,需要减掉。最后还应加上折旧和摊销费用,因为这两项费用不涉及现金的占用,属于企业自由现金流的一部分。图 4-2 为预测现金流的过程。

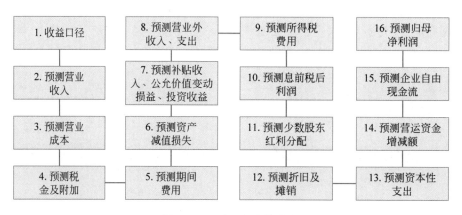

图 4-2　预测现金流的过程

图 4-3 为计算预测顺丰利润需要考虑的因素。预测利润首先要预测营业收入,然后要预测营业成本,营业收入减去营业成本即利润。预测营业收入要考虑三方面内容:一是历史收件量、票均收入的历史数据;二是宏观经济、国际政策、行业发展等外部环境因素;三是产品、服务、品牌、管理、人才等顺丰内在因素。预测营业成本则需要考虑职工薪酬、运输成本、外包成本、办公及租赁成本、物资及材料、折旧摊销费用等方面因素。

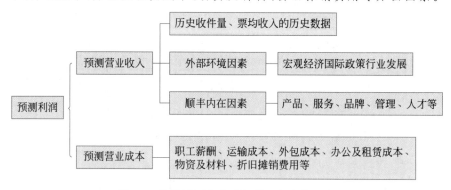

图 4-3　计算预测顺丰利润需要考虑的因素

3）确定折现率

在顺丰控股借壳鼎泰新材上市进行估值之前，还需要确定折现率，见图 4-4。折现率是将未来预期收益折算成现值的比率。对顺丰的价值评估，对应的是企业所有者的权益价值和债权人的权益价值。所以，这里的折现率是企业的加权平均资本成本。

计算折现率时应注意以下两个关键点。

（1）计算加权平均资本成本时，权益资本成本通过 CAPM 模型计算，而债务资本成本则采用企业自身加权平均利率。

（2）加权的权数是权益或者债务的占比，可以参照同行业上市公司平均资本结构并根据企业实际状况综合确定。

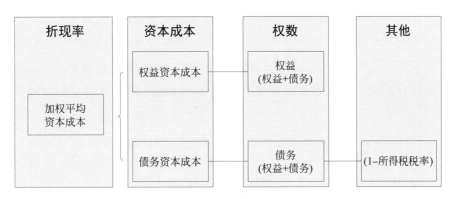

图 4-4 确定折现率

4）评估或估值测算

通过选定收益法评估模型，预测现金流，确定折现率、折现期、折现系数，得到增长期和稳定期的折现额，最终得到企业自由现金流评估值为395.9 亿元，见表 4-4。

表 4-4 企业自由现金流评估值

项 目	2016 年	2017 年	2018 年	2019 年	2020 年	永续期
企业自由现金流量/亿元	1.07	2.57	3.43	5.00	4.74	50.00
折现率/%	11.05	11.05	11.05	11.05	11.05	11.05
折现期	0.5	1.5	2.5	3.5	4.5	
折现系数	0.948 9	0.854 5	0.769 5	0.692 9	0.624	5.647 1
折现额/亿元	1.02	2.20	2.64	3.46	2.96	2.82
企业自由现金流评估值/亿元	395.9					

5) 非经营性和溢余资产的分析和确认

然后需要对非经营性资产(负债)和溢余资产的价值进行确认。非经营性资产(负债),指对主营业务没有直接"贡献"或暂时不能为主营带来"贡献"的资产。顺丰最主要的非经营性资产是投资类资产,例如长期股权投资、可供出售金融资产等。溢余资产指的是顺丰持有的货币资金及现金等价物超过日常所需的部分。

6) 最终得出评估结果

将非经营性资产(负债)和溢余资产的价值与企业自由现金流评估值相加,就得到了顺丰的整体价值。然后,从整体价值中去掉付息债务的评估值,就得到了最后需要的结果——股东全部权益价值。

综上,在顺丰控股借壳鼎泰新材上市的估值中,最终是要确定企业整体价值与股东权益价值。第一步,选定了企业自由现金流价值评估模型。然后通过第二、三、四步,计算出顺丰的企业自由现金流评估值为 395.9 亿元。而后通过第五步计算顺丰的企业整体价值,计算公式为企业整体价值＝企业自由现金流评估值＋非经营性资产(负债)评估值＋溢余资产评估值,计算出顺丰的企业整体价值为 521 亿元。最后是通过第六步计算股东全部权益价值,计算公式为股东全部权益价值＝企业整体价值－付息债务价值＋折现后的增资金额,最终计算出调整后顺丰控股股东全部权益价值为 448 亿元。

4.2.6 现金流折现法的优缺点分析

现金流折现法的优点主要有以下几点:第一,该方法是基于对目标公司未来现金流的一个预测,整个方法能非常好地将未来所有可能发生的事项刻画到估值中来,如未来销售收入的增加、企业成本的降低、技术水平的提高、融资平台的拓宽等。第二,该方法是基于对未来情况的预测,而非基于对目前或历史数据的分析。第三,模型本身具有很多调整空间,便于根据不同情况进行调整。

现金流折现法的缺点在于:第一,该方法是基于对自由现金流的一个预测,如果公司自由现金流是负的,采用这一方法进行估值就会有问题,因为一个企业的估值不可能为负。现实中存在一些企业,特别是快速增长的小企业,其现金流在初期有可能是负的,因为该企业前期的投资特别多。这种情况下,采用现金流折现法进行估值,就会出现问题。第

二,对未来现金流的预测不一定准确,如果对未来现金流的预判是错的,
估值就会有偏差,甚至会存在很大的问题。第三,该方法是将未来的现金
流进行了贴现,并假定企业的贴现率不变。企业的贴现率反映了企业的
资本成本,而企业在不同阶段的资本成本并非一成不变,再融资、再投资
等都有可能改变资本成本,该方法很难考虑到这一因素,这也是现金流折
现法的重要缺点。

4.3　可比公司法

可比公司法的基本做法是寻找与目标公司类似的
一些公司,将这些类似的公司作为目标公司的可比公
司,把可比公司的相对估值指标和目标公司对应的指
标进行联系,最后得到对目标公司的估值。在这一过

视频 4-3　可比
公司法

程中,得到的估值并没有考虑并购带来的影响。类似于现金流折现法中,
先对目标公司单独进行估值,然后考虑潜在的协同效应,再进行一次估
值。相应地,可比公司法中,先利用可比公司对目标公司目前的市场价值
进行估值,然后再加上收购溢价,最终确定收购目标公司的交易对价,此
即可比公司法对目标公司进行估值并最终确定并购对价的基本思路。

4.3.1　寻找可比公司

可比公司法的第一步是寻找一家或者一组可比公司。在理想的情况
下,可比公司应该与目标公司行业相同,规模和资本结构相似,并且面临
相似的经济条件。可比公司法的应用中有几个关键要素:一是相同的行
业。相同的行业代表了类似的市场、类似的技术和类似的资本结构。二
是相似的规模。不同规模的企业,特性极为不同,规模大的企业有更好的
溢价,可以利用这一特性更好地享受规模效应,而且规模大的企业抗风险
能力和融资能力都比较强,规模小的企业抗风险能力和融资能力都比较
弱,规模大小实质上反映了一系列潜在的经济和财务方面的特点。三是
类似的资本结构。一家企业主要的风险有两方面,一是经营方面的风险,
一是财务方面的风险。财务方面的风险主要表现在资本结构方面。选取
一家具有类似的资本结构的可比公司,则表明这一公司与目标公司具有类
似的财务风险。财务风险会对企业的破产风险、企业的股权融资的资本成

本等方面都会产生影响。

除了上述三个关键要素之外,选择可比公司时越精准越好。可以选取一些细化关键词实现对可比公司更加精准的选择:有类似的市场,如发达国家市场或新兴市场。有类似的业务定位,属于不同的市场但具有类似的业务,如移动互联网、金融科技等。还有类似的竞争地位,如垄断企业和垄断企业类似,高度竞争企业和高度竞争企业类似。如很多石油公司都是垄断企业,而高科技公司往往处于竞争非常激烈的细分市场等。此外,还要考虑类似的规模这一关键因素,如大公司、小公司各具有不同的业务增长率。再如公司发展前景因素,新兴互联网企业的业务增长率非常高,而传统企业的业务增长率相对比较低。这些都是更加细化的考虑因素。总之,虽然可能无法找到完全一模一样的双胞胎企业,但仍要尽可能去找到与目标公司特别类似的企业。在可比公司法的具体操作过程中,最具挑战性的一点是如何选取可比公司,如何提高可比性。如果能够找到好的可比公司,就会有助于提高估值的准确性;而如果无法找到可比公司,或寻找到的公司不具有可比性,就会对最后估值的准确性造成极大的干扰。

如2016年,乐视网对乐视影业的收购估值就不合理。当时乐视网选择了华谊兄弟、光线传媒、长城影视和唐德影视作为乐视影业估值的可比公司,这几家虽然也是影业公司,但规模都比较大、成长性也比较稳健。而乐视影业是成立四年的小公司,前两年(2014年和2015年)的营业利润还是负数,和营收近40亿元、净利润近10亿元的老大哥华谊兄弟相比,得出的结果显然不可靠也不可比。因此,寻找可比公司除了主营业务相似之外,在财务、经营业绩、市场规模、成长性等方面也应具有可比性。

有以下两个比较主要的做法来寻找可比公司:一是利用关键词来寻找,如细分市场、竞争地位、前景、商业模式等具体的关键词。二是在利用关键词的基础上,根据企业自身的各种特点,进行可比公司的筛查和选取,以缩小范围。不仅可以在国内,有时甚至可以在国际上寻找可比公司,如中石油,很难在中国范围内寻找到与之可比的公司,因为在中国这样的公司并不多,但可以在世界范围内,包括在其他的新兴市场国家,如巴西、印度等,寻找到一些类似的大型国有石油公司,将这些公司作为中石油的可比公司。

再如,2016年海尔进行大型海外并购,目标公司是占据美国家电业务半壁江山的 GE 家电,属于家电制造行业。在寻找同行业公司的时候,不仅要在 A 股家电龙头企业中寻找"可比对象",如格力、美的等,还应寻找国外的上市家电龙头企业,如惠而浦、AO 史密斯、大金等。

4.3.2　计算市场乘子

选取好可比公司之后,第二步需要根据可比公司目前市场上的价值和可比公司对应的一些财务指标或非财务指标,计算出相应的市场乘子,如 P/E(市盈率)、P/B(市净率)、P/S(市销率)、EV/EBITDA(企业价值倍数)等比率。需要注意的是,计算这些比率时,既可以根据企业总体价值及企业总体价值的某一个指标计算,也可以根据每股价值和每股所对应的财务指标,如根据每股收益率来计算。

市场乘子的分子是与市场估值相关的一些数据,分母是与企业相关的一些信息。可将这些信息分成两类,一类是财务信息,一类是非财务信息。因此,可以根据财务信息计算市场乘子,也可以根据非财务信息计算市场乘子。

1. 财务比率

财务比率有 P/E、EV/EBITDA 等。它们各有优劣,特别是对于某一类公司,某一些指标可能会更适合。例如,对于一些还没有盈利但可能会有营收的小企业,比较适合采用市销率(P/S),而不适于采用市盈率,因为企业的利润有可能为负。因此销售收入对初创企业比较合适,但是销售收入并不代表企业的盈利能力,这也是市销率潜在的问题。因此,常用的 P/E,不一定适合高科技初创公司,因为这些公司的盈利可能是负的,此时 P/E 就没有意义了。此外,企业在计算净收入、净利润时,可以通过操纵折旧和盈余来粉饰报表,因此可信度可能也会受到影响。如果仅为权益投资,还会受到资本结构的影响。实务中使用的另一个较多的财务比率是 EV/EBITDA,其优势在于不受折旧等因素的影响,也不会受企业资本结构的影响。还有一些比率如 MV/BV(市场价值/账面价值)可能在银行保险这类公司较为常用。

1) 市盈率的分类及潜在问题

市盈率是最流行的估值指标。计算市盈率的方法,可以是股票价格和每股盈利的比值,也可以用公司市值除以归属于母公司股东净利润得出相同的结果。一家公司当期市盈率为 5,不考虑货币的时间价值,如果整体收购了这家公司,并且该公司保持当期的利润水平,则需要 5 年时间收回这笔投资。

市盈率常分为静态、动态和滚动市盈率,区别在于比值的分母不同。市盈率常用分类见图 4-5。

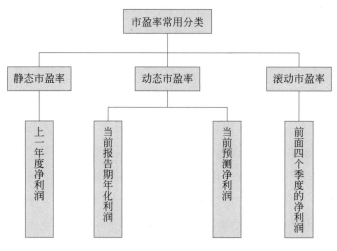

图 4-5　市盈率常用分类

市盈率在并购估值中,容易将"讲故事"变成"编故事",最终产生高额商誉,导致对企业的估值会偏高。

计算静态市盈率时使用的净利润是年报中的净利润,是固定不变的。使用静态市盈率的缺点在于一些公司年度净利润变化大,如周期行业的企业,在景气的时候赚得盆满钵满,市盈率常常为 4～5 倍。这时的静态市盈率就不具备参考价值,因为随着周期反转,企业将会面对微利甚至亏损的处境。

计算动态市盈率使用的净利润是一个预测值。其计算的公式是:动态市盈率=股票现价/未来的利润。动态市盈率是以更短的报告期年化以后的数据来计算,如 A 公司最新披露一季报净利润为 1 亿元,那么就以年化以后的 4 亿元作为分母,计算出动态市盈率,预测当年的净利润需要结合券商分析的平均预测值。动态市盈率的缺点在于,其并不适用于业绩季节性明显的企业,如旅游、餐饮以及空调等企业。

滚动市盈率是使用最近 12 个月的净利润计算出来的市盈率。相比前两种,滚动市盈率更为灵活。例如,B 公司刚发布 2018 年半年度报告数据,就能以 2017 年三季报、2017 年四季度、2018 年一季度和 2018 年半年报公布的利润数据来计算市盈率。当时间"滚动"到 2018 年三季度，那么计算市盈率采用的利润数据也往前"滚动"到 2018 年三季度。这样既保证了市盈率的滚动更新，又避免了季节性的影响因素，还减少了预测带来的不确定性。

　　2）市净率

　　市净率常用于金融行业和重资产行业的估值。市净率指标把账面价值作为比值分母，如果一家公司的市净率为 1，则意味着股票价格等于每股净资产，公司市值等于净资产。但市净率指标越小，并不意味着公司的投资价值越高。如一家钢铁公司的市净率为 0.5 倍，而且亏损仍然在继续，该企业的市净率可能会下降到 0.1 倍，甚至会资不抵债，宣告破产。市净率越大，也并不意味着公司的投资价值越低，如在轻资产和消费类公司中，市净率指标的估值意义不大，这一类的典型企业有阿里巴巴、腾讯等。

📖 案例 4-3　中远海控收购东方海外的估值（市净率）

　　中远海控收购东方海外时采用的是可比公司的市净率估值法，选取对标公司及估值指标时总共有五个步骤：第一是选择的企业的主营业务要与东方海外相同或相似。第二是在规模上可与东方海外可比，从运力、船数和市场占有率等方面都属于大型海运公司。第三是需为上市公司。第四是选取估值指标。由于处于行业低谷，部分上市公司严重亏损，所以不宜使用市盈率和企业价值倍数指标；由于各公司成本结构、净利润率不同，所以不宜使用市销率指标；由于航运业主要资产为实物资产，账面价值可以准确反映真实资产情况，所以适合使用市净率指标。第五则是统计均值和中值数据，如图 4-6 所示。

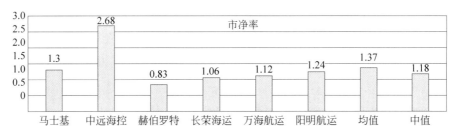

图 4-6　统计均值和中值数据

　　标的公司东方海外根据要约价格计算的估值为 1.40，略高于均值和中值。由于 A 股的中远海控估值远高于其他公司,如果将其从可比公司中去掉,那么整体的均值为 1.1,中值为 1.12。考虑到 A 股的市场估值水平和并购协同效应,1.4 倍市净率的估值在合理范围内。

3)市销率

适用市销率估值法的企业,最重要的价值衡量因子是主营业务收入。收入越高,那么企业的价值就越大,这一结论的前提是企业的毛利率趋同和稳定,如公用事业行业和零售行业。

4)企业价值倍数

企业价值倍数(EV/EBITDA)常用于跨境并购。EV 是公司价值,计算公式为 EV=市值+(总负债-总现金)=市值+净负债。其含义是,如果要收购一家公司,那么用于收购的资金除了包含标的公司的市场价值外,还应包含需要承担的公司负债。EBITDA 是扣除利息、所得税、折旧和摊销前的利润。由于 EBITDA 并没有扣除利息、所得税、折旧和摊销,具有不同资本结构、税率和折旧、摊销政策的公司可以在统一的口径下对比盈利能力。

2. 非财务比率

除了财务指标之外,实务中有很多非财务指标也被广为使用。不同的企业处于不同的行业,各有不同的业务和商业模式,相应会产生一些不同的核心数据。可以把企业在市场上的估值与这些核心的非财务指标相联系,以反映企业的市场估值情况。需要注意的是,由于企业拥有的所有资源共同属于股权投资者和债权投资者,此处市场乘子的分子应该是企业的总价值,即企业的股权投资价值加上企业的债权投资价值的总和。而分母反映的企业经营价值,实际上也是企业总的价值。例如,对于互联网企业而言,用户数访问流量等是主要的价值来源,因此可以构造企业的总价值 EV 除以页面访问的数量这一比率,作为互联网企业的市场乘子。对于石油企业而言,存储量则是其最主要的价值来源,由此可以计算企业的总价值除以存储量这一比率。如果企业的核心业务是生产啤酒,则啤酒产量是该企业很重要的一个参考值,因而可以用企业的总价值除以啤酒产量(如多少万吨啤酒)来计算市场乘子。但需要注意的是,这些市场乘子的分子都是企业的总价值,如上述啤酒企业,既有股权投资,也有债权投资,企业生产出来的啤酒产品,既属于股权投资者,也属于债权投资者,即属于所有投资者,所以分子体现出所有投资者拥有的企业所创造的价值,即体现出总的企业价值。以这种方法进行估值,得到企业的总价值,而计算企业的股权投资的每股价值时,需要用企业的总价值减去债权投资价值,得到权益投资的总价值后,再除以总股数,从而得到每股的价值。

4.3.3　计算目标公司市值

市场乘子的分子都为相应的市场估值,分母为对应的财务指标或非财务指标。因此,计算出可比公司的市场乘子之后,再用这些乘子乘以目标公司对应的财务指标或非财务指标,就可以得到目标公司在市场中的估值。但是,选取不同的可比公司或者选择不同的指标可能会导致最终的估值不同。这一问题可以通过计算统计量的办法加以解决,如根据不同的可比公司算出均值或中值,用均值或中值的乘子计算出目标公司的估值。如此,可以纠正个别可比公司以及个别指标带来的估值偏差。

4.3.4　确定收购溢价

至此,已经计算出目标公司在市场上的当前估值,这一估值代表了目标公司可以接受的最低价格,但并购对价应高于这一价格,否则目标公司的股东将不会出售资产或者股权。高出这一最低价格的部分被称为溢价,溢价代表了买方需要多支付的额外价值。另外,并购可以产生协同效应,创造价值,这些协同效应也应当被反映在并购对价中。因此,第四步需要确定收购溢价。

为了确定收购溢价,通常会寻找一些类似的可比并购交易,计算这些并购交易中的收购溢价。企业每股的交易价格减去在这些交易当中的目标公司的股价,再除以目标公司的股价,通过计算这一比率可以得出收购溢价的百分比。计算时需要注意,由于目标公司的股价每时每刻都在变化,用每股的交易价格减去目标公司的股价,应该选取在并购交易信息公布之前、没有任何信息泄露时的股价,这一股价才能代表目标公司原始的股价。如果选择并购信息泄露后的股价,目标公司的股价可能已经上涨,上涨的幅度实际上已经包括并购带给目标公司的一些协同效应,因此,需要选取没有任何市场信息泄露之前的目标公司股价来计算收购溢价。

4.3.5 确定总的交易对价

已知目标公司在市场上的估值,以及近期一段时间内平均的收购溢价水平,就可以得到目标公司应获得的一个潜在的支付对价:用目标公司的市场估值乘以通过一些可比交易获得的溢价水平的百分比,计算出总的交易对价。这一总的交易对价即为案例 4-4 中目标公司的交易对价。

案例 4-4 可比公司法:Gracico 公司并购 AGSI 公司

Gracico 公司并购 AGSI 公司时,采用可比公司法来计算交易的估值。对目标公司需要支付的价格是未知的,也不知道目标公司当时的估值,需要通过可比公司法来确定对目标公司的估值。可比公司法的第一步是寻找目标公司 AGSI 公司的可比公司,根据该公司情况,找到 3 家公司,可比公司 1、2、3,3 家公司的情况见表 4-5。当前 3 家可比公司的股价分别是 25 美元、33 美元和 19 美元,3 家可比公司的一些财务指标,如每股收益、每股账面价值、每股现金流量和每股销售额都是已知的。

表 4-5 三家公司的情况 美元

公司统计数据	AGSI	可比公司 1	可比公司 2	可比公司 3
当前股价		25.00	33.00	19.00
每股收益(EPS)(P/E)	2.95	1.50	2.25	1.20
每股账面价值(P/B)	15.20	8.80	10.50	6.00
每股现金流量(P/CF)	3.80	2.00	2.90	1.80
每股销售额(P/S)	46.00	21.60	28.70	19.50

为了确定并购的交易溢价,还选取了 4 个潜在的并购交易,见表 4-6。已知这些并购交易当时的交易对价及交易前目标公司的股价,可以通过这些信息计算目标公司的交易溢价。这样就完成了可比公司法的第一步,即选取可比公司。

表 4-6 近期并购中的收购价 美元

目标公司	收购前的估价	收 购 价
目标 1	22.00	27.25
目标 2	18.25	21.00
目标 3	108.90	130.00
目标 4	48.50	57.00

第二步是计算可比公司相对应的市场乘子指标。已知每家公司的股价和一系列财务指标,就可以计算出 P/E、P/B、P/CF(市现率)和 P/S,得到每一家可比公司不同的市场乘子。3 家可比公司的相对价值指标见表 4-7。

表 4-7　3 家可比公司的相对价值指标

相对价值指标	可比公司 1	可比公司 2	可比公司 3
当前股价/美元	25.00	33.00	19.00
P/E	$25.00/1.50 \approx 16.67$	$33.00/2.25 \approx 14.67$	$19.00/1.20 \approx 15.83$
P/B	$25.00/8.80 \approx 2.84$	$33.00/10.50 \approx 3.14$	$19.00/6.00 \approx 3.17$
P/CF	$25.00/2.00 \approx 12.50$	$33.00/2.90 \approx 11.38$	$19.00/1.80 \approx 10.56$
P/S	$25.00/21.60 \approx 1.16$	$33.00/28.70 \approx 1.15$	$19.00/19.50 \approx 0.97$

那么应该如何选取可比公司的相对价值指标? 前已述及,可以用统计量计算的方法来解决这一问题。对三家公司的 P/E 分别进行计算后,再计算其均值,就得到三家公司平均的 P/E。同样的方法可以计算出三家公司 P/B、P/CF、P/S 的平均值,见表 4-8。

表 4-8　平均相对价值指标

相对价值指标	公司 1 (a)	公司 2 (b)	公司 3 (c)	平均相对价值指标 (a+b+c)/3
P/E	16.67	14.67	15.83	15.72
P/B	2.84	3.14	3.17	3.05
P/CF	12.50	11.38	10.56	11.48
P/S	1.16	1.15	0.97	1.09

得到三家公司平均的乘子指标后,再将乘子指标和目标公司 AGSI 公司相对应联系,用这些乘子指标乘以 AGSI 公司对应的财务指标,就得到根据不同乘子对 AGSI 公司的估值,把估值进行平均,最后得到了 46.62 美元,见表 4-9。

表 4-9　AGSI 公司的估计股价

目标统计数据	AGSI 统计数据 (a)/美元	相对价值指标	平均相对价值指标(b)	基于可比公司估计的平均股价(ab)/美元
每股收益	2.95	P/E	15.72	46.37
每股账面价值	15.20	P/B	3.05	46.36
每股现金流量	3.80	P/CF	11.48	43.62
每股销售额	46.00	P/S	1.09	50.14
估计的平均股价=46.62 美元				

接下来计算在并购当中需要支付给目标公司的溢价。首先选取四个可比交易,获得这些交易的目标公司的股价,就可以用收购的对价减去目标公司的股价,再除以目标公司的股价,得到表示收购溢价水平的百分比,其他交易用同样方法计算,如此4个交易共得到4个百分比,将这4个百分比计算平均值,为19.0%,见表4-10。最后的交易对价是用刚才计算的目标公司市场估值加上溢价:46.62美元+46.62美元×19%,即46.62美元×(1+19%),计算结果55.48美元为总的交易对价,也即这一案例中支付给目标公司AGSI公司的总的交易对价。

表 4-10 计算收购溢价

目标公司	收购前目标股票的价格 (a)/美元	交易对价 (b)/美元	收购溢价 [(b−a)/a]/%
目标 1	22.00	27.25	23.9
目标 2	18.25	21.00	15.1
目标 3	108.90	130.00	19.4
目标 4	48.50	57.00	17.5
平均溢价:19.0%			

案例 4-5 2016 年乐视网收购乐视影业的估值——可比公司分析

1. 市场乘子分析

评估机构选取了市盈率和市净率作为估值指标,将9家上市公司进行数据统计,得出了平均值和中值两个指标,见表4-11。

表 4-11 平均值和中值的计算

序号	证券代码	证券简称	市盈率	市净率
1	002071.SZ	长城影视	34.58	7.29
2	002343.SZ	慈文传媒	72.37	12.66
3	002624.SZ	完美环球	158.01	37.94
4	300027.SZ	华谊兄弟	78.49	3.73
5	300133.SZ	华策影视	72.06	4.5
6	300251.SZ	光线传媒	103.08	5.44
7	300291.SZ	华录百纳	66.12	4.07
8	300336.SZ	新文化	54.19	4.82
9	300426.SZ	唐德影视	99.69	11.98

续表

序号	证券代码	证券简称	市盈率	市净率
		平均值	82.07	10.27
		中值	72.37	5.44
		乐视影业	72.06	4.65

由于影视行业属于轻资产行业,在账面价值外还具备创意、IP(网际互联协议)、运营经验、渠道资源等要素,以账面价值为基础的市净率指标难以体现真实价值。所以在上述比较中,更应关注市盈率指标。这里使用的市盈率指标不是滚动市盈率,也不是依据过去三年平均净利润,而是依据上一年度的净利润来计算。碰巧的是,乐视影业在上一年度(2015 年)刚扭亏为盈,因此,上一年度的净利润并不能代表乐视影业以前的真实盈利能力。

高达 70～80 倍的市盈率真的是一笔好买卖吗?用 98 亿元的价格去收购一家上一年净利为 1.36 亿元的影视公司,如果没有高速增长,那么投资回报率将会极低,回收期会很久。

2. 承诺利润与估值

评估机构看着这么高的静态市盈率,也很心虚。因此,为再次验证定价合理性,以说服中小股东,它们又使用了动态市盈率作为估值指标,见表 4-12。

表 4-12　动态市盈率的估值结果

项　　目	2015 年	2016 年	2017 年	2018 年
乐视影业 100% 股权预估值/万元		984 460.58		
乐视影业 100% 股权作价/万元		980 000		
乐视影业 2015 年利润及承诺净利润/亿元	1.36	5.2	7.3	10.4
交易市盈率	72.06	18.85	13.42	9.42
平均承诺净利润/亿元		7.63		
平均承诺净利润对应市盈率		12.84		

首先评估机构给出了远高于报告期水平的业绩承诺金额,即 1 年完成从 1 亿元到 5 亿元的净利润飞跃,其次还要增长、增长再增长,最后用三年平均净利润得出近 13 倍的结果。这既不是基于历史数据,也不是基于行业发展的预测数据,而是基于对乐视影业股东的承诺净利润。如果

用承诺净利润来计算市盈率,就彻底脱离了目标公司的基本面情况,这样的估值指标没有太多参考价值。

3. 结果

最后,乐视网对乐视影业的收购在2018年初被终止。原因不仅仅是融创接盘导致乐视控股持有的乐视影业股权被冻结;更重要的是乐视影业自身所存在的问题,即对乐视控股17.1亿元应收账款难以收回,很有可能成为一笔坏账。以采用承诺利润计算出来的市盈率作为决策依据,很难发现这样的基本面问题。

案例 4-6 宝钢换股吸收合并武钢的估值

1. 选取可比公司

选取可比公司时,需要考虑的因素包括主营业务类型、资产、市值等,通过对上述因素的考察,最后选取了5家市值大于200亿元的A股普碳钢类上市公司。

2. 选取估值指标

通过对市盈率、市净率、市销率、企业价值比率4个指标是否适用于本次收购交易的比较分析,淘汰了市盈率指标,选取了市净率、市销率、企业价值比率作为估值指标,计算可比公司的市场乘子。市场乘子指标选取比较见表4-13。

表 4-13　市场乘子指标选取比较

估值指标	是否适用于宝钢股份和武钢股份
市盈率	不适用。受行业整体波动影响,部分钢铁行业上市公司2015年及2016年上半年出现亏损,不适宜采用市盈率指标进行比较
市净率	适用。由于合并双方属于钢铁行业,其资产大部分为实物资产,净资产的账面价值能够较为准确地反映企业真实拥有的资产情况。此外,每股净资产比每股收益更加稳定,因此当每股收益剧烈波动时市净率指标往往更加有用
市销率	市销率仍然适用于经营亏损的公司,且不像市盈率那样波动剧烈
企业价值比率	适用。企业价值比率指标有助于评估重资产高折旧的公司,且能够消除不同可比公司的杠杆差异

然后,选取5家可比公司分别计算市净率、市销率和企业价值比率。计算结果见表4-14。

表 4-14　宝钢换股吸收合并武钢的估值——可比公司

证券代码	证券简称	交易均价（元/股）	2016 年 6 月 30 日市净率	2015 年底市净率	2016 年上半年年化市销率	2015 年市销率	2016 年上半年年化企业价值比率
000709.SZ	河钢股份	2.73	0.66	0.66	0.38	0.40	6.84
000898.SZ	鞍钢股份	3.78	0.63	0.63	0.54	0.52	9.44
600022.SH	山东钢铁	2.40	1.21	1.21	0.46	0.52	14.07
000959.SZ	首钢股份	3.75	0.91	0.85	0.54	1.11	11.15
600808.SH	马钢股份	2.41	0.98	1.00	0.44	0.41	8.01

接下来对上述 5 个可比公司估值指标进行数据统计，计算平均值、中值、最大值和最小值，见表 4-15。

表 4-15　宝钢换股吸收合并武钢的估值指标数据统计

指标	2016 年 6 月 30 日市净率	2015 年底市净率	2016 年上半年年化市销率	2015 年市销率	2016 年上半年年化企业价值比率
平均值	0.88	0.87	0.47	0.59	9.90
中值	0.91	0.85	0.46	0.52	9.44
最大值	1.21	1.21	0.54	1.11	14.07
最小值	0.63	0.63	0.38	0.40	6.84

最后，通过对应指标计算宝钢和武钢换股价格，见表 4-16。

表 4-16　宝钢和武钢换股价格的对应指标

上市公司	换股价格（元/股）	2016 年 6 月 30 日市净率	2015 年底市净率	2016 年上半年年化市销率	2015 年市销率	2016 年上半年年化企业价值比率
宝钢股份	4.60	0.66	0.67	0.48	0.46	6.94
武钢股份	2.58	0.96	0.96	0.45	0.45	9.04

4.3.6　可比公司法的优缺点分析

1. 可比公司法的优点

1）数据来源充分

这一方法根据可比公司来进行估值。通常情况下，由于反垄断法的实施，市场上同一个行业中，不难寻找到一家企业的类似企业，有较大的可选择范围。因此，这一方法从数据的来源上而言比较充分，也比较容易操作。

2）理论基础合理

这一方法的理论基础是寻找可比企业，通过可比企业在市场上反映的价值,来映射目标公司在市场上应该反映的价值。这一假设具有一定的理论基础,有一定的合理性。

3)判断较为客观

这一方法所有的数据都直接来源于市场,与现金流折现法明显不同。现金流折现法有很多对未来的预判和预估,很多时候具有一定的随意性,可比公司法则不存在现金流折现法的随意性,相对而言比较客观。这是二者之间最明显的区别。

2. 可比公司法的缺点

1)关于市场估值的假设不一定准确

当使用可比公司法时,一个假设就是可比公司的市场估值是准确的。这一假设是理想状态,并不一定符合现实,现实中可比公司的估值可能并不准确,偏高还是偏低取决于在什么时间对何种企业进行估值:在市场好的时候,所有公司的估值都是偏高的;当市场不好的时候,很可能所有公司的估值都是偏低的。如果市场估值偏高,用可比公司进行估值,最后的估值也会偏高;如果市场估值偏低,最后的估值也会偏低。因此,可比公司法会存在严重的偏差问题。

2)分步估值有可能产生偏差

这一方法是分步进行估算的,即先进行股票的估值,然后对收购溢价进行估值,在这种分步估值当中,也可能产生一定的系统性偏差。不同的案例,情况也不一样,而且实际上可比公司和交易是分裂的,这种估值引入的偏差可能会更大。

3)无法考虑协同效应

可比公司法的估值是一个暗箱操作,并不知道并购带来的协同效应如何体现在估值当中,估值是一次性操作完成的,即一次性计算出市场的价值,但并不清楚市场的价值是由何种动机驱动。因此,无法将一些协同效应,一些具体的、细化的因素刻画出来,这可谓可比公司法和现金流折现法对比的一个重大缺点。

4)基于历史数据会产生偏差

虽然可比公司法中的估值都是通过市场数据获取,相对比较客观,但是市场数据反映的都是过去已经发生的情况,并不见得能够反映未来的并购市场的情况。由于过去的情况和未来的情况并不是完全可以对比的,所以根据过去发生的一些并购来计算并购溢价,也可能会产生很多问题。

5）容易产生系统性偏差

对于不断增长的业务，利用前期财务数据计算的倍数和利用未来预期财务数据计算的倍数都会对估值结果产生系统性的影响。

总体而言，可比公司法采用了目前的数据来计算，这些数据可能会产生系统性的偏差，进而可能会影响到最后估值的准确性，特别是对于一些增长性的业务，很难用之前的数据完全准确预测到未来的情况，这可能会产生估值的偏差和错误。

4.4 可比交易法

可比交易法是针对兼并收购这种特殊的情景而设计的估值方法。可比交易法估值的基本思路是通过可比交易，一次性地将并购的目标公司的对价估计出来。可比交易法和可比公司法较为相似，二者的区别在于，可比交易法参照的对象是与目前交易更加类似的一些可比交易，用可比交易中的交易对价来预估目前交易当中应该采用的交易对价。该方法最大的挑战是较难寻找到足够多的最近发生的可比交易。

视频 4-4　可比交易法

4.4.1 可比交易法的操作步骤

1. 寻找可比交易

寻找一组最近发生的可比交易时，要注意两个关键点。

第一，可比交易应是"最近发生的"。要找到与目前交易在时间上较为贴近的交易，如果时间相隔较长，经济环境会产生较大差异，这些交易的整体状况也会产生较大差异。因此，为了尽可能提升可比性，应当寻找时间上贴近的交易。

第二，这些交易与目前的交易是可比交易。可比交易之间，并购方和目标公司都应是可比的。在讨论可比公司法时，主要关注可比公司和目标公司是否可比。而可比交易法要求并购双方也应当可比，这样，交易才更加具有可比性。判定公司之间是否可比主要包含三个基本条件：是否为相同行业，是否具有类似的规模，是否具有类似的资本结构。此外，不同的并购有不同的协同效应，价值增长驱动的因素也不完全相同，因此在寻找可比交易时,其协同效应的来源也应当与目标的交易相似,二者的价值增长驱动因素也应当相似。另外,交易的整体状况也应当类似。如VC/PE公司投资实业公司之间和两家实业公司之间进行并购,虽然两者都是并购交易,但两种情况差别较大,应当尽量避免这些差别,在整个交易架构中,买方和卖方都应当保持可比性。现实中寻找可比交易较为困难,但是如果找到较好的可比交易,就有助于作出正确的估值决策;否则,很难准确估值。

2017年,奇虎360借壳江南嘉捷回归A股时,使用了可比交易法进行估值,由于找到的可比交易与这一借壳交易具有很大的差异,最后的估值并不合理。这项并购交易包含重大资产出售、重大资产置换和发行股份购买资产等内容。交易完成后,奇虎360将100%的股权置入上市公司,而江南嘉捷置出100%的原有资产。在交易方案中,奇虎360将可比交易法用作检验估值增值率合理性的工具。它列举了2016年、2017年1—9月涉及互联网科技及相关服务行业通过上市公司并购重组审核委员会审核的14个并购案例。这其中存在两个问题:第一,选取的交易案例多为上市公司正向收购交易,而奇虎360的借壳上市交易则更为复杂,其目的是最终取得上市公司的控制权;第二,选取的交易案例多为小型互联网公司,与安全软件龙头公司奇虎360的营收和净利润的可比性不强。奇虎360通过计算发现14家公司评估增值率为2624%,而自己为278.5%。这恰恰说明奇虎360选取了不恰当的可比交易进行比较。

2. 计算市场乘子

找到可比交易之后,第二步是根据可比交易中的交易对价计算一系列市场乘子,这些乘子的计算可以基于财务指标,也可以基于非财务指标。但需要注意的是,市场乘子是根据交易对价计算的,其分子是交易对价,而不是目标公司在市场上的价值。计算出市场乘子之后,需要将市场乘子与目标公司相联系,计算出目标公司的交易对价。在可比公司法中曾提及,不同的市场乘子对于不同的公司计算出来的指标可能不一样。为解决这一问题,在计算出不同的可比交易所对应的市场乘子后,应计算这些乘子的平均值或者中值,用这一统计量来对应目标公司相应的财务指标或者非财务指标,相乘之后便得到目标公司所对应的交易对价。

案例 4-7 可比交易法：收购 Peerless Saw 公司

本案例应用可比交易法来计算并购交易对价。目标公司是 Peerless Saw 公司，对该公司的交易对价进行估值时，选取了三个可比交易，收购公司 1、收购公司 2、收购公司 3，可以观察到每一个交易的交易对价，第一个是 42 美元，第二个是 21.5 美元，第三个是 90 美元。还可以观察到每家收购公司的财务指标，目标公司所对应的这些财务指标也是已知的，可以根据这些信息进行估值。

完成了第一步选取可比交易之后，第二步计算市场乘子：P/E、P/B、P/CF 和 P/S。分别计算三家公司的上述比率，每家公司都对应不同的数值，为消除其中的噪声，针对每个指标计算三家公司的均值，这一均值即用来与目标公司相联系的市场乘子，将均值乘以目标公司所对应的每一个指标，便得到目标公司的估值。

可比交易的数据见表 4-17。基于现实的交易价格计算的相对价值指标见表 4-18。Peerless Saw 公司的估计目标价见表 4-19。

表 4-17　可比交易的数据　　　　　　　　　　　　　　　　　　美元

公司统计数据	Peerless Saw	收购公司 1	收购公司 2	收购公司 3
每股交易价		42.00	21.50	90.00
每股收益(P/E)	3.25	1.80	0.85	4.65
每股账面价值(P/B)	18.50	9.75	5.25	22.25
每股现金流量(P/CF)	4.10	2.10	1.10	5.05
每股销售额(P/S)	33.00	18.20	9.75	38.90

表 4-18　基于现实的交易价格计算的相对价值指标

相对价值指标	收购公司 1 (a)	收购公司 2 (b)	收购公司 3 (c)	平均相对价值指标 (a+b+c)/3
P/E	23.33	25.29	19.35	22.66
P/B	4.31	4.10	4.04	4.15
P/CF	20.00	19.55	17.82	19.12
P/S	2.31	2.21	2.31	2.28

表 4-19　Peerless Saw 公司的估计目标价

目标公司统计数据	Peerless Saw 统计数据(a)/美元	相对价值指标	平均相对价值指标(b)	基于可比公司的平均估计目标价/美元
每股收益	3.25	P/E	22.66	73.65
每股账面价值	18.50	P/B	4.15	76.78

续表

目标公司统计数据	Peerless Saw 统计数据(a)/美元	相对价值指标	平均相对价值指标(b)	基于可比公司的平均估计目标价/美元
每股现金流量	4.10	P/CF	19.12	78.39
每股销售额	33.00	P/S	2.28	75.24
平均估计目标价＝76.02 美元				

4.4.2　可比交易法的优缺点分析

1. 可比交易法的优点

首先,可比交易法的计算简单,不需要单独计算收购溢价或目标公司的最低可接受价值,可以一次性计算出交易对价。其次,该方法所依据的信息都是目前完成的市场交易信息,因此具有较高的客观性,股东不会对此产生异义。相比之下,现金流折现法依赖于对未来的假设预判,具有很大随意性。

2. 可比交易法的缺点

第一,与可比公司法相同,可比交易法借用其他交易进行估值,其中包含的假设是市场上其他交易的估值都是准确的,其他并购交易所给出的溢价都是合理的,然而现实中这一假设并不一定成立,如果将高估的并购交易作为可比交易,计算出来的交易对价也可能偏高,所以会产生偏差。

第二,实际操作中很难找到完全一致的可比交易,因此这一方法计算出的估值会有偏差。

第三,用可比交易法估值时,整个交易是一个黑箱,完全不清楚具体是何种协同效应产生了价值,盈利是靠何种具体因素驱动的。因此,可比交易法虽然计算简便,但是不够细致,有很多协同效应的信息没有融入估值的过程中,这也是该方法一个很重大的缺陷。

4.5　资产估值方法

4.5.1　资产基础法

资产基础法以被评估企业评估基准日的资产负债表为基础,对企业表内及可识别的表外各项资产、负债价值进行合理评估,以确定评估对象的价值。收益法从资产未来经营的获利能力方面反映企业价值,而资产基础法定位于当下,反映资产的现时价值。

视频 4-5 资产估值方法

1. 依据资产的性质选择适合的方法

使用资产基础法,首先要根据不同类资产的具体情况选用适合的方法,分别评定估算价值,累计求和后得到总资产价值。然后扣减负债评估值,就得出了股东全部权益的评估价值。

不直接用资产负债表呈现出的账面价值,而是在账面价值基础上再次评估的原因在于,单项资产作为企业资产的组成部分,除了账面价值之外,还需要考虑对企业价值的贡献。一家企业的主营业务依赖于专利无形资产带来的竞争壁垒获取市场,而账面价值往往无法体现专利为企业价值带来的巨大贡献,所以要用不同的方法进行评估。有的资产无须进行再次评估,如可供出售金融资产或证券,本身就是用市场公允价值定价的。

2. 运用资产基础法时,还需要考虑长期股权投资项目

除了对企业价值的贡献,还应根据对长期股权投资项目的实际控制情况,确定是否需要单独评估。例如评估一家专门从长期股权投资获取收益的控股型企业,就要考虑总部的管理成本和效益对于企业价值的影响。如果各长期股权投资项目效益优秀,但是总部服务管理成本很高,就需要对这家控股型企业的评估值打折扣。

📖 案例 4-8 上海电力收购江苏电力的估值

1. 选择估值方法

对江苏电力的评估,没有选择市场法,因为电力行业上市公司资产规模远超江苏电力,不具备可比性;同时,行业内交易案例少。收益法和资产基础法适用于对江苏电力的估值,其中适用资产基础法的原因在于:第一,江苏电力资产主要是长期股权投资和固定资产,账面价值占总资产比重高达 80% 以上;第二,江苏电力是一家管理型公司,自身母公司没有主营业务收入,企业利润主要来源于各家子公司。通过对各家子公司进行整体评估,然后汇总到母公司,更能反映市场公允价值。

2. 不同估值方法的结果

资产基础法估值的增值率为 40.33%,收益法估值的增值率为 3.47%,最终采用的是资产基础法。

3. 长期股权投资

流动资产、流动负债和非流动负债都使用了账面价值作为评估值。非流动资产是评估增值的主要原因,那么就需要详细分析非流动资产的评估。在江苏电力非流动资产评估项目中,在建工程和长期待摊费用采用账面价值,无形资产数额较小,长期股权投资和固定资产成为增值主要因素。江苏电力资产和负债评估增值情况见表4-20。

表4-20 江苏电力资产和负债评估增值情况

项 目	账面价值/万元	评估价值/万元	增值额/万元	增值率/%
流动资产	52 803	52 803		
非流动资产	239 980	326 508	86 528	36.06
资产总计	292 783	379 311	86 527	29.55
流动负债	58 227	58 227		
非流动负债	20 000	20 000		
负债总计	78 227	78 227		
净资产	214 556	301 084	86 528	40.33

4. 长期股权投资增值原因

江苏电力长期股权投资账面价值为22亿元,评估价值为30亿元,增值近38%。增值原因主要有两方面:首先,江苏电力对4家子公司实际出资比例大于认缴出资比例,导致按实际出资比例确定评估值时增值。其次,江苏电力的17家控股子公司中,8家子公司是尚未开展实际业务的项目公司,采用了账面价值,另外9家子公司按照收益法进行估值,使得评估增值。江苏电力被投资机构估值的情况,见表4-21。

表4-21 上海电力收购江苏电力的估值——被投资机构估值

序号	被投资单位名称	实际出资比例/%	评估方法	账面价值(按实际出资比例)/万元	评估价值(按实际出资比例)/万元
1	国家电投集团滨海新能源有限公司	100	收益法	50 459	88 300
2	国家电投集团东海新能源有限公司	100	资产基础法	6 600	7 692
3	国家电投集团徐州贾汪新能源有限公司	100	资产基础法	12 770	15 467
4	国家电投集团江苏海上风力发电有限公司	100	资产基础法	500	495

序号	被投资单位名称	实际出资比例/%	评估方法	账面价值（按实际出资比例）/万元	评估价值（按实际出资比例）/万元
5	中电投协鑫滨海发电有限公司	51	收益法	60 800	76 005
6	国家电投集团滨海海上风力发电有限公司	100	收益法	13 700	17 100
7	国家电投集团滨海风力发电有限公司	100	收益法	500	660
8	中电投滨海综合能源供应有限公司	100	资产基础法	290	239
9	国家电投集团江苏综合能源供应有限公司	100	资产基础法		
10	中电投大丰光伏发电有限公司	100	收益法	7 394	5 900
11	中电投建湖光伏发电有限公司	100	收益法	15 366	24 500
12	中电投洪泽光伏发电有限公司	100	收益法	11 599	13 300
13	中电投常熟光伏发电有限公司	100	收益法	5 353	8 200
14	中电投高邮新能源有限公司	100	资产基础法	1 600	1 481
15	中电投涟水新能源有限公司	100	收益法	1 300	1 700
16	国家电投集团江苏新能源有限公司	100	资产基础法	3 500	3 844
17	中电投江苏滨海港航有限公司	82	资产基础法	27 890	37 540
合计				219 619.82	302 422.59

　　江苏电力的固定资产分为房屋建筑和设备。房屋建筑是江苏电力的办公楼,对它的评估可以使用市场比较法,也就是用周边类似的房地产市场交易案例来测算其市场价值。

4.5.2　收益法

　　收益法,也称收益资本化法、收益还原法。收益法是预计估价对象未来的正常净收益,选择适当的报酬率或资本化率、收益乘数将其折现到估价时点后累加,以此估算估价对象的客观合理价格或价值,预测估价对象的未来收益,然后利用报酬率或资本化率、收益乘数将其转换为价值来求取估价对象的价值的方法。收益法是房地产评估中常用的方法之一,如用同区域和类型的租金来评估未来收益。

4.6 其他量化估值方法

除了上述四种主要的并购对价量化估值的确定方法之外,还有一些其他的量化估值方法,如账面价值法、清算价值法、重置成本价值法和证

视频 4-6 其他量化估值方法

券市场价值法等。这些方法之所以没有得到广泛的使用,是因为它们都存在一些明显的问题。虽然如此,但这些方法也可以作为估值的一个参考。

4.6.1 账面价值法

账面价值法实际上是直接从资产负债表中获取企业资产的价值的方法。实践中,确定并购的企业估值和交易对价很少采用这种方法,原因在于这种方法存在很明显的缺点。

1. 不适合对无形资产定价

这一方法更适用于对产品类、商品类等有形资产进行定价,而难以适用于无形资产及其他的经营服务方面因素的定价。企业目前资产的账面价值,会受到企业的会计处理方式的影响。最典型的就是折旧摊销,不同国家的公司会采用不同的会计制度,美国公司适用美国的会计准则,中国公司采用中国的会计准则。即便在同样的会计准则下,有的公司采用的会计制度比较激进,有的公司采用的会计制度比较保守,如有的公司采用加速折旧法,有的公司采用直线折旧法,这些不同的会计处理方式都会给账面价值带来不同的影响,会直接影响到最后企业资产的定价。因此,由于会计处理方式的不同,该定价可能并不足以真正代表企业的盈利能力和企业的价值。

2. 忽略了无形资产因素的影响

这种方法忽略了企业管理、品牌、专利、技术、生产力等无形资产因素的影响。现金流折现法中,企业管理水平的提升,肯定会带来企业销售收入的增加,因此,可以通过对未来现金流的预测,在估值中反映企业

管理水平的提升；企业未来的市场拓展，企业成本的降低等都能直接反映在现金流的变化当中，因此可以通过现金流折现法进行估值。但账面价值法仅能反映企业资产的价值，根本无法反映企业的管理水平等无形资产因素的影响。

3. 难以根据未来情况及时调整

这种方法也很难对通货膨胀等一些未来的因素进行及时的调整，而且这种方法主要采用了一些历史数据，如购置时的成本、折旧等，并没有体现出企业未来的正面或负面的信息等情况，也不能真正体现出市场带来的一些影响。因此，账面价值法仅是一个参考方法，而不会成为并购估值的主要方法。

4.6.2　清算价值法

清算价值法通常在清算等比较特殊的情况下才会适用，如企业陷入财务困境，经营情况不好，或者是企业破产时变卖资产等情况。一般情况下，企业由于出现一些问题才会进行清算，不会有太高的议价能力，这时对清算资产的估值通常仅反映企业最低的资产价值水平。

清算价值法主要的问题和账面价值法主要的问题有类似之处。第一，该方法主要针对有形资产、固定资产等可观测、比较容易观测的资产情况进行估算，很难反映管理等无形资产的因素。第二，进行清算的时候也有很多其他因素，如清算师、评估师很多时候很难达成一致意见等。因此，清算价值法只是作为一个参考方法。

4.6.3　重置成本价值法

重置成本价值法一般适用于一些比较特定的时期，如企业处在一个高度通货膨胀时期，这一时期企业的价值和之前的价值差别非常大，它主要反映的是在目前市场上重新购买企业的这些资产需要花费的成本。综上，重置成本价值法主要适用于高通胀等特定时期，反映了很强的宏观经济因素背景，所以这种方法一般没有被广泛使用。

4.6.4　证券市场价值法

证券市场价值法主要是指一家企业的估值可以根据股权融资和债权

融资的价值来确定的方法,企业的这些证券在市场上的估值总和就是企业的价值。实务中,有时会采用该方法,但该方法并不适用于所有的公司,这是基于以下几点原因。

1. 不适用于非上市公司

该方法的有效性基于公司证券在市场上进行公开交易,因此有市场价值这一假定。如果不存在市场价值,就无法应用该方法进行估值。所以该方法并不适用于非上市公司。

2. 仅适用于大型上市公司

该方法并不适用所有的上市公司,而仅对一些大型的上市公司具有适用价值,因为这类公司交易量很大,股票、债券等证券能够真实反映企业的信息。对于一些交易量很小、流动性很低、知名度也低的小公司而言,由于证券不能真实反映公司的信息和价值,该方法并不具有适用性。

3. 仅反映公开信息

这一方法实际上是通过市场对公司信息的反映来进行估值,通常反映的是公开信息。这一点与现金流折现法不同,现金流折现法既可以反映公开信息,通过公开信息对未来现金流预判来进行估值;也可以通过尽职调查等一些私有渠道获取私有信息,将这些信息融入对未来的现金流和资本成本贴现率的预判之中。因此,现金流折现法能够很好地利用公开信息和私有信息对公司进行估值。而证券市场价值法只通过市场的公开信息而很难获得一些私有信息进行估值。因此,该方法的估值只反映公开信息,并未真实反映私有信息。

4.7　商业模式估值分析法

4.7.1　商业模式的分类

商业模式估值分析法是并购估值中定性分析的主要方法,也是产生溢价或商誉的主要原因。经济市场的长期发展衍生出不同的商业模式,但最重要的是选择的商业模式要适应市场需求,满足消费者追求便捷、高效、高品质生活的要求,这样的商业模式才会有市

视频 4-7　商业模式估值分析法

场。经济实践中,有六种可以产生"护城河"的商业模式。拥有"护城河"的公司具有竞争优势,能够持续经营,因此在并购中,买方通常要着力去寻找具有"护城河"的公司。在并购估值中,具有"护城河"优势的卖方,更容易受到收购方的青睐,溢价能力更高。拥有"护城河"的公司包括以下几种。

1. 具备成本优势的公司

成本优势是公司最重要的核心竞争力之一,这种优势在标准化工业品中更明显,如隆基股份、福耀玻璃等。这种成本优势可以来源于规模效应、难以被模仿的工艺优势、议价能力、上好的地理位置或者取得独特资源的便利性等方面。

2. 具备网络效应的公司

网络效应的最基本定义是,当一个公司的产品或服务随着使用的增加而变得更有价值时,网络效应就会出现。PayPal、Microsoft、Facebook、Uber、Twitter、Salesforce 这些公司无疑都是近年来有着重要影响力的公司。尽管存在诸多差异,但是在这些公司成功的背后存在一个共同的因素,能够很好地诠释这些公司的共同点:网络效应(nfx),即随着越来越多的用户使用某种产品,该产品对新老用户的价值也随之增加。产品用的人越多说明越好用,越好用,用的人就越多。网络效应的典型特点是企业可以低成本甚至零成本大规模地持续获客。用户的增加主要来自现有用户的转介绍。例如微信、微博、百度、Facebook 等。网络效应是数字经济下重要的护城河,一旦一家企业拥有强网络效应这条护城河,它的优势地位在中长期就很难被撼动。

3. 专利和技术使得产品溢价销售的公司

专利和技术的作用不仅体现在排斥其他竞争对手进入这一产业这种被动防御的手段上,更多的是把有效的专利和技术变成实际的产品或者服务,用积极手段制造产品,销售给最终消费者来体现专利和技术的价值。

以药品专利为例,虽然药品专利研发是一个漫长而艰难的过程,但如果最终取得了新药专利,利润便会滚滚而来,一扫之前科研失败的雾霾。如辉瑞制药研发的"立普妥"是一种针对心脑血管疾病和心脏病的降胆固醇药物,2004 年成为全球首个销售额突破百亿美元的药品,最高纪录突破了 130 亿美元。随着全球老龄化问题加剧,即使出现其他强劲对手,"立普妥"的销售额每年仍居高不下,维持在百亿美元以上。

4. 拥有知名品牌的公司

如果公司的品牌能让客户的支付意愿上升,使客户忠诚度增加,那么公司的品牌就具有优势,品牌就是公司的护城河。品牌能否构成护城河要看品牌是否有定价权,没有定价权的品牌不具备品牌优势,不能构成有效的护城河。例如海天、茅台、苹果有很强的定价权,这 3 个品牌就是企业的护城河。小米有很高的知名度,但是小米的定价权很弱,小米品牌就不具备品牌优势,不是公司的护城河。

5. 具备转换成本优势的公司

如果公司可以比较容易地把自己的一些负面经济影响转化给其上游或下游企业,那么企业就具备成本转化优势。具备成本转化优势的公司有更灵活的能力应对经济危机或负面经济影响。

6. 具有政策保护的公司

国家或政府出于国计民生、国家安全等因素考虑,对一些行业有限制性政策,这些行业中的企业会享受到政策的保护具有重要的"护城河"优势。

4.7.2 商业模式分析——SWOT 分析

所谓 SWOT 分析,即基于内外部竞争环境和竞争条件下的态势分析,是指将与研究对象密切相关的各种主要内部的优势、劣势和外部的机会、威胁等,通过调查列举出来,并依照矩阵形式排列,然后用系统分析的方法把各种因素相互匹配起来加以分析,从中得出一系列相应的结论,这种结论通常带有一定的决策性。

运用这种方法,可以对研究对象所处的情景进行全面、系统、准确的研究,从而根据研究结果制定相应的发展战略、计划以及对策等。

S(strengths)是优势,W(weaknesses)是劣势,O(opportunities)是机会,T(threats)是威胁。按照企业竞争战略的完整概念,战略应是一个企业"能够做的"(即组织的优势和劣势)和"可能做的"(即环境的机会和威胁)之间的有机组合。

将四个要素两两组合,从内部环境和外部环境两个角度入手,可以判断这家公司处在什么样的市场竞争位置。在并购中,SWOT 分析法帮助买方认清卖方目前的内外部环境,判断并购整合后能否产生有利的协同效应。对于并购估值,内部有优势、外部有机会的公司要享有更高的估值溢价,而内部存在劣势、外部充满威胁的公司很可能无人问津。

SWOT 分析模式见图 4-7。

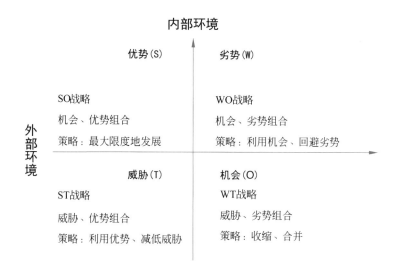

图 4-7　SWOT 分析模式

案例 4-9　滴滴并购 Uber 中国的 SWOT 分析

以下结合滴滴并购 Uber 中国案例,进行 SWOT 分析。表 4-22 以列表方式对 SWOT 四个要素两两组合,从内部环境和外部环境两个角度入手,判断滴滴和 Uber 中国两家公司分别处于何种市场竞争位置。

表 4-22　滴滴并购 Uber 中国的 SWOT 分析

环境	要素	滴　滴	Uber 中国
内部环境	优势	1. 滴滴在中国成立的时间早 2. 创始人程维拥有丰富的互联网行业从业经验 3. 拿到多轮融资,融资速度快、规模大	1. 全球第一家专注出行市场的互联网公司,行业经验丰富 2. 在技术方面积累了大量的经验,有利于未来与竞争对手抢占市场 3. 资金雄厚,跨国公司,拿到了国内百度的战略投资 4. 在公众心里有良好的企业形象,有利于市场推广
	劣势	初创团队缺乏技术背景	1. 在中国市场起步时间远远晚于滴滴 2. 融资规模小于滴滴 3. 产品本土化体验不足

环境	要素	滴 滴	Uber 中国
外部环境	机会	1. 国内出行市场需求巨大，行业前景非常好 2. 作为领头羊，已经抢占市场先机	虽然有滴滴、快的这些互联网公司在前，但尚未形成巨头，及时进入市场还能争取到一定的市场份额
	威胁	1. 行业政策的不稳定性 2. 出租车司机的集体抵制 3. 靠高额补贴手段来留住用户 4. 来自竞争对手 Uber 中国的直接威胁，Uber 中国比滴滴起步早，且集团资金雄厚，属于全球性公司，并且还拿到了百度的战略投资，两者联合起来的威力不可小觑	1. 来自滴滴、快的的直接威胁，占据了大半的市场份额，Uber 中国稍不留神便会被市场淘汰 2. 跨国企业面临政策不稳定性，能否得到政府许可存疑 3. 高额的乘车补贴，低额的市场占有率，Uber 中国很有可能陷入"烧钱"的无底洞中

通过 SWOT 分析，可以看出滴滴通过并购 Uber 中国，在内部环境中，有助于补强团队的技术背景，使滴滴以市场垄断者的身份加大融资规模和力度；在外部环境中，有助于滴滴成为赢家，通吃国内出行市场，促成行业政策和标准的落地，并降低乘车补贴成本。

在滴滴和 Uber 全球进行并购谈判的时候，当买方滴滴通过 SWOT 分析后，看到了自己和对方的优势、劣势、机会和威胁，如果滴滴继续打补贴战，面对有全球资金支持的 Uber，结果很可能是双方市场份额僵持。对于卖方而言，如果 Uber 继续打补贴战，虽然不愁融资，但作为行业老二，很难追赶上具有本地化优势的滴滴。

在打补贴战时，滴滴估值接近 280 亿美元，Uber 中国估值约为 80 亿美元。最后的交易价格为，Uber 中国接近 70 亿美元，双方互相持股。Uber 中国的大股东 Uber 全球将持有滴滴 17.7% 的股份和 5.8% 的投票权，其他股东将持有 2.3% 的股权。

Uber 全球为促成并购交易，放低估值并且放弃三分之二的投票权，而买方滴滴为促成并购交易，使 Uber 全球成为股份数量上的第一大股东。合并完成后，新的滴滴估值上升至 350 亿美元。由于自身所处的劣势，在并购估值协商时，Uber 也相应降低了估值预期，最后双方达成了相互持股的合并协议。从此，滴滴成为中国网约车市场的霸主。

4.7.3 商业模式分析——波特五力分析

在 SWOT 分析的基础上，再借助图波特五力分析，能够更加准确地界定外部影响。波特五力,指的是企业上游供应商的议价能力、企业下游客户的议价能力、同行业竞争者的竞争程度、新进入者的威胁和替代品的威胁五个方面。波特五力见图4-8。

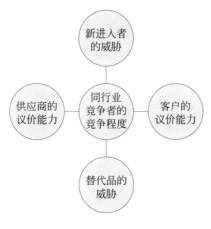

图 4-8 波特五力

案例 4-10 美的并购小天鹅的波特五力分析

以下结合美的并购小天鹅案例,进行并购交易外部环境影响的波特五力分析。

1. 同行业分析

2008 年,美的收购无锡小天鹅 24% 的股权,成为实际控制人。2018年,美的换股吸收合并小天鹅,完成对小天鹅的 100% 收购。

洗衣机行业近年来竞争格局稳定,海尔第一,小天鹅第二,美的第三。作为领头羊的海尔在高端品牌卡萨帝发力,而小天鹅推出的比佛利品牌难以与其抗衡,导致小天鹅在高端洗衣机市场再失一城。面对日益激烈的同行业竞争,此时美的全盘控制小天鹅,加速双方的整合来对抗海尔洗衣机,是较为合理的选择。

2. 进入者分析

新进入者的威胁,一类是智能家电品牌,如小米生态链的云米就推出了智能的滚筒洗衣机,主打年轻和智能化。另一类是高端品牌,有国外的高端品牌,如西门子、博世、松下等,它们在中国消费者中拥有良好的口碑和品牌溢价能力。还有传统品牌新设的高端子品牌,也是市场强有力的新力量,如卡萨帝、比佛利等。海尔收购的美国通用家电、美的收购的东芝白电都对中国市场虎视眈眈。尽管竞争格局稳定,但新进入者对行业跟随者形成了较大的威胁。

3. 议价能力分析

第一,分析供应商的议价能力。由于行业前三的企业把控着洗衣机零件的主要需求市场,所以供应商的议价能力并不强。在相对稳定的竞争格局下,海尔、小天鹅、美的等洗衣机厂商的议价能力在增强。

第二,分析其客户的议价能力。普通消费者可选的个性化、智能化、高端化的洗衣机品牌和产品越来越丰富,对小天鹅的议价能力在提高。而线上电商,如京东,作为最大的 3C 网站,依靠用户流量的优势对小天鹅等厂商也拥有越来越强势的话语权。

4. 替代品分析

洗衣机的创新趋势在智能化、烘干一体化、高端化,暂时没有革命性的产品取代洗衣机,所以替代品的威胁不大。

综合波特五力分析,得出收购有助于改善双方外部环境的结论。在洗衣机行业的竞争中,唯有小天鹅和美的加强整合,与海尔形成双寡头的格局,才有可能在激烈的同行业竞争、新进入者的挑战和愈发强势的买方市场中立于不败之地。

通过波特五力分析,此时小天鹅分别在 A 股和 B 股上市,市值合计 294 亿元,这是资本市场给出的公允价值。但美的给出 A 股溢价 10%、B 股溢价 30%的报价,给出溢价估值的原因在于,私有化小天鹅后,美的与小天鹅之间的深度整合将带来协同效应。

4.7.4　不同竞争战略的估值差异

1. 成本领先战略

成本领先战略对应的是具备成本优势的商业模式。成本领先战略的优点在于,成本低,买方没有讨价还价的空间,新进入者看到利润低薄,也没有意愿进入这个市场。在并购估值中,对于采用成本领先战略的公司,相比于采用收益战略的公司,更要关注这类公司的风险点:降低成本能否保证合理稳定的利润率;如果降低采购成本,能否和供应商稳定合作;目前的竞争格局是趋于稳定还是处于价格战激烈竞争状态;较低的利润能否抵挡住外部宏观环境的变化。

该战略典型的反面案例是乐视电视。乐视电视的成本优势主要来自网络销售渠道,其采购、产品本身并不具备成本优势。但乐视电视作为行业新进入者,打起了价格战,甚至亏本销售,这样导致产品利润率几乎为零。没有合理的利润率做支撑,现金流就会非常紧张,于是乐视电视只能拖延供应商的账期和款项。恰逢宏观经济不景气,乐视电视销售遇阻,于是嗅到危机的供应商直接上门讨债,导致乐视危机进一步发酵。乐视电视涵盖了全部的风险点,对它的估值就要大打折扣。乐视网在 2015 年资本市场的泡沫中一度市值超 1 600 亿元;但最后由于成本领先战略的错误判断,引发了乐视危机,仅仅三年时间,市值跌落不足百亿。

2. 差异化战略

网络效应、专利技术、品牌等都是使产品或服务差异化的因素。差异化战略能够成功的根本原因在于满足客户差异化的需求,所以公司应紧跟客户需求寻求差异化。从波特五力分析来看,差异化可以帮助公司在同行业中建立特殊的竞争优势,培养客户群体,提高对客户的议价能力,并且通过较高的边际收益增强对供应商的议价能力。

在并购中,买方乐于追逐实施差异化战略的公司,往往容易给出更高的估值。但同时也需要注意差异化产品或服务能否维持竞争力;当竞争对手大量模仿的时候,公司的研发团队能否保持差异化的创新。另外,差异化的产品或服务能否一如既往地满足客户的需求。例如曾经爆款的手游"愤怒的小鸟"受到全球各年龄段玩家的喜爱,不断刷新全球游戏界的纪录,凭借"愤怒的小鸟"这款游戏,Rovio 成为最耀眼的游戏开发商,在最鼎盛的 2012 年,其估值超过 90 亿美元。但好景不长,随着游戏新品层出不穷,"愤怒的小鸟"的玩家越来越少,Rovio 也从宝座跌落。2017 年 IPO(首次公开募股)首日收盘市值不足 10 亿美元,相比曾经的估值大幅缩水近 90%。

3. 集中化战略

集中化战略也称为专业化战略。集中化,可以表现在产品线上,还可以表现在目标顾客、业务地区等上。当公司大部分力量和资源投入一种产品或服务或者一个特定市场,即意味着能够更好地服务于聚焦的目标,也就获得了转换成本的优势。

创业公司会采用集中化战略,从细分市场切入,以此获得新行业的门票。典型案例是格力电器。朱江洪和董明珠治下的格力电器采用集中化战略,始终聚焦于空调市场,最后夺得了国内空调市场的桂冠。而何享健和方洪波治下的美的集团从小家电和空调同时切入,成为了白电大王。

在对实施集中化战略的公司估值时,要注意两个关键点。首先,需要注意公司选取的特定市场是否足够大。如洗衣机、冰箱市场就不如空调市场规模大,如果格力聚焦于洗衣机,就像专业化的小天鹅一样,市值会比现在缩小数倍。其次,需要注意替代品的威胁,细分市场是否很容易被创新的替代品颠覆性地取代。此时,不得不提及柯达胶卷,传统相机被数码相机取代后,柯达从胶卷大王到破产,令人唏嘘不已。

公司不同的竞争战略和商业模式,都会对并购估值产生重要的影响。正确的估值逻辑是,使用 SWOT 和波特五力分析法对公司内外部环境进行分析,定性判断其对于估值的影响,最后结合定量的估值计算,给出相对合理的并购估值。

4. 并购协同效应与估值

在公开市场并购时,买方往往会给出远高于股价的报价,这部分溢价很大程度上来自预期的协同效应,好的商业模式是产生预期协同效应的部分因素。协同效应来自买卖双方能否在经营、财务和管理上协同发展。如果两家企业预期能够在经营、财务和管理上实现协同,那么估值就应该包含因此产生的溢价。经营协同指的是实现协同后的企业生产经营活动效率和效益的提升,表现在三个方面:规模经济效应、纵向一体化和资源互补。

在中国平安并购深发展的案例中,就运用了协同效应估值法。深发展纳入平安之后,平安银行和深发展平稳整合管理团队,集团决策执行高效,管理费用"1+1<2",实现了管理协同。2010 年初,当时深发展账面价值约为 330 亿元,市值约为 600 亿元。中国平安宣布的交易方案为最多以 221 亿元收购深发展 11 亿股。按照交易价格计算,深发展的估值达到 630 亿元,高于当时的市值。这部分溢价,就包含着双方整合后的经营、财务和管理上的协同效应价值。

4.8 实物期权估值

4.8.1 实物期权

在协同效应估值中,对于整合后的公司,有些项目可以准确预测,如中国平安整合深发展后的资产负债规模、短期盈利能力、银行网点数目,但有些项目难以准确预测,如平安保险利用深发展的银行渠道可以增加多少销售。可以准确预测的协同效应,可以用现金流折现法进行估值;

视频 4-8　实物期权估值

难以准确预测的协同效应,就需要引入实物期权的概念。实物期权的实质是把企业的并购机会看作看涨期权。实物期权具体适用情形见图 4-9。

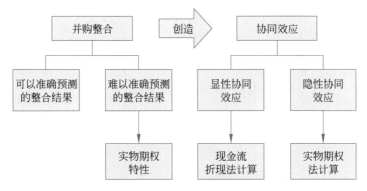

图 4-9　实物期权具体适用情形

实物期权的类型及应用领域见表 4-23。

表 4-23　实物期权的类型及应用领域

类　型		期权的描述	应用领域
成长性期权	成长期权	成长期权常被看作复合式期权,指为企业带来未来生产能力和竞争能力提高的可能性或机会。其价值并不取决于自身所产生的净现金流大小,而是表现为其所能带来的新的投资机会或增长机会的价值	多应用于战略性产业,如高科技产业、研发产业、跨国运营以及战略收购等项目
灵活性期权	延迟期权	延迟期权是指对某方案不必立即实施,管理者可以选择对企业最有利的时机实施。决策者可利用延迟的时间段观察市场的变化,若市场情况变得有利,则进行投资;若变得不利,则放弃投资	多应用于资源耗费型产业,如房地产开发、自然资源的开采等
	放弃期权	放弃期权是指管理层可根据市场状况的变化,选择继续经营或结束投资项目以获得放弃价值,即其拥有放弃期权的权利。当项目本身所创造的价值低于停止生产获得的放弃价值时,则应该选择执行放弃期权	多应用于资本密集型产业,如铁路、航空、新产品开发以及金融服务等领域

类　　型		期权的描述	应 用 领 域
灵活性期权	转换期权	转换期权是指企业可根据未来市场或产品价格的变化,选择最有利的方式生产产品,以获取最大利润。转换期权赋予企业面对市场情况调整的灵活性,以获得最大的利润空间或最小的成本支出,进而提升企业的价值	多应用于投入转换产业:给料型产业,如医药和电力产业等;产出转换产业:产品少量多批,如汽车和玩具等产业
	规模变更期权	规模变更期权是指项目开始运作后,若市场条件变得更有利,则增加投资或扩大生产规模;若变得不利,则缩减业务规模或暂停项目。该期权具体又可分为扩张、收缩和暂时中止期权	多应用于自然资源的运营行业,如消费品、商业房地产以及采矿业等

使用实物期权评估投资的利润率时,第一步是要确定不含期权项目的净现值(NPV)。如果不含期权项目的净现值为正,则不需要确定期权的具体价值。第二步是计算不含期权项目的净现值,并且加入实物期权的估计值。整体净现值＝项目净现值－期权成本＋期权价值。第三步,使用决策树方法进行决策。虽然这种方法不能确定期权的价值,但通过显示决策的时间序列,可以使经理人作出更加明智的选择。第四步,使用期权定价模型(OPM)进行预测。

期权定价模型由布莱克与斯科尔斯在 20 世纪 70 年代提出。该模型认为,只有股价的当前值与未来的预测有关;变量过去的历史和演变方式与未来的预测不相关。模型表明,期权价格的决定非常复杂,合约期限、股票现价、无风险资产的利率水平以及交割价格等都会影响期权价格。其主要模型包括 B-S 模型和二叉树模型。具体计算公式在此不详述。

4.8.2　实物期权的示例

1. 生产灵活性期权

例如,某新的生产设施生产传统产品的预期现金流的净现值为－800万美元。生产灵活性期权可以让管理层能灵活地根据需求,在传统、豪华、精英产品类型上切换。需要追加 500 万美元的设备投资,其预计价值为 1 500 万美元。可使用整体净现值的计算公式来评估含实物期权项目的利润率,即整体净现值＝项目净现值－期权成本＋期权价值。代入示例中数据,整体净现值＝－800 万美元－500 万美元＋1 500 万美元＝200 万美元。由此可见,实物期权提供了足够的增加值,使项目整体盈利。

2. 放弃期权

例如,某三年期项目的资本成本为 14％。初期投资 1 000 美元,预期现金流为 400 美元,则净现值为－71.35 美元。假定有 50％的概率现金流为 200 美元;有 50％的概率现金流为 600 美元。第一年末,将知道项目是成功(现金流为 600 美元)还是失败(现金流为 200 美元),而且可以选择在第一年末放弃该项目并收到残值 650 美元。据此确定最优的放弃战略,而后计算项目的净现值以及放弃期权的价值。

最优放弃战略确定为,如果第二、三年的净现值低于 650 美元,将在第一年末放弃该项目。如果项目成功:$N=2$,$I/Y=14$,$PMT=600$ 美元,$CPT\ PV=988$ 美元＞650 美元,选择不放弃该项目;如果项目失败:$N=2$,$I/Y=14$,$PMT=200$ 美元,$CPT\ PV=329$ 美元＜650 美元,则选择放弃该项目。项目成功或失败的净现值计算如下:

如果项目成功:

$$NPV=-1\ 000+\frac{600}{1.14^{1}}+\frac{600}{1.14^{2}}+\frac{600}{1.14^{3}}\approx393(美元)$$

如果项目失败:

$$NPV=-1\ 000+\frac{200+650}{1.14^{1}}\approx-254(美元)$$

含放弃期权项目的预期净现值:

$NPV=50％×393+50％×(-254)=69.50＞0$;所以此时应该接受放弃期权。

放弃期权的价值:$69.5-(-71.35)=140.85$(美元)。

案例 4-11 惠而浦中国并购合肥三洋的实物期权估值

首先,对目标企业合肥三洋的价值包括独立价值、战略投资者带来的期权价值及并购附加价值进行分析,见图 4-10。

其次,对合肥三洋各类资产进行识别并确定估值方法,在此基础上进行估值,见表 4-24。

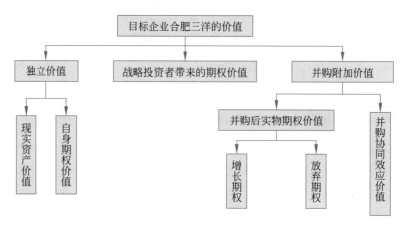

图 4-10　目标企业合肥三洋的价值

表 4-24　各类资产的识别及估值方法

类　　型	识　　别	方　　法	估值
现实资产价值		自由现金流折现法	V0
自身期权价值	从 2013 年 5 月 14 日至 2013 年 8 月 14 日,惠而浦中国有机会以协议转让和现金认购非公开发行股票两种方式取得合肥三洋 51% 股份,成为其控股股东。这一并购机会,属于一项实物期权	B-S 期权定价模型	V1
战略投资者带来的期权价值	惠而浦以控股方式完成对合肥三洋的合并后,其便拥有了限售期内的股票期权,这相当于一个欧式看涨期权	B-S 期权定价模型	V2
增长期权	经合肥三洋股东大会审议,此次并购交易非公开发行股票募集资金主要投资于三个技改项目,以进行生产规模的扩张	自由现金流折现法	V3
放弃期权	惠而浦完成对合肥三洋的并购交易后,可以按其战略对并购后的上市公司进行经营管理。然而,由于市场经济环境的复杂性和不确定性的增加,惠而浦可能发现市场比预期的要差,此时,可以把控制的上市公司出售以获得清算价值	二叉树期权定价模型	V4
并购协同效应价值	并购交易完成后,需要进一步的整合才能实现并购协同效应	增量现金流折现法	V5

第一步,计算 V0～V5 的数值。将五类期权的价值分别计算后,就可以得到 V0～V5 的具体数值。

第二步,计算 V3～V5 中卖方的贡献构成卖方价值的分配系数,因为并购附加价值是在并购后，由买卖双方共同创造的，所以要剥离出买方的贡献，只剩下卖方的部分。

第三步，计算最终的估值结果。分配系数与附加价值相乘，再加上前面的三部分，就得到了最终的估值结果。

4.9　新经济企业估值法

4.9.1　新经济企业的特点

新经济企业，区别于传统企业，具有高投入、高风险、高成长性的特点。新经济企业大多属于互联网、云计算、高端制造、人工智能、生物科技等新兴产业，大多是智力和人力资本密集型企业。从成长阶段看，新经济企业大多处于企业生命周期的初创期和成长期，小部分处于稳定期和成熟期。

视频 4-9　新经济企业估值法

如果并购标的是新经济企业，如何对它估值将成为让人头疼的事情。首先，新经济企业大多属于新兴产业，可对比的公司较少；其次，新经济企业大多处于初创期和快速成长期，在快速变化的科技行业中，未来收益相对不稳定；再次，资本市场对新经济企业的利润亏损容忍度高，对商业模式关注度高；最后，新经济企业还拥有一些独特的指标，比如 MAU（月活跃用户数量）、DAU（日活跃用户数量）、ARPU（每用户平均收入）、电商行业里的网站 GMV（总成交金额）等。

新经济企业估值难度较高。所以，在对不同阶段和模式的新经济企业估值时，除传统的估值方法之外，还出现了关注用户数量的梅特卡夫、曾李青定律，以及关注买卖双方动态博弈的估值方法。

4.9.2　新经济企业的传统估值法

使用传统估值法对新经济企业估值，主要看利润和营收增速这两个要素。如果利润是正数，稳定并且可预测，则优选 P/E 法；如果利润亏损、少或波动大，但营业收入增速稳定，则可以选择 P/S 或 EV/SALES 法。在其他特殊情况下，还有 EV/EBITDA、P/FCF 等方法可供选择。新经济企业的传统估值法见表 4-25。

表 4-25　新经济企业的传统估值法

类　型	适用市场倍数	典型案例
未来业绩和净利率可预测性高且未出现亏损的计算机和互联网公司	P/E	苹果、谷歌、腾讯
利润少或波动大但营业收入增速稳定的公司	P/S、EV/SALES	亚马逊、京东、SaaS公司
受折旧摊销费用影响较大的互联网公司	EV/EBITDA	亚马逊（云计算数据中心）
适合自由现金流稳定或高度关注现金创造能力的互联网公司	P/FCF	动视暴雪（游戏公司）

4.9.3　梅特卡夫定律

梅特卡夫是 3Com 公司的创始人，他认为：互联网企业价值与用户数的平方成正比，用户数越多，企业的价值越大。梅特卡夫定律的公式为 $V=K×N×N$。K 是价值系数，N 是用户数量。梅特卡夫定律已经在 Facebook、腾讯等公司的估值上得到了验证，它还揭示了互联网企业的发展过程和马太效应。类似 Facebook、腾讯这样的新经济公司，其成长并不是线性的，而是由用户增长带来的平方级价值增长。在很多互联网行业中，都出现了一家独大、赢家通吃的现象，因为行业第一较行业第二的企业在用户数量上的领先会带来企业价值上平方级增长的优势。

4.9.4　曾李青定律

相比于梅特卡夫定律，曾李青提出了网络的价值不仅和用户数量有关，还和用户之间的"距离"有关，也即分母上的"R"。曾李青定律的公式为 $V=(K×N×N)/(R×R)$。R 包含四个因素，分为用户的连接时长、速度、界面和内容。一般来讲，互联网企业提供的信息质量越高、数量越多，信息传输速度越快，用户连接时间越长，交互界面越易用，则用户之间的"距离"越短，网络的价值越大。网络价值影响因素的分类、对距离的影响方向及典型案例，见表 4-26。

表 4-26　网络价值影响因素

分　类	影响因素	方　向	案　例
外生因素	网络速度提升	减小距离	宽带网络普及、5G 替代 4G
外生因素	用户界面改善	减小距离	iPhone 等大屏触摸智能手机普及

分　类	影响因素	方　向	案　例
内生因素	内容数量提升	减小距离	多媒体技术应用
内生因素	网络连通度提升	减小距离	网络核心节点加入

📖 案例 4-12　Facebook 并购 WhatsApp 的估值

1. 背景

2014 年，Facebook 以 190 亿美元的价格收购了 WhatsApp，轰动了互联网行业。这笔交易由 40 亿美元现金、120 亿美元普通股和 30 亿美元限售股组成。当时 WhatsApp 仅仅是一家 50 人的小公司，而且收入主要来自用户注册后使用软件的付费，第一年免费，后续每年 0.99 美元。如果从现金流来看，Facebook 要收回投资，起码需要 40 年时间。但是为什么 Facebook 愿意天价收购 WhatsApp?

2. 梅特卡夫、曾李青定律的运用

Facebook 并购 WhatsApp 估值的核心逻辑是梅特卡夫、曾李青定律。首先，用户数量带来平方级价值，WhatsApp 是当时全球除中国外市场占有率最高的即时通信软件，拥有突破 10 亿的总用户和接近 5 亿的活跃用户。5 亿的活跃用户，是 WhatsApp 的重要价值。其次，结合曾李青定律，WhatsApp 用户之间的"距离"非常小。WhatsApp 是移动即时通信的先行者，4G 更快的网络速度和智能手机的交互缩短了 WhatsApp 的用户距离。同时，即时通信的便捷性和沟通方式的多样化，成为缩短用户距离的内生因素。由于 WhatsApp 拥有大量的活跃用户和较小的用户"距离"，所以具备了高网络价值。

3. 并购结果

由于 WhatsApp 的用户价值还未开发，目前仅仅从每年 0.99 美元的软件使用费中变现用户价值，如同将来的微信程序一样，WhatsApp 还会有广告、游戏、金融、增值服务等多种收入渠道有待开发。这给 Facebook 的整合带来了巨大的想象空间。因此，根据梅特卡夫、曾李青定律，Facebook 190 亿美元的并购对价称得上物有所值。当时 5 亿活跃用户，190 亿美元相当于单用户估值 4 美元；如今 WhatsApp 的活跃用户达到 10 亿，已经翻倍，同时拓展了支付等变现途径，提高了单用户价值。与

2014 年相比,现今的 WhatsApp 价值更高。

4.9.5　动态博弈的估值方法

新经济企业的初创期,可采用梅特卡夫定律,以活跃用户和估算的单用户价值来计算估值;在发展期和成熟期,可采用传统估值法,即以利润或营收为主的估值方法。

但是并购估值不仅是运用模型的过程,还是买方和卖方之间的动态博弈过程。往往很多时候,最后的交易价格更多取决于双方的谈判结果,而不是基于模型的估值。有三种动态博弈的估值方法:全或无估值法、博弈估值法、影响力估值法。

1. 全或无估值法

这一方法的精髓在于,标的价值和其在市场上的生存状况相关。当企业将要被市场淘汰时估值会很低。因此,在一些案例中,买方公司首先将目标公司在产品市场中打垮,再去收购,这时目标公司的估值通常大幅度降低。但打垮目标公司的过程通常会花费资金,如打价格战等。

2015 年的外卖平台行业,饿了么、美团外卖和百度外卖堪称三巨头。3 家呈分庭抗礼之势,百度有地图资源优势,美团有餐饮资源优势,饿了么有起步早的优势。起步早又专注于外卖平台行业的饿了么主动破局,打起了外卖红包补贴的价格战,并且提高外卖配送、售后服务的质量,其后又紧靠阿里的大树,融入阿里的生态圈。

在持续 3 年的激烈竞争后,对手百度外卖市场占有率仅有 4%。此时饿了么以 8 亿美元的交易价格收购了"败将"百度外卖,该交易价不及饿了么对百度外卖估值的十分之一。

2. 博弈估值法

博弈法与全或无估值法相反。通常买方公司会直接出高价把目标公司买过来。在这种情况下,买方公司会支付高并购对价,但不需支付前期打垮目标公司的成本。

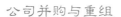 **案例 4-13**　饿了么收购百度外卖

全或无估值法的基本思路是打倒竞争对手占据博弈优势,然后再进行并购,这需要真金白银的成本投入,而且没有重新开始的机会,因此具有较高的风险,饿了么收购百度外卖就是这样的例子。

案例 4-14　Facebook 收购案例

有的新经济企业会避开正面交锋,直接以高价并购新进入者。例如 Facebook,作为 Web 时代社交领域的霸主,Facebook 在移动互联网到来时遭到了不小的挑战。图片社交应用 Instagram 迅速风靡全球,WhatsApp 引领着智能手机时代的即时通信,这些都动摇了 Facebook 的用户基础和网络流量。Facebook 没有选择正面对抗,而是果断地以 10 亿美元把 Instagram 收入囊中,以 190 亿美元把 WhatsApp 纳入版图。依靠着这两起并购,Facebook 再次建立起移动互联网时代的社交霸权。如果 Facebook 选择长时间跟进对手的图片社交、即时通信领域,除了巨大的开发和推广成本,那很可能成为马太效应的牺牲者,并且失去再次并购的机会。此时博弈的高价并购仍然是为了消灭竞争对手,维护行业地位。

3. 影响力估值法

这里的“影响力”指的不是卖方的,而是买方或投资方的影响力。拥有影响力的投资方,必然是有实力、有品牌并获得市场认可的企业,如腾讯、阿里巴巴、软银、红杉等。遇到这样的投资方时,卖方看重的不仅仅是资本,更看重投资方背后的资源。

例如,腾讯称得上是互联网公司中最好的“投资公司”,自从 2012 年实施开放、连接战略以来,腾讯采取投资的方式建立了自己的投资生态圈,在初创企业中拥有巨大的影响力。这影响力部分来自腾讯的口碑,更多来自腾讯掌握着互联网最大的流量。

案例 4-15　腾讯的股权投资

对于一家渴望获得腾讯应用流量的初创企业来讲,在和腾讯进行估值谈判时,接受更低的对价和出让更多的股权也是合理的行为。如拼多多在初创的两年里通过微信的裂变式传播成为现象级的产品。

2016 年 7 月,腾讯参与拼多多的 B 轮跟投。2018 年腾讯又领投了拼多多的 C 轮融资,这也是拼多多上市前的最后一轮融资。资本层面的结合伴随着业务层面更加紧密的合作,在腾讯微信的二级入口,出现了很多拼多多的身影。

正如腾讯和京东的经典合作一般,拼多多也得到了腾讯全面的流量支持。上市招股书披露,腾讯为拼多多第二大股东,占股 18.5％,而参与两轮领投、一轮跟投的高榕资本仅占股 10.1％。这说明相比传统的资本方,拥有影响力的投资方更容易受到卖方的欢迎。在新经济企业中,这种影响力更多地体现为互联网流量。

 **本章小结**

本章介绍了两大类基本的估值方法。

第一类方法建立在定量估值基础上,包括四种主要的估值方法,第一种是现金流折现法即 DCF 法,第二种是可比公司法,第三种是可比交易法,第四种是资产基础法,即以资产负债表为基础确定评估对象价值的评估方法。此外,该类方法中还包括四种其他的估值方法,这四种方法都有一些比较明显的弊端,所以在现实操作中,并不是主要的估值方法,也没有采用这些方法来进行并购交易对价的决策。该类

视频 4-10 第 4
章小结

估值法中,现金流折现法最为主要、最为核心,相对优势也最大,其原因在于并购时不仅要对公司进行估值,以此决定交易对价,更重要的是也要清楚企业价值的利益驱动因素,同时,对企业的风险因素还要做一些稳健性分析和敏感性分析。现金流折现法中,所有的估值都是基于企业的基本面,对未来的现金流、资本结构、资本成本、贴现率进行预测。这一方法能够考虑到很多细节,能把企业并购之后将产生的协同效应等信息反映到估值中,因此,该方法具有非常大的优势。当然,由于现金流折现法要对未来的一些情况进行预测和预判,具有很大的主观性和随意性,也并非尽善尽美。

第二类方法建立在定性与定量相结合基础上,包括商业模式估值分析法、实物期权估值和新经济企业估值法。商业模式估值分析法是并购估值中定性分析的主要方法,也是产生溢价或商誉的主要原因。实物期权估值适用于那些难以准确预测协同效应的并购情形,其实质是把企业的并购机会看作看涨期权。新经济企业估值法适用于那些区别于传统企业,以流量产生价值的新经济企业。

在对企业进行估值中,要注意以下六个估值规则。

1. 像投资者一样思考

要展望未来,而不是沉迷过去;要关注经济现实;要懂得因承受风险而获得回报的道理;要相信时间就是金钱的价值创造真理;要牢记"机会成本"。

2. 了解四种价值的关系

内在价值(DFC):是理论上最恰当的估值,但需要 5～10 年未来现金流的预测,而这往往容易出现分歧,并且一个微小变化就会造成相当大的价值差异。

相对价值(可比交易分析):同类公司 P/E、P/B、P/S 和 EV/EBITDA 都是实际发生的真实结果。但需要注意相对价值依赖于过去的业绩记录和目前的价格,而投资者更应着重公司的未来。

收购价值(公开上市可比公司分析):具有真实客观性;但收购定价有可能是对市场炒作的回顾,而不是基于基本面的分析方法。

杠杆收购价值:价值基于债务偿付和股本投资回报,相当于最低出价。

3. 内在价值无法观察而只能估计

4. 当价格与内在价值不一致时,就存在价值创造的机会

5. 要善于运用内在价值估计值寻找关键的价值动因与判断

6. 要批判性地思考;谨慎地测量

最优估值方法则是定性分析和定量判断相结合,以"市场公允价值"为基础,使用不同的估值方法从多个角度逼近"真实价值",最后再加上协同效应的价值。在估值过程中,细分项目可能需要运用别的估值方法。例如顺丰借壳上市案例中,在用资产基础法估值时,常规的资产或负债项目可以参考账面价值来估值,但是对品牌、域名等无形资产进行估值时,由于无形资产无法通过账面价值体现,就需要通过收益法来进行估值。此为"资产基础法＋收益法"的组合使用。

所有的估值过程其实都是一种动态博弈。原因在于估值都是买卖双方谈判出来的。资产评估机构的评估结果是第三方的结论,这一结果只有买方和卖方都觉得合理才会成为最后的交易价格。如果买方或者卖方不接受这个估值,就需要通过并购谈判调整交易价格。表 4-27 为对前述几个真实的估值案例的总结。

表 4-27　对前述几个真实的估值案例的总结

案　例	估值方法	增值率/%	估值方法	增值率/%	最终采用
360 借壳上市	资产基础法	22.72	收益法	278.50	收益法
格力收购银隆	市场法	288.78	收益法	234.37	收益法
上海电力收购江苏电力	资产基础法	40.33	收益法	3.47	资产基础法
顺丰借壳上市	资产基础法	46.58	收益法	209.78	收益法

 综合训练

1. 什么是现金流折现法？其优缺点是什么？

2. 什么是可比公司法？其优缺点是什么？

3. 什么是可比交易法？其优缺点是什么？

4. 商业模式估值分析法、实物期权估值和新经济企业估值法的含义及其优缺点是什么？

 即测即练

第5章

控制权设计与争夺

本章学习目标

1. 掌握什么决定了企业控制权分配。
2. 掌握公司有哪些反恶意并购的策略。

5.1　企业的控制权

5.1.1　控制权与企业投融资

　　并购市场又称控制权市场,市场上并购交易的内容实际上是企业的控制权。并购交易中,买方公司的购买行为本质上是一种投资,希望以投资资金或者股权换取目标公司的控制权。目标公司的出售行为实质上是一种融资,希望通过出售一部分资产或者股权获取资金的注入。在此过程中,买方公司总是希望能够获取控制权,卖方公司则希望能够保卫

视频 5-1　企业的控制权

自己的控制权。因此,对控制权的考虑是一个非常重要的因素。如何获取控制权,或者如何保卫控制权,就是并购交易很重要的一个组成部分。

　　要想拥有一个公司的控制权,或者保持一个公司的控制权,一个最简单的方法就是增加股权,因为控制权和股权之间基本上是一一对应的,如果股权增加,控制权相对而言也会增加。股权分置改革后,很多大股东的持股比例都有所下降,此种情况下,很多大股东非常担心他们的控制权会流失,而从二级市场上购买股票这一简单的办法就可以改变局面,因为增持股票,能够增加大股东的持股比例,从而保持对公司的控制权。如江淮汽车股改完成后,大股东安徽江淮汽车集团持股比例由50.88%急跌至19.77%,江淮汽车大股东先后多次从二级市场增持股权。至2006年6月其持有江淮汽车的股份达到29.70%。再如美的电器完成股权分置改革后短短2个月时间内,美的电器大股东美的集团从二级市场增持1.48亿股,对美的电器的持股比例由股改完成时的23%提升到46.4%。

特斯拉公司(Tesla)的股权结构见表 5-1。

表 5-1 特斯拉公司的股权结构

股 东 名 称	持股数量	持股比例
5% Stockholders		
Elon Musk(1)	38 658 670	20.8%
Baillie Gifford & Co. (2)	13 826 979	7.6%
Capital Ventures International(3)	12 134 541	6.7%
Capital World Investors(4)	10 739 283	5.9%
Named Executive Officers & Directors		
Zachary J. Kirkhom(5)	45 925	*
Jerome Guillen(6)	87 064	*
Andrew Baglino(7)	31 010	*
Robyn Denholm(8)	165 107	*
Ira Ehrenpreis(9)	138 873	*
Lawrence J. Ellison(10)	3 019 445	1.7%
Antonio Gracias(11)	426 475	*
Stephen Jurvetson(12)	55 476	*
Hiromichi Mizuno	—	—
James Murdoch(13)	64 262	*
Kimbal Musk(14)	161 825	*
Kathleen Wilson-Thompson(15)	23 971	*
All current executive officers and directors as a group	42 878 103	23.0%

表 5-1 显示,Elon Musk 持股 20.8%,是特斯拉公司最大的股东(信息来源时间:2021 年 2 月)。

增加股权的方式主要有以下三种:一是控股股东购买。控股股东有足够资金的情况下,自己出资购买其他股东所持有的股权,这是最直接也是最常见的增加股权的形式。二是公司回购。公司以协议价格回购自己的股权,公司回购后可以注销该部分股权。但是由于法律规定可以这么操作的情形非常有限,所以这种方式比较少用。三是公司减资。回购股权往往需要大量的资金,若公司或其控股股东缺少足够的现金,也可以采用减资的方式退回部分股东的出资,直接减少某位股东的股权,但是由于减资只能减去注册资本以及未分配的利润或者资本公积金,无法解决溢价投资的问题,所以在实践中使用有一定难度。

5.1.2 控制权与股权

大股东是否一定能够拥有公司的控制权,或者对公司的控制权和持股比例是否完全一致？并不尽然,大股东并不一定总能够拥有公司的控制权。企业的控制权的归属,不仅取决于每一个股东持有股份的数量,还取决于股权的结构。因此,企业的控制者就应考虑如何设计股权结构,以此来保卫公司的控制权。大股东或控制者可以通过一些股权结构的设计,以相对较低的持股比例来控制整个企业。

📖 **案例 5-1** 小肥羊的股权结构设计之路

小肥羊的案例是一个很经典的不断通过股权结构设计保住创始人控制权的案例。小肥羊是一家经营火锅店的餐饮公司,成立于 1999 年 8 月,创始人为张钢和陈洪凯,他们创立了第一家小肥羊火锅店。从成立后到 2001 年这段时间,小肥羊的发展非常迅速,两位创始人不断进行扩张,在扩张的过程中需要引入很多投资者,两位创始人的股份会被稀释。在这种情况下,创始人就要思考如何设计小肥羊的股权结构,以使他们对公司的控制权不变。图 5-1 为 1999 年 8 月小肥羊中国成立时两位创始人持股比例。

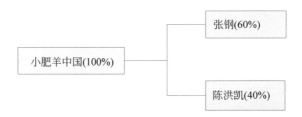

图 5-1　1999 年 8 月小肥羊中国成立时两位创始人持股比例

1. 引入一致行动人

公司成立时,张钢占 60％的股权,陈洪凯占 40％的股权,但是随着发展其所持股权会被稀释,因此,他们需要通过设计小肥羊的股权结构,以保住其控制权地位。由于企业发展需要募资,而募资就会增加投资者,增加了投资者之后,创始人的股权会被稀释。到 2002 年底,每人的股权都几乎被稀释了一半,张钢的股权被稀释为 33％,陈洪凯的股权被稀释为 23％。引入的投资者中,一名投资者李旭东持有 13％的股权,其他的投资者共计持有 31％的股权。2002 年底小肥羊中国各股东持股比例见图 5-2。

此时,张钢和陈洪凯两人共计持有 56％的股权,略微超过 50％,但没有超过很多,因此,二人的控制权实际上已经受到一定的威胁。如果想要

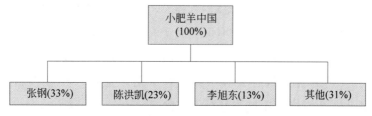

图 5-2　2002 年底小肥羊中国各股东持股比例

进一步发展,就需要引入更多的投资者,二人的股权就会进一步被稀释,甚至持股比例可能会低于 50%,这将使他们的控制权受到很大威胁。于是他们引入李旭东这样一个被动的投资者,相当于一个财务投资者或者一致行动人,要求李旭东在公司的股东会上的所有决策都要同张钢和陈洪凯二人保持一致,李旭东实质上是张钢和陈洪凯的一致行动人。李旭东占 13% 的股权,加上张钢和陈洪凯 56% 的股权,三人的持股比例远远超过 50%,这就为张钢和陈洪凯进一步募资、引入更多的投资者打下基础。

接下来二人确实引入更多的投资者。到 2005 年 12 月,张钢和陈洪凯加起来的股权实际上已经被稀释为不到 50%。但是由于李旭东的存在,算上李旭东的股权,二人总体能控制的股权达到 51.91%,仍然高于50%,依然能够实现对小肥羊绝对控制权的掌握。2005 年 12 月小肥羊中国各股东持股比例见图 5-3。

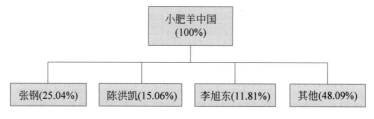

图 5-3　2005 年 12 月小肥羊中国各股东持股比例

2. 引入 VC 融资

接下来企业进入需要考虑上市的发展阶段。在上市之前企业计划引入 2 500 万美元的风险投资资金,投资的金额比较大。如果以目前小肥羊的股权结构来引入风投资金,势必会动摇张钢和陈洪凯的股权绝对控制权的地位。因此,二人进行了进一步的股权设计,一方面要满足引入风投资金的融资需要,另一方面也要防止控制权转移到其他股东手里。首先,他们注册了一家离岸公司小肥羊 BVI,把小肥羊中国的资产转入 BVI

公司,这也是为上市做准备。此外,还注册了两家新的公司:柏瑟维
(Possible Way)和彼琳意(Billion Year),柏瑟维主要注入张钢、陈洪凯、
李旭东和另外 7 名股东的资产,彼琳意则主要注入其他 39 名股东的资
产。其具体操作实际上是把 BVI 公司作为一家目标公司来引入风投资
金。在这一股权结构中,张钢、陈洪凯和李旭东三人的股权实际上可以绝
对控股,柏瑟维占 BVI 公司 61.28% 的股权,所以柏瑟维可以完全控制
BVI 公司。通过这样的一个股权架构的设计,小肥羊中国成功通过将
VC 资金注入 BVI 公司的方式引入 VC,BVI 公司的大股东是柏瑟维,而
柏瑟维又在张钢和陈洪凯的控制当中,特别是张钢和陈洪凯的股权,加上
李旭东的股权,远远超过柏瑟维股权的 50%。因此,通过这一架构,张钢
和陈洪凯就可以控制整个小肥羊公司。两位创始人股权稀释后实际持股
比例仅有 26.88%[(25.5%＋18.36%)×61.28%],但仍然间接实现了
"绝对控股"。注册离岸公司后小肥羊公司的股权结构见图 5-4。

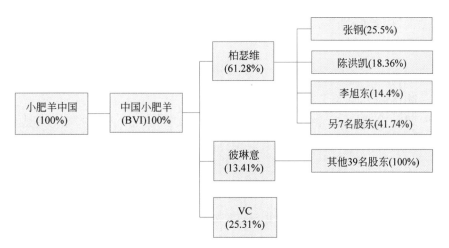

图 5-4 注册离岸公司后小肥羊公司的股权结构

之后小肥羊进行了 IPO 上市,图 5-5 为小肥羊 IPO 上市之后的股权
结构。

3. IPO 上市

IPO 上市进一步引入更多的投资者,引入更多的股东,这意味着目前
股东的股权会进一步被稀释,所以两位创始人又设计了另外一种股权架
构。他们注册了小肥羊开曼公司,用来吸收 IPO 的公众投资者股东,以
小肥羊开曼公司作为上市公司,将小肥羊 BVI 的资产转入开曼公司,而
小肥羊中国的资产在 BVI 公司当中。对于小肥羊开曼公司,其大股东还

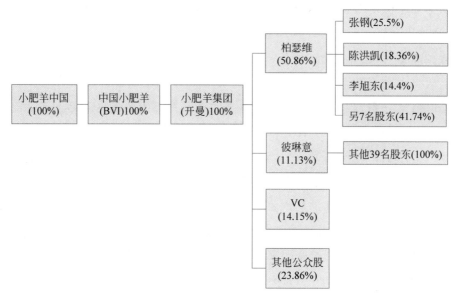

图 5-5　小肥羊 IPO 上市之后的股权结构

是柏瑟维,虽然柏瑟维的股份进一步被稀释,但还是在 50% 以上,柏瑟维的主要控制者仍为张钢和陈洪凯,因为张钢和陈洪凯可以通过一致行动人李旭东来控制柏瑟维的股权,而掌握柏瑟维的控制权之后,就可以通过柏瑟维来控制小肥羊开曼。

因此,通过这一整体股权架构设计,两位创始人一方面引入更多的投资者,成功募集了很多资金,另一方面牢牢掌握了整体小肥羊的控制权。如果单纯计算张钢和陈洪凯二人在小肥羊上市公司的股份,所持股份数额实际上非常低,不过这并不影响二人通过上述股权结构的设计,仍然控制整个小肥羊集团。由此可见,对于股东而言,单纯持股数量的高与低,并不一定能够决定对企业的控制权,企业的控制权不仅取决于企业股东持股数量的多少即绝对持股比例,还取决于整个企业股权结构的设计。创始人股东虽然持股绝对数量并不是很多,但通过股权结构设计仍然能够牢牢掌握公司的控制权。

小肥羊是一家典型的民营企业,其控制人往往一方面希望通过融资募资引入更多的投资者,另一方面又希望在此过程中自己的控制权不会被动摇。在这种情况下,创始人会引入一致行动人,该一致行动人是和大股东共同行动的一致行动人。

案例 5-2 蚂蚁集团拟上市之前的股权结构——有限合伙人架构

马云成立了云铂公司(2020 年 8 月之前由马云一人 100%持股),然后用云铂公司作为普通合伙人也就是 GP,与其他有限合伙人 LP,分别成立了君洁合伙企业、君济合伙企业,由云铂公司作为执行事务合伙人,也就是云铂公司说了算;再由君洁合伙企业、君济合伙企业作为有限合伙人,与普通合伙人云铂公司分别成立了君瀚合伙企业、君澳合伙企业,仍由云铂公司作为执行事务合伙人;最后再用君瀚合伙企业、君澳合伙企业与阿里巴巴以及其他 29 个股东一起成立蚂蚁集团。其中君瀚合伙企业占股 30%,君澳合伙企业占股 21%,由此马云掌握的股权已经达到 51%,具有绝对控制权。马云用 2%左右的股权就掌控了蚂蚁集团。而云铂公司的注册资本只有 1 010 万元,等于马云用 1 000 万元的资金就撬动了一个万亿元市值的金融帝国。蚂蚁集团拟上市之前的股权结构——有限合伙人架构见图 5-6。

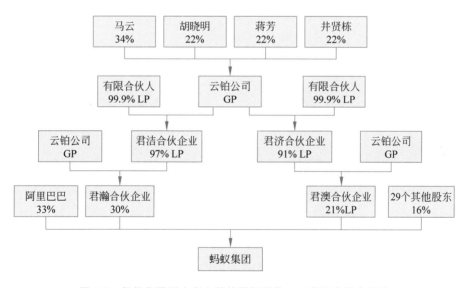

图 5-6 蚂蚁集团拟上市之前的股权结构——有限合伙人架构

马云为什么要设立多个合伙企业,还要在合伙企业里面嵌套合伙企业呢?其原因是为了方便合伙人进入和退出。把不同类型的合伙人区分开来,放在不同的合伙企业里面,在合伙人进入或退出时可以降低合伙协议的复杂程度和难度系数,避免法律纠纷。有限合伙人架构的另一个优势是可以提高决策效率,普通合伙人可以直接处理合伙事务,不用像公司

公司并购与重组

一样要经过董事会、股东会等程序。

案例 5-3 首钢股份

在一些情况下，并非一定要与大股东一致行动才称为一致行动人，一些机构投资者及其他的股东之间也可以一致行动，形成一致行动人。

首钢股份是一家国有企业，国有企业的大股东通常是政府，政府持股情况下，通常股权集中度非常高，这种现象在混改之前尤为明显。因此，国有企业对于引入一些其他的投资者，往往都会有所顾虑，担心其他的机构投资者可能联合起来形成一致行动人，在一定程度上对抗、监督或影响大股东。在首钢股份的案例中，首钢集团的大股东是北京市国资委，其上市公司是首钢股份有限公司，母公司对上市公司的持股比例将近 80%，非常之高，大股东相对于其他的投资者，具有非常强势的地位。这种情况下，如果在首钢股份目前的股东当中，前十大股东中有 6 名联合起来形成一致行动人，虽然他们所有的股份加起来仍不足以跟大股东抗衡，但也占到了流通股的 30%，对二级市场的股票价格的影响非常大，也可以对大股东形成一定的制约和监督。可见，一致行动人可以与大股东联合一致行动，其他中小股东也可能会联合起来形成一致行动人，同大股东进行博弈。

由此可见，股权的设计非常重要，不仅与每一个股东持股数量相关，还与股权结构整体设计相关。

5.1.3 控制权与超额投票权

除了股权外，控制权另外一个很重要的决定因素是投票权。投票权是直接影响企业的各种经营决策以及重要的人事任免的一种权利。创始人或大股东也可以对投票权进行设计，通过不同的投票权设计，获取或者保卫控制权。例如在设计不同类型的投票权后，创始人可能会拥有特殊的投票权，如经常提及的美国市场上的 A 股和 B 股，创始人股份拥有超额投票权，一股对应 10 份投票权、20 份投票权甚至更多。普通的投资者所持股份则是一股对应一份投票权。也可以把所有股东分成不同的类型，每一种类型的股权和投票权对应的比例并不一样。通过这样的股权设计，就能掌控公司控制权的归属，而不简单是持有更多的股权就一定拥有绝对的投票权。

178

实践中,很多高科技公司、互联网公司都选择发行不同类型的股票。百度发行了 A 股和 B 股,A 股是普通投资者拥有的股票,一股享有一份投票权,B 股是一些创始人所持有的股票,一股享有 10 份投票权,如李彦宏及其团队,一股对应 10 份投票权,这样即使创始人团队并没有拥有很多数量的股权,由于享有超额投票权,也能牢牢掌握公司的控制权。国内的高科技公司、创业公司,之所以选择美国证券市场上市,一个很重要的原因就是美国允许超额投票权,后来我国香港也允许发行享有超额投票权的股票。再如 2017 年 3 月 2 日在美国纽交所上市的 Snap 推出了三重股权结构股票。A 类股票没有投票权。B 类股票每股具有一份投票权。C 类股票每股具有 10 份投票权。分享全部 C 类股票的两位联合创始人共同拥有公司 88.6% 的投票权。2019 年中国推出的科创板,也开始允许企业采取包含超额投票权的股权架构的公司治理设计,这是保护创业公司创始人控制权非常有效的一种机制。

近年来涌现出一些非常成功的创业公司,从小公司发展成为规模非常大的公司,在这一过程中,企业要想实现快速发展,必须不断融资,而融资是一把双刃剑,一方面可以帮助企业募集到发展资金;另一方面也会稀释大股东的股权,甚至动摇大股东的控制权。此种情况下,很多大股东就要考虑如何在引入更多的投资者和资金的同时,能够保持自己对公司的绝对控制权。

5.1.4 控制权与否决权

否决权也是一个非常重要的影响控制权的因素。最典型的例子是刘强东在京东拥有绝对的否决权,甚至在公司的章程上写明,如果董事会跟刘强东的意志不合,就不能够执行决议。

📚 案例 5-4 京东控制权设计机制

京东是一个比较极端的案例,刘强东总体而言是一个非常强势的创始人。京东上市前后,刘强东虽然持股比例并不高,但他通过设计一系列的机制,牢牢地把握住对京东的控制权,刘强东通过以下方式保卫自己的绝对控制权。

首先,京东如百度一样,设立了双重的投票机制,京东上市时,规定普通的股东一股一份投票权,但是刘强东及其管理层团队是每股 20 份投票权,比例是 1:20,是百度 1:10 的 2 倍,因此,刘强东可以用相对少的股权支配很多的投票权。另外一个很重要的措施是控制京东的董事会。根据协议,京东的董事会成员为 9 人,Best Alliance、Strong Desire 以及 DCM 这些机构投资者分别有权任命一名董事,刘强东及其管理层团队有权任命 5 名董事,并且有权任命董事会主席,他们拥有董事会 50% 以上的席位。

其次,在公司治理的架构中,董事会居于管理层之上。刘强东只要能够控制董事会,就能控制公司重要事项的决策权,控制董事会的方式是控制董事会的董事人选,因为董事由谁选任,自然听命于谁。后来京东进一步发展,引入腾讯入股京东 20% 的股份。腾讯也是一家规模很大的公司,其入股 20% 会对京东的控制权产生比较大的影响。刘强东为了使得融资能够顺利进行,又不至于动摇自己的控制权,做了很多工作。

刘强东的第一个做法是给自己突击发股票,突击发股票需要董事会做决策,但是董事会实际上是刘强东自己控制的董事会,相当于自己决策突发股票,其目的是增加自己的股权。但仅通过股权激励增持股份,刘强东觉得还是不够,原因在于该方法作用很有限,一方面再增持股份会产生稀释效应,另一方面个人认购也需要成本。刘强东的第二个做法就是剥夺其他股东的投票权,他要求其他 11 家投资者成为他的一致行动人,由他代持这 11 家投资者的投票权。如此,刘强东无须用太多成本,就可以获得更多的投票权,就能更好地保证自己对京东的控制权。刘强东的第三个做法是设定 A 股和 B 股。普通的投资者一股一份投票权,但是刘强东及其管理层团队一股对应 20 份投票权,通过这一方式,他们可以拥有更多的投票权。而后腾讯入股京东时,腾讯也放弃了自己的投票权,把自己的投票权交给刘强东,这使刘强东拥有了对京东绝对的控制权,而且为京东在未来进一步融资、引入更多的资金打下了一个非常好的基础。由于刘强东拥有非常高的绝对投票权,也掌握了非常高的控制权,即使将来引入更多的投资者,或者腾讯再增持股份,也不会影响到刘强东的控制权。通过这一案例可见,刘强东几乎使用了所有的方式,如通过发行类别股 A 股和 B 股、设置超额投票权、形成一致行动人,以及控制公司的董事会等各个层面的全面设计,来保卫自己的控制权。

除此之外,刘强东在京东还拥有绝对的否决权。如刘强东在美国卷入刑事案件后,京东本应紧急召开董事会,来讨论如何解决刘强东这一事件造成的负面影响,但是根据京东章程规定,如果刘强东不在场,或者是他出于身体原因无法参加董事会会议,会议即不能举行。然而此时刘强东的身体并没有出现问题,只是遇到了一些刑事上的麻烦,但基于章程上述规定,京东无法召开董事会,这还作为新闻报道出现在《华尔街日报》上。另外,京东章程还规定,任何违背刘强东意愿的决定都不能生效,这说明刘强东对公司的决策有绝对的否决权。

5.1.5 分类投票权

如果投票权和表决权总是与股权保持正相关,小股东的声音就总是无法得到体现,小股东的利益就无法得到保障。为了保护中小股东的权益,一些公司设立了分类投票机制,规定对于一些重要的事情,大股东和小股东分别投票,而且必须通过大股东 50% 以上的表决权同意、小股东50% 以上的表决权同意,最后才能够执行。通过分类投票,小股东能够拥有真正发出声音的机会,能够真正参与公司治理。

分类投票的主要作用是保护少数股东的权益,因此对于一些重要的事情,一般会采取分类投票,如在纽约州就要求两种情况需要进行分类投票:一种情况是修改公司章程,公司的章程决定了整个公司的治理架构,因此,修改公司章程通常都是因为发生了一些非常重要的事情。另一种情况是兼并收购,兼并收购直接关系到公司的未来,关系到股东的权益和财富,因此也非常重要。对于这些重大事件采用分类投票,一方面可以保护企业中小股东的权益,另一方面也能使决策更加有效和科学。

综上,影响控制权的一个最基本的因素就是股权的数量,通常股权的数量和企业的控制权是高度正相关的关系,但并不一定股权数量大就能够完全掌握公司的控制权。控制权的归属还取决于股权的结构。如可以通过一致行动人、财务投资者等方法来改变公司的股权结构,影响公司的控制权。此外,公司的控制权还会受到股东大会和董事会的投票权的影响。一些股权会享有超额投票权,如 A 股、B 股之分,再如一些特殊的创始人会享有否决权。分类投票权则主要用来保护中小股东权益。上述情形下,股权的数量和最终的控制权不一定是完全正相关的关系。因此,最终公司控制权的归属取决于股权的数量、股权结构、不同的投资者与创始人股东在股东大会和董事会当中的投票权以及投票的形式等多种因素。

5.2 保卫控制权之事前防御策略

反收购策略,也即控制权争夺战。在很多恶意并购中,目标公司并不希望被并购,而并购公司完成并购的意愿非常强烈。这种情况下,并购公司通常会尽量寻求获取目标公司的控制权,目标公司则想方设法抵制恶意收购。企业保卫控制权的策略可分为两类,一类为事前防御,一类为事后防御。事前防御主要指没有受到恶意并购之前,企业可以事先设计一些防御策略来预防潜在的恶意并购。事后防御主要是指企业已经受到恶意并购的威胁,采取的抵抗潜在的恶意并购的应对措施。图 5-7 为预防恶意并购的事前防御策略,大多数情况下企业会结合使用这些方式。

视频 5-2　保卫控制权之事前防御策略

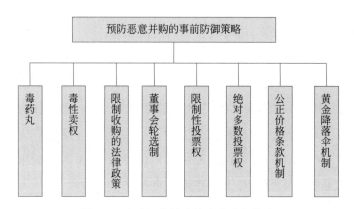

图 5-7　预防恶意并购的事前防御策略

5.2.1 毒药丸

1. 毒药丸计划及其基本形式

毒药丸实际上是公司章程中规定的一系列条款,主要指如果企业面临潜在的并购威胁,企业允许目前的股东以一个较低的、具有吸引力的价格立刻认购公司的股权,以抵抗潜在的并购。这一方式属于事前防御,即在没有受到并购威胁时,就在公司章程中进行了规定,相当于一个事前埋伏好的策略。如果目标公司允许自己的股东以一个很便宜的价格大量认购自己公司的股权,其直接结果是自己公司的资产在短期内极大增加,实际上就增加了并购公司并购的成本,并购公司要想掌握目标公司的控制权,需要购买 50% 以上的股权,其成本一定会增加,因为公司的规模变大了。此外,由于短期内目标公司增加了股权,整个公司的股权会被稀释。如果目前的并购公司想要并购 50% 以上的股权,就必须收购更多数量的股权。因此,毒药丸是一种能够抵制潜在并购的机制。

毒药丸又分为两种:一是翻转毒药丸,二是翻反毒药丸。二者的区别在于,翻转毒药丸允许目标公司在并购之前,以低于市场很多的价格去购买自己公司的股权;翻反毒药丸允许目标公司在并购之后,以低于市场价格很多的价格去购买并购之后的公司的股权。同样,如果章程规定翻反毒药丸条款,就使并购之后,目标公司的股东仍旧会有很多新公司的股权,仍有可能抵制潜在的并购公司获取控制权的股权,或者使其获取控制权的股权更为困难。例如,并购前目标公司有 100 万股,并购公司也有 100 万股,如果没有毒药丸规定,并购之后,每家公司都持有 50% 的股权,并购公司基本上能够获取控制权,但是一旦有了毒药丸,允许目标公司一对一地去认购目前的股份,就可以使得目标公司的总股数短期内从 100 万股增至 200 万股。因此并购之后目标公司持有 67% 的股权,而并购公司仅持 33% 的股份,并购公司仍然无法获取控制权。此时,并购公司需要付出更多的代价和成本,才能够获取公司的控制权。

2. 毒药丸计划的创新

毒药丸计划又产生了掷出毒药丸计划、掷入毒药丸计划、后端计划与投票计划等创新形式。

掷出毒药丸计划是第二代毒药丸。目标公司向公司股票持有人提供期权计划,允许股票持有人在公司被收购时以一个较低的价格(如 25%~50% 的折扣)来购买公司的股票。这种期权是作为股票红利分配给股东的,期权的授予条件是任何个人、合伙人或公司购入 20% 或以上目标公司的流通股或者收购了 30% 或以上目标公司的股权。但是这种毒药丸计划的触发条件是苛刻的,需要收购者获得公司 100% 的股权时才生效。如果收购者的目标只是获得公司控制权,而不是收购所有股权,这种计划就不起作用。

掷入毒药丸计划是第三代毒药丸。为了应对收购者只打算获得公司控制权,而并不打算收购 100% 的股权的情况,资本市场上又出现了掷入毒药丸计划。该计划就是在收购者还没有获得绝对控股权(51%)、只是获得相对控股权时就生效(一般是 25%~50%)。该计划触发之后,就允许期权持有人以很大折扣购买目标公司股权,该计划被设计用来稀释目标公司的股权。对于防止敌意接管者取得目标公司控制权的防御效果而言,掷入毒药丸计划要强于掷出毒药丸计划。在实际运作中,掷出毒药丸计划和掷入毒药丸计划经常配合使用,大约有一半的掷出毒药丸计划包含掷入毒药丸计划。

毒药丸计划还有后端计划与投票计划的创新形式。其中,后端计划又叫作支撑计划或票据购买权益计划,指的是公司给股东一个比市价略高的既定价格将公司的股票转换为等价现金或其他高级债券的期权,触发条件是潜在的收购者购买目标公司股权超过一定比例。后端计划实际上是给收购者设立了一个最低收购价。投票计划则通过发行可赋予投票权的优先股来摊薄收购者的股权,以达到反收购的目的。具体做法是公司发行优先股,当潜在的收购者在购买目标公司股权超过一定比例时就赋予优先股投票权,以减少收购方的控制权。

📖 案例 5-5　盛大收购新浪

2005年盛大收购新浪时,新浪就启动了毒药丸计划。当时盛大已经增持到19.5%的股权,新浪宣布如果盛大及其关联方再多收0.5%以上的股权,就意味着达到了20%以上的股权,那么将使得毒药丸计划实施,允许目前公司除了盛大以外的股东,以半价购买新浪的普通股股票。这就使得新浪的股权短期内增加很多,给盛大进一步收购控制权带来较大的困难,而且此时,虽然盛大已经收购了将近20%的股权,但一旦其他股东增持股票,这20%的股权就会被稀释。这样,盛大收购新浪获得控制权的计划,注定不会成功。

📖 案例 5-6

毒药丸计划实施可以很灵活,如可以与企业的高管激励薪酬机制联合使用,很多上市公司或大公司都会对高管采取一些激励机制,这些激励机制不仅可以使高管更好地为企业工作,一些情况下,甚至可以帮助企业打消潜在的并购计划。如伊利公司向高管发行了很多期权,期权本身并不具备控制权,只有行权后,期权变为股权才有控制权。期权的这种行权的可能性,可以帮助企业抵制潜在的并购方。为防范企业高管立即行权变为股权,再卖掉股权,难以对企业高管产生长期的激励作用,伊利的股权激励计划规定,企业高管获得期权后,正常情况下不能够马上行权变现为股权,必须持有一定时期。因此,对于高管的激励薪酬都有时间规定,如 3~5年,通过长期的激励,能使经理人长期为企业勤勉尽职工作。

另外,当一家公司的期权转换为股权,相当于增加了市场上的公司股票数量,对股价并不是一个利好消息。因此,通常企业发行期权都有一定节奏,而且不希望高管拿到期权之后很快变现为股权,但是一旦企业受到并购威胁,为帮助企业抵制潜在的并购,行权可以很大程度上不受比例限制。如伊利规定,一般情况下首次行权不得超过 25%,其余可以在首次行权一年以后行权,这实际上拉长了行权的时间,但是如果企业面临收购的威胁,允许一次性行权,高管可以行权 90%,剩余在三天之内行权。也即,这些高管持有的期权可以在短时间内转变为增持的股权,用来保卫公司的控制权。恶意并购意味着公司的高管不同意并购,所以高管会愿意通过行权的方式,在短时间内增持股权,以抵制潜在的并购威胁。

5.2.2　毒性卖权

毒性卖权与毒药丸类似,毒性卖权主要针对债权人。一家企业可能进行了很多债权融资,债权融资都对还本付息的时间有所规定。当企业需要归还本金时,企业就会有很大的现金流流出,就可能面临财务风险和流动性风险。因此,企业可以事先进行埋伏,规定如果企业受到恶意并购的威胁,可以允许他的债权人提前要求还本付息。这一策略相当于一种自残行为,会使企业立刻面临财务风险。而并购交易,特别是股权并购中,通常股权和债权一并从目标公司转移到了并购方,由于并购方在并购后需要立刻还本付息,就会立即面临很严重的资金流动性压力。因此,毒性卖权策略能够使目标公司对潜在的并购公司的吸引力极大程度上降低,甚至有可能使并购公司取消并购计划。

5.2.3　限制收购的法律政策

目标公司可以利用限制收购的法律政策来防御恶意收购。美国一些州的法律不允许恶意并购,如果被并购公司不同意就不能进行并购交易,此制度即商业合并法(Business Combination Law)。选择把企业注册在这些州,就会受到该法律制度的保护,如俄亥俄州、宾夕法尼亚州都有这样的政策。这就相当于有些企业专门在一些经济开发区注册,希望能够享受当地的政策以及当地的税收优惠等。同样,企业如果不想被恶意并购,可以把公司注册在有这些法律规定的州。

5.2.4　董事会轮选制

董事会轮选制是另一种抵制恶意并购的防御机制。京东的案例说明,管理层要想掌握公司的控制权,就要控制公司的董事会。如京东董事会有9名董事,其中刘强东及其管理层团队有权提名5名董事,占比50%以上,就能够控制董事会,进而控制公司。有些公司设立了轮选制的董事会,即把董事会分成3组或4组,每年只能更换一组。如果轮选分为3组,每年只能更换一组人选,整个董事会的人选全部更换则至少需要长达3年时间。很多并购公司希望能够立即获得公司的控制权,长达3年才能将董事会所有成员完全更换为自己的人选,才能够获得控制权,对于并购方而言,时间成本太高,因此,目标公司对并购公司的吸引力就会下降,从而起到抵制并购的效果。实际操作中,董事会轮选制十分常见,形式也多种多样。如阿里巴巴将11名董事分成3组,美的也是分成3组,每次更换不能超过1/3。再如中视传媒的轮选制规定在控股股东变更后,董事会调整的人数在接下来的12个月内不得超过两名。因此,董事会轮选制既可以按比例分组,每次轮换1/3、1/4,也可以规定每次更换的绝对数量,如某个事件发生后的某段时间内更换的董事不能超过两名等。伊利的公司治理机制中还规定,董事会主席必须在至少担任3年董事会成员的人员中选任,这也增加了更换主导董事会的董事会主席的难度。由此可见,在不同企业中,轮选制的具体实施十分多样化。

5.2.5　限制性投票权

公司的股权和公司的控制权之间并不总是保持高度正相关关系。企业可以制定限制性投票权的政策,即当企业的股东持有某一个标准以上的股权之后,如果再增持股票,将不能同时成比例增加投票权。例如,公司章程中规定,股东持股增至15%或者20%以上后,再增加股权,不能同比增加更多的投票权,从而也不能增加更多的控制权。这将使恶意并购者取得控制权更加困难,恶意并购也随之变得比较困难。由于目标公司的管理层通常并不愿意接受恶意并购操作,所以并购公司会直接向目标公司的股东收购股权,通过持有比较大规模的目标公司股权来获取公司的控制权。但是如果目标公司设置了限制投票权制度,并购公司即便拥有更多的中小股东的股权,也无法获取更多的投票权,从而获取控制权。

5.2.6　绝对多数投票权

通常公司章程会规定,某一议案要获得股东大会的通过,需要50%以上投票权表决同意。实践中,这一比例可以增至2/3、3/4,甚至80%。典型如阿里巴巴著名的合伙人机制,创始人马云设定合伙人机制之后同时规定,如果不同意合伙人机制,要推翻合伙人机制,要有股东大会95%以上表决权同意支持,而95%以上几乎不可能实现。由此可见,可以通过提高潜在的投票权比例以使恶意并购更难完成,从而打消潜在的恶意并购计划。如伊利规定,如果要更换公司的董事会主席,需要3/4以上的董事会成员批准,不过3/4以上的比例同阿里巴巴马云的95%以上的比例相比,要温和许多,因为95%以上的比例几乎不太可能实现。

5.2.7　公正价格条款机制

公正价格条款机制是指如果企业面临某些恶意并购,目标公司的管理层和董事会,可以向自己的股东说明,目前的价格并不是很公允,对目前的公司股东并不合适。

5.2.8　黄金降落伞机制

黄金降落伞机制是针对目前的管理层而设置的一种防御机制。通常情况下,企业被并购特别是被恶意并购后,目前的公司管理层都可能会被辞退。辞退时,新公司往往需要向目前的管理层支付很大一笔补偿金,这种补偿金相当于黄金降落伞,有助于管理层从高空坠落时不至于摔得太狠,能够平稳着陆。而黄金降落伞则意味着需要很多资金。对于并购公司而言,如果对目标公司进行了恶意并购,要辞退目标公司的全部管理层,需要支付一大笔的报酬,这也是在增加现金支出的负担。目标公司希望通过这种增加负担的方式使潜在的并购者认为并购实际上并不划算。这是黄金降落伞机制设计的思路。

在现实中,这一机制的作用并不是特别有效。一方面,并购标的支付对价和付给目标公司管理层的遣送费用相比,后者是非常小的一笔支出,其作用就非常有限。另一方面,对于潜在的目标公司管理层而言,有了黄金降落伞的保护,并购后能拿到一大笔费用,很多情况下就会愿意被并购。因此,这一方法在很多情况下,并不能够真正帮助目标公司抵御外来并购的威胁。如 2012 年谷歌收购摩托罗拉时,摩托罗拉的 CEO 就拿到了一大笔钱。诺基亚公司被并购时,诺基亚的高管也在并购后获取了很多补偿。2013 年 9 月初,诺基亚官方突然宣布微软将以 72 亿美元收购自己的设备与服务部门,其中就包括手机业务。据《华尔街日报》报道,一份由诺基亚提交给监管机构的文件中显示,CEO 埃洛普将在离开诺基亚时获得一笔 1 880 万欧元(约合 1.6 亿元人民币)的巨款,其中除了 1 460 万欧元(约合 1.21 亿元人民币)的股权奖励之外,还有工资及各种奖金总计 420 万欧元(约合 3 500 万元人民币)。

综上,应对恶意并购的事前防御机制包括毒药丸、毒性卖权、限制收购的法律政策、董事会轮选制、限制性投票权、绝对多数股票权、公正价格条款机制和黄金降落伞机制等一系列策略,其核心思想基本上都是增加恶意并购的并购方的并购成本,或者降低目标公司自身资产的相对吸引力,从而使恶意并购有可能失败。

5.3 保卫控制权之事后防御策略

视频 5-3 保卫控制权之事后防御策略

保卫控制权的事后防御策略包括简单说"不"、起诉或举报、绿票讹诈、股票回购、杠杆资本重组、焦土战术、帕克曼式防御、白衣骑士和白衣护卫等多种策略。图 5-8 为应对恶意并购的事后防御策略。

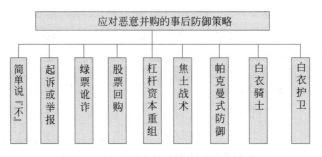

图 5-8　应对恶意并购的事后防御策略

5.3.1　简单说"不"

简单说"不"是目标公司应对恶意并购最简单的一种事后防御策略。恶意并购中,通常并购公司会先与潜在的目标公司的管理层沟通,表明收购意愿,如果目标公司的管理层不同意,并购公司接着就会与目标公司的董事会沟通,董事会再不同意,并购公司就会直接向目标公司的股东发出收购股票的要约,希望通过要约收购直接进行并购。在这一过程当中,目标公司的管理层和目标公司的董事会可以简单地向其公司的股东说明,该并购交易实际上是一个不合理的交易,并购交易对股东并不合算,希望股东不要出售自己的股票。

5.3.2　起诉或举报

目标公司还可以通过起诉或向交易所、证监会以及一些行政机构举报等方式来反击潜在的恶意并购。目标公司可以向相关机构表明潜在的并购公司可能触犯了某些法律,如触犯了反垄断法、证券法等相关规定,希望这些机构介入调查。在此过程中,目标公司一方面可以拖延时间,另一方面还可以去寻找一些白衣骑士等第三方加入,以提高并购的对价,增加并购的难度。这一方式是通过一些法律程序拖延并购的周期,最终使并购归于失败。

5.3.3　绿票讹诈

绿票讹诈实质上是目标公司和潜在的并购公司之间的一个协定,主要约定:在并购公司已经并购目标公司的一些股份、对目标公司的管理层的控制权已经造成了一些威胁的情况下,目标公司的管理层可以去找并购方协商,将并购方已经收购的股份以一定的溢价进行回购,条件是并购方不再继续进行并购,不再继续威胁控制权。在此过程中,目标公司愿意额外支出一些溢价,来补偿并购公司已经购买的股份。

5.3.4　股票回购

股票回购相对而言具有一定的自残性。公司的资本结构分为股权融资部分和债权融资部分,企业可以用一些留存收益、现金去回购公司的股票,使公司的资本结构中的股权融资比重下降,债权融资比重上升。此外,回购使用了公司的现金,会导致公司的现金流减少,也会增加企业潜在的财务风险。目标公司希望通过这样的方式,增加企业的财务风险,降低目标公司对潜在的收购公司的吸引力。因此,股票回购的方式有可能导致恶意并购最终失败。

5.3.5 杠杆资本重组

杠杆资本重组方式是指在抵御并购的过程中,目标公司可以进一步去借债,然后再去回购公司的股票。在这一方式下,一方面目标公司债务的数量和比重都会进一步增加;另一方面通过回购公司的股票使公司的股权投资进一步减少,进一步恶化目标公司的杠杆结构和财务风险,从而降低了目标公司对潜在的并购公司的吸引力,达到抵制潜在恶意并购的目的。

5.3.6 焦土战术

焦土战术的基本思路是,如果一家公司对另一家公司有并购的意图,通常是因为该目标公司具有某些特别优良的资产,或者具有一些特殊的技术,这些资产和技术吸引了潜在的并购方。在这种情况下,目标公司如果想打消潜在并购方的并购意图,可以事先把具有吸引力的资产或者技术转移到一家第三方公司。如此,该目标公司的吸引力就会急剧下降,潜在收购方就会打消收购企图。这种自我降低资产质量的做法称为焦土战术。

5.3.7 帕克曼式防御

帕克曼式防御方式的思路很简单:当目标公司受到恶意并购的威胁时,也可以向收购者发起反向收购,即在并购公司向目标公司的股东发起要约收购其所持股票的同时,目标公司同样向并购公司的股东发起收购其股票的要约,以对抗恶意收购。通常情形下,并购公司都比较强势、规模比较大、业绩比较好、资金也比较充足,而其并购的目标公司,往往规模相对更小、其他条件也相对一般。可见,使用帕克曼式防御方式来对抗潜在的并购时,通常是小公司来并购大公司,该要约的可信度、并购最终成功实现的可能性都会受到质疑。因此,实务中这种方法的使用罕见。

5.3.8　白衣骑士

白衣骑士这种方式在实务中比较常见。当一家目标公司受到恶意并购的威胁时,可以去寻找对目标公司比较友好的第三方,让其加入并购的交易中。第三方可以参与竞价,也可以参与要约收购。第三方的加入,一方面会使整个并购变得更加复杂,时间也会变得更长;另一方面,由于有更多的买方,并购的竞争性会增加,进而并购交易的价格会提高,最终实现目标公司通过白衣骑士打败潜在的并购方的目的。

目标公司之所以愿意寻找白衣骑士来助其打败潜在的并购方,是因为:一方面,由于白衣骑士会提高并购交易的成本,潜在的并购方可能会退出这个并购。另一方面,如果最后目标公司仍然决定出售公司资产,也会愿意出售给白衣骑士。毕竟并购后要进行各方面的整合,如果目标公司最终把公司出售给恶意并购方,并购之后,并购方会遣散、重组管理层,这样,并购整合后目标公司的管理层就有可能不能继续留在公司。这种情况下,目标公司的管理层会更愿意将公司出售给相对而言比较友好的白衣骑士。在许多情况下,白衣骑士可以与恶意收购方之间展开竞购战,促使目标公司在交易最终完成时获得更高的价格。赢者一般会在竞购中出价过高,这种情况被称为赢者诅咒。

实务中有很多白衣骑士的相关案例,比较著名的是宝能和万科之争。这一并购案中,万科的管理层需要对抗宝能系收购万科的控制权。最终万科找到另外一家国企深圳地铁作为白衣骑士,使之成为万科的第一大股东,这是一个利用白衣骑士方式打败潜在收购方的经典案例。

5.3.9　白衣护卫

白衣护卫防御方式是指目标公司的管理层在面临恶意并购时,并不需要寻找善意的第三方来完全并购公司的资产,仅需要第三方购买一部分股份,使第三方持有的股份和目前公司的大股东或者管理层的股份之和超过 50%,就能对抗外来的恶意并购。

白衣护卫和白衣骑士的思路很相近,二者的区别在于,对于白衣骑士,需要第三方真正加入进来,而且第三方最终可能需要整体并购目标公司成为大股东,如深圳地铁在宝能和万科之争中扮演的角色。白衣护卫的作用虽然同白衣骑士很相似,但并不需要完全并购整个公司或者是公司的控制权资产,仅需要购买公司一部分的股份,与目前管理层和大股东的股份联合在一起,形成一致行动人关系,最终彻底打败潜在的并购者。实务中,白衣护卫通常会是企业的员工持股会。公司向员工发行一些股票,员工将这些股票放在一起,形成员工持股会。通常并购后,企业都会重组,会进行人员方面的很多调整,所以并购对员工而言,也增加了很多不确定性,如并购后可能被解聘、被调整等。在这种情况下,员工也并不一定愿意接受新的股东、新的管理层,所以他们可能会愿意同目前的管理层、股东联合起来成为一致行动人。由此可见,当企业面临潜在的恶意并购时,管理层可以联合员工持股会增持股份,使管理层持股和员工持股之和能够超过 50%,从而打消潜在的恶意并购计划。实际上,白衣护卫防御涉及高风险诉讼,具体取决于交易的细节,特别是在第三方直接从目标公司收购股份并且目标公司的股东未得到任何补偿的情况下。

综上,应对恶意并购的事后防御方式主要体现了三个核心思想:第一,增加并购成本,即通过这些方式增加潜在并购公司的并购成本,增加并购公司并购的困难程度,最终使并购归于失败。第二,降低资产的吸引力,目标公司之所以会吸引恶意并购,通常是因为其拥有一些非常具有吸引力的资产、技术等资源。目标公司可以事先把这些资产、技术转移出去,这样对于潜在并购方的吸引力就会下降,从而能够打消潜在的恶意并购念头。第三,寻找一个友好的第三方来帮助自己解决恶意并购的问题。该友好的第三方可以是一家公司,愿意对目标公司进行整体并购,或者作为投资者,购买目标公司的部分股份,并且和目标公司的管理层形成一致行动人共同对抗潜在的恶意并购。

5.4 争夺控制权的其他表现形式

5.4.1 经理人如何与股东争夺控制权

职业经理人通常利用引入外部投资者、高分红政策拉拢中小股东、通过收购融资提高自身持股比例、将企业家与企业形象捆绑以及管理层依靠自身力量增持股份等方式与股东争夺控制权,使公司能够按照经理人的规划发展。

案例 5-7 董明珠捍卫控制权——管理层摆脱大股东控制的努力

董明珠捍卫控制权可谓管理层摆脱大股东控制的经典案例,董明珠动用了以下五种方式捍卫自己的控制权。

方式一:引入外部投资者

从 2007 年开始位列股东第二位的河北京海是格力集团履行股改承诺通过股权转让引进的战略投资者。值得注意的是,京海公司的股东是格力电器的 10 家区域经销商,他们的利益与格力电器管理层的决策息息相关。因此只要没有大的利益冲突和来自高层的压力,京海势必会迎合管理层发表意见。

方式二:高分红政策拉拢中小股东

格力电器一向以高分红政策受到中小投资者的追捧,自上市以来,格力累计分红 309.64 亿元,分红率 40.71%。董明珠就任董事长以来,格力分红力度更甚以往。2013 年现金分红 30.08 亿元,股利支付率40.4%;2014 年,股利支付率提高到 63.31%;2015 年虽然遭遇上市以来的营收、净利同比双下滑,但格力仍提高了分红比例,股利支付率达到71.48%。董明珠时代累计分红 255.68 亿元。享受到高分红好处的中小股东,在不涉及重大分歧时,自然都对现有管理层持支持态度。毫不吝惜的大力分红政策,在一定程度上帮助管理层得到了中小股东手中的选票。

方式三:通过收购融资提高持股比例

珠海银隆收购案中,格力电器拟向包括员工持股计划在内的 8 名认购对象定向增发 6.42 亿股以募集资金。8 名高管认购份额占总份额的44.19% 以上,仅董明珠一人就出资 9.37 亿元,占员工持股计划的39.52%。如果增发顺利,董明珠将一跃成为格力电器第四大股东,这无疑能大大提高她在格力电器的自主权和话语权。收购案搁浅后,董明珠自掏腰包,联合万达、京东等注资珠海银隆,增资 30 亿元,获得 22.388%的股权,跻身银隆前五大股东之列。随后她即促成了格力与银隆在汽车产业的初步合作,间接加强了对格力电器的控制。

方式四:将企业家与企业形象捆绑

近几年来,董明珠频繁为格力产品代言,甚至把自己的照片和寄语内置在格力手机中,这样的高调代言有利于提升企业家知名度,将个人和企业捆绑在一起。这种行为在一定程度上能使大股东背后的行政权力有所忌惮,在可能出现的控制权争夺中,才更有可能获得第三方足够的支持,才能在必要时刻召唤出白衣骑士。

方式五:管理层依靠自身力量增持股份

董明珠更是频频增持股份,自2014年3月起共买入格力股票30次。从2016年1月至2017年1月,董明珠共增持格力电器61.2万股,耗资约1239万元。从2015年三季报到2016年三季报,董明珠一直位列前十大股东之中。较高的持股比例,是取得话语权的重要保障。

5.4.2 股东会投票机制上的控制权争夺

对于公司控制权的争夺还会表现在股东会投票机制的设定上,尤其表现在大股东和中小股东对董事会董事的提名和选举权限的分配及抗衡机制的设定上。这有以下几种经常采用的方式:其一,考虑第一大股东持股比例,为其提名董事的比例设定上限。其二,通过完善累积投票制,更多代表中小股东利益诉求的董事在选举中胜出。其三,增加独立董事比例,使代表不同利益诉求的各方促成合理的公司治理制衡机制。

累积投票制是一种旨在抵消"资本多数决"弊端的重要手段,是指在公司的选举会上,实行每个股份持有者将其有表决权的股份数与被选人数的乘积作为其应有的选举权利,选举者可以将这一定数的权利进行集中或分散投票的选举办法。如某公司要选5名董事,公司股份共1000股,VC持有600股,即拥有公司60%股份;企业家持有400股,合计拥有40%股份。如果该公司董事选举的投票机制设计为直接投票制度,即一股一个表决权,则控股60%的VC就能够使自己推选的5名董事全部当选。而如果采用累积投票制,表决权的总数就成为5000票、VC 3000票、企业家2000票。从理论上来说,企业家可以使自己的2名董事当选,VC最多只能选上3名自己的董事。累积投票制见表5-2。

表5-2　累积投票制　　　　　　　　　　　　票

VC	候选人	企业家	候选人
甲	1 000	A	1 000
乙	1 000	B	1 000
丙	1 000	C	
丁		D	
戊		E	

投票机制可能面临更复杂的情况。假设甲乙丙三方,面对 ABC 三个候选董事,有如下的偏好排序:甲(A>B>C);乙(B>C>A);丙(C>A>B)。则需要考虑以下三种投票顺序:

顺序 A:第一轮投票:B、C 对决,B 胜;第二轮投票:A、B 对决,A 胜。

顺序 B:第一轮投票:A、B 对决,A 胜;第二轮投票:A、C 对决,C 胜。

顺序 C:第一轮投票:A、C 对决,C 胜;第二轮投票:B、C 对决,B 胜。

可见,不同的投票顺序会产生不同的投票结果。

📖 案例 5-8　马云对阿里董事会的精妙设计

马云对阿里董事会的精妙设计体现在如下几个方面。

1. 董事提名规则

董事的提名权归阿里合伙人、大股东软银和提名与公司治理委员会等三个主体。阿里合伙人有权提名过半数董事,并使该董事尽可能分布在任职时间期限不同的各组董事中。阿里合伙人属于公司管理层群体,只能提名执行董事和普通非执行董事。软银持有阿里巴巴股份不少于15%时,拥有提名 1 位董事的权利。孙正义是软银提名的董事,被给予特别的董事会知情权。余下的董事由提名与公司治理委员会提名。这样,中小股东只能通过提名与公司治理委员会提名董事。

2. 董事任命与解聘规则

首先,阿里股东虽然可以在股东大会上拒绝任命某一方提名的某一具体董事人选,但是不能阻挡该方按其自身意志安排其他人选接替其实际出任董事,直至下一次股东大会。这在一定程度上解决了"合伙人提名,股东会拒绝,合伙人再提名,股东会再拒绝"的僵局无解问题。

其次,阿里合伙人提名或任命的董事只能由阿里合伙人解聘,软银提名或任命的董事只能由软银解聘,公司董事会和提名与公司治理委员会提名或任命的董事由其提议方以多数票同意方式解聘。

3. 独特治理的可持续性

阿里上市时,阿里合伙人制度包含全体合伙人大会和合伙人委员会两层决策结构,都按一人一票规则决策。每年选举新的合伙人,最后由全体合伙人以过 75%赞成票选举产生新的合伙人。合伙人委员会由 5 位成员组成,目前是马云、蔡崇信、彭蕾、张勇和井贤栋。合伙人委员会成员任期三年,可以任职多个任期;每三年选举一次,每次选举的候选人由合伙人委员会提出。只有马云与蔡崇信为永久合伙人。

章程中有关阿里合伙人董事提名权的相关条款修改需要出席年度股东大会的股东投票权95%的赞同。阿里合伙人制度的合伙人可以动态调整,可以包含更大的管理层群体。

截至2020年7月,马云持股降至4.8%,他还能控制阿里吗?

 本章小结

本章主要讨论了两个主要问题:一是如何获得控制权,二是如何保卫控制权。并购涉及投资和融资,通常会产生控制权争夺战。企业应掌握如何采用相应的战略措施来获得控制权或者保卫控制权。获得控制权

视频5-4 第5
章小结

的一个最主要的方法是增持股权,通常股权越多,获取控制权的可能性就越大。但是仅仅增持股权远远不够,企业的控制权不仅取决于不同投资者的绝对控股的股权数量,还取决于整体的股权结构设计,以及董事会、股东大会等公司治理机制的投票机制设计。企业如果希望保卫控制权,可以采取事前及事后多种防御策略,这些策略的核心思想主要有三种:第一,增加潜在的恶意并购方的并购成本。第二,降低自己的资产的吸引力。第三,寻找一个友好的第三方参与并购,帮助目标公司的管理层共同对抗恶意并购方。

 综合训练

1. 如何获取一家公司的控制权?

2. 公司有哪些反恶意并购的策略?

 **即测即练**

第6章

交易后整合

本章学习目标

1. 掌握并购后对目标公司的整合通常涉及的要素。
2. 掌握并购后对目标公司的整合在执行时应遵守的规则。

6.1 整合要素

并购交易之前,并购方通常会设想企业价值增长的空间、价值增长的驱动因素以及协同效应等。这些美好的设想最终能否实现,取决于并购后的整合过程。如果能够很顺利地完成整合,就能实现这些预期的并购动机和设想;如果最后整合过程不理想,最终并购交易虽然能够完成,但难以实现预期目标,并购仍会归于失败。因此,并购后的整合是一个非

视频 6-1　整合要素

常重要的环节,并不是在并购之后才需要思考的问题,而是在并购之前,甚至在做尽职调查的时候就需要思考的。尽职调查时,并购方需要收集很多关于目标公司的信息,通过这些信息,并购方需要考虑并购后如何来调整目标公司,从而帮助目标公司价值增长,使并购公司和目标公司可以较好进行对接,最终实现预想的协同效应。

此外,在并购的交易结构设计过程中,也要考虑如何设计交易结构,才能有助于实现更有效的整合。如中金岭南并购 PEM 公司的案例中,并购方之所以要取得目标公司的控制权,其中很重要的一个原因是为了并购后能够比较好地实现整合。整合是一个调整的过程,类似于很多人购房时会考虑,买房后如何装修、如何配置。同样,并购之前也应该考虑好将来如何整合。整合的过程往往很复杂,包括很多方面的变化,主要是目标公司方面的变化,也会涉及并购公司。这一过程涉及生产、经营、人员管理等诸多方面,需要制订包括人、市场、战略或企业结构和管理系统等各方面的整合计划。

6.1.1　人的整合

人是一家企业的核心内容,是真正帮助企业创造价值的核心驱动力。并购后,两家独立的公司变为一家公司,需要考虑将不同公司的人员管理系统和薪酬体系合理地进行统一。这一过程包含很多很复杂的内容,因为在并购之前,各家公司都有各自的管理系统和企业文化。人的整合,是关于人员的工作安排的整合,涉及裁员或者工作内容的重新安排,在这一过程中会产生很多矛盾和复杂的问题,能否处理好这些矛盾和问题,是整合能否真正成功的关键。

6.1.2　市场的整合

在并购之前,两家独立的公司都有自己的品牌,也有自己的销售渠道和销售人员。并购之后,需要进行一系列的整合。市场的整合包含品牌和销售渠道的整合,通过整合,彼此能够利用对方的市场优势。市场的整合非常重要,如果能够顺利进行,企业就能扩大销售收入、降低市场销售成本,这些都是企业并购后能够创造价值的很重要的驱动点。

6.1.3　企业战略与文化的整合

企业文化虽然是软性的企业治理机制,但也非常重要。如果不能非常好地进行企业文化整合,并购后,两家公司之间的矛盾会非常大。例如,多年前,很多外国公司到中国来投资,并购中国的企业,包括一些国有企业。在这种情况下,两家公司的文化整合就至关重要。因为并购之前,西方跨国公司和中国公司,特别是一些国有公司,理念差别非常大。如果不能有效地进行整合,买方公司和卖方公司在并购之后会产生很多矛盾。再如商业银行和投资银行,虽然二者都是银行,但业务差别非常大,工作的风格也极为不同。大多数从事投行业务的人需要积极争取项目、进行 IPO 等,性格都非常强势。但在商业银行工作的人,主要从事信贷业务,由于要预防财务风险以及贷款收不回来等各种各样的问题,通常会比较保守。19 世纪八九十年代,美国出现了银行并购浪潮,之前投资银行与商业银行这两种金融机构通常是分开的,但是在八九十年代,很多银行希望变成一家特别巨大的金融机构,一些大的投资银行和大的商业银行就进行了合并,但由于二者文化差别非常大,合并后产生了非常大的矛盾。如 JP Morgan Chase 是由很大的商业银行 Chase Manhattan 和很大的投资银行 JP Morgan 并购而成的,二者并购之后存在非常大的矛盾。由此可见,如何调整文化冲突和领导力的观念冲突也是整合的一个很重要的方面。

6.1.4　管理系统的整合

一是交付或运营整合。其包括流程和系统调整、技术集成,支持功能整合和工作场所、品牌等方面的整合。

二是报告系统整合。报告系统的整合包括财务系统、信息系统等各方面的系统性整合。并购之前,很多公司财务报表体系可能不一样,如一家美国公司并购一家中国公司,美国公司采用的会计准则是美国 GAAP(公认会计原则),中国公司采用中国 GAAP,各自报表体系完全不一样,并购之后就需要进行调整。除了财务之外,很多公司的管理信息系统在并购之前也不一样,并购之后也要统一,这些都是重要整合因素。

6.2　整　合　规　则

6.2.1　做好整合规划

对于并购后整合而言,建立由公司高级管理人员组成的合并委员会至关重要。合并委员会建立后,这些管理人员将整合工作委托给各个业务部门和职能部门的各个独立团队。

整合需要非常强有力的领导。并购之后,并购公司应组织一个核心团队进行整合的整体规划,由核心团队进行各个方面的整合。首先应做好整合过程的整体规划,然后在规划的基础上逐一实现整合目标。

视频 6-2　整　合规则

这其中负责并购整合的领导者扮演着多重角色。并购整合领导的多重角色见图 6-1。

6.2.2　建立整合目标

整合是一个非常复杂的过程,涉及人、财、物等各个方面。在这一庞

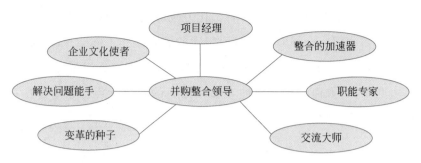

图 6-1　并购整合领导的多重角色

大而复杂的操作过程中,很重要的一点是将各个方面的整合进行优先级排序。如要做十个方面的整合,应优先整合最重要的方面。公司并购有可能会产生多方面的协同效应、多种价值驱动因素,应首先进行最有价值的、能够最快实现整合目标的事项的整合,如此就能首先实现一部分协同效应。因此,并购方应该理顺整个整合过程的思路,把需要进行整合的事项按照优先级进行先后排序,优先整合那些能够尽快实现协同效应的事项。

6.2.3　与员工有效沟通

整合过程中,目标公司的员工可能会面临很多工作上的不确定性,如有可能会被解聘、换岗、调整薪酬或者调整薪酬结构等。很多员工知道自己的公司被并购、自己的老板被更换后,工作状态和态度会立刻受到影响。并购公司并不希望公司的变更会影响目标公司员工的工作积极性、工作热情甚至整体工作状态。因此,并购公司要想确保整个并购能够顺利进行,需要与员工进行良好的沟通,打消他们不必要的恐惧和担忧,让这些员工能够在整个并购过程当中,顺利完成他们应该完成的工作。这一点非常重要,因为当人在面临不确定性时,会产生恐惧,进而影响到工作的态度和绩效。因此,虽然员工工作态度和工作状态在并购中不可避免地会受到影响,但与员工进行有效的沟通能最大限度地减少并购所造成的负面影响。

6.2.4　重视文化冲突

整合过程中,要高度重视文化冲突以及如何将其解决的问题。这一点也非常重要,因为文化冲突会造成工作效率降低,甚至会使一些员工由于不能适应新的文化而自动离开公司。一家企业要想真正实现长期的增长，需要依靠有经验、有技术的人才。可见，并购整合的过程中，解决文化冲突问题，一方面能够提高员工工作效率；另一方面也能够真正留住企业的核心人才，让他们继续在企业中发挥作用。

6.2.5　以客户为中心

一家企业所有的现金流最本质的来源是销售收入，没有市场就没有销售收入，就不可能有利润。整合的过程也会影响到企业客户的体验和与客户相关的一些问题，因此也要高度重视客户问题，如需要清楚企业在并购之前的重要客户都有哪些，这些客户的基本情况如何，是否愿意在并购之后继续成为企业的客户等。企业并不希望整合使企业的客户因为供应商的改变而丧失之前对产品质量的信任，或者因为多年的合作关系发生了变化而不愿意继续与企业合作，从而导致损失。所以在并购过程中，还应考虑与上下游供应链的合作问题，要秉承以客户为中心的理念，确保继续维持与上下游供应链的合作。

6.2.6　进行整合风险管理

一个并购的规模越大、越复杂，风险就越高。一个小的投资即使失败，也不会造成很大的损失。而一个大的投资一旦失败，往往会产生非常大的损失。因此，风险管理也是非常重要的一个规则。并购整合过程中，会涉及很多不确定性，如何进行有效的风险管理，也是整合时需要考虑的一个很重要的因素。

6.2.7　做好并购后的交流工作

并购后能否整合成功，实现预期并购目的，还取决于并购交易双方之间是否进行了有效沟通。表 6-1 展现了并购交易中双方通过概念性的报告、董事会上的报告、公众通告、与员工的沟通等沟通类型在主要的听众、听众最主要的兴趣、沟通的关键点、目标、特殊挑战、策略等方面进行的对比和总结。

表 6-1 并购交易沟通类型的对比和总结

类 型	概念性的报告	董事会上的报告	公众通告	与员工的沟通
主要的听众	CEO	独立董事	"领航者"、投资者	经理、高级主管、普通员工
听众最主要的兴趣	是否与他的看法相符；资源配置	很好地履行监督与咨询的义务	经济上的深入了解，在此基础上建立交易意向	"自身问题"；对交易理由的说明：为什么是收购我们？为什么是现在收购？
沟通的关键点	机会、主题、收益，核心问题是战略、价值评估和设定谈判目标	一个确定的协议，核心问题是价值评估、与利益相关者的关系和战略	表明目标的信件或确定的协议，核心问题是交易条款、动机和概率	表明目标的信件或确定的协议；最后的部分是两个组织的整合计划；交易过程中坚持以客户为中心
目标	获得继续与目标公司进行谈判的授权	获得董事会对完成交易的批准	引导资本市场的反应	消除不确定性；为兼并建立支持；激励
特殊挑战	平衡分析与宣传；陈述者需要被批准并且把设想和目标联合起来	尽可能多的陈述；"带宽"的限制；疏忽和不忠诚引起的诉讼风险	尽可能少的披露；错误陈述引起的诉讼风险	应对员工的恐惧；处理兼并给员工带来的机遇与挑战。消除谣言给交易带来的混乱和对生产效率的影响
策略	将精力集中在选择设想的努力上；仔细探究不确定因素和它们的驱动力，同时加入价值评估	将精力集中在董事会利益相关者的看法和他们通常关注的风险因素上	针对"领航者"，而不仅仅是普通投资者或者其他感兴趣的团体关心的问题	建立信任。通过多种渠道处理员工关心的问题。直接领导者的干预。对谣言迅速作出反应，在沟通中采取主动

案例 6-1　成功并购整合案例

2015 年 6 月，B 公司收购了 J 公司 100％ 的股权。并购方 B 公司位于北京，成立于 2000 年，是一家专业从事导航定位技术与应用的高科技公司。2014 年，B 公司已经成为这一行业的龙头企业。并购的目标公司 J 公司位于嘉兴，成立于 1995 年，是一家专业从事微波陶瓷和卫星导航器件的研发、生产、销售的公司。

并购后的整合是一个长期的过程，B 公司为了有效地进行整合，组建了一个以目标公司董事会为主的整合执行小组，作为整合过程的领导小组。整个整合过程可以分为两个阶段。

1. 第一阶段的整合

第一阶段的整合时间大约是在 2015 年 7 月到 2015 年 10 月，也即并购之后三个月内。在第一阶段的整合过程中，主要进行了以下几项工作。

第一，对整合小组的领导团队进行确认，完善目标公司的公司治理。首先重新组建目标公司的董事会，然后聘任总经理或者其他的高管，搭建并确定了目标公司的领导团队和管理层，这样才能真正落实每一个具体方面的整合。

第二，组织召开目标公司的全体员工大会。整个并购过程会给很多目标公司员工带来不确定性，会影响目标公司员工的工作状态。为消除这些负面的影响，需要让目标公司员工尽快知道发生了什么事情，会发生哪些可能的变化，又有哪些事情将保持不变，要及时与员工进行开诚布公的沟通，使员工打消顾虑，对新的股东和管理层产生一定的信任。这一点非常重要，也是真正提高并购整合效率的关键。这一过程中，需要让员工明确如何配合并购的整个整合过程，同时也需要打消员工的顾虑，因为只有留住人才，才能提高整合效率。

第三，定期组织召开其他业务部门的整合协同会议。在组建并购整合的领导核心团队并确定董事会、总经理之后，需要将整合真正落实到市场部门、研发部门等业务部门。只有让这些业务部门尽快进行有效的整合，才能通过各个业务部门绩效的提升带来企业总体绩效的真正提升。如并购之后，将两家公司的研发部门进行整合，利用彼此的优势，产生协同效应，这样才能有更多创新，才能开发出新的产品；两家公司的市场部门则需要使并购公司与目标公司的市场人员、销售渠道和品牌管理能够尽快一起合作,这样才能提高整体销售收入。

第四,对财务系统、管理系统等制度进行整合。并购之前每家公司都有自己的财务系统,即使同为中国公司,财务报表也并不完全一样。有的公司采用直线折旧法,有的公司采用加速折旧法。可见,即便采用同一种财务体系、会计体系,不同的公司也可能采用不同的制度。

第五,统一上市公司和目标公司的品牌。本案例中,并购公司 B 公司是一家上市公司,目标公司是一家非上市公司。上市公司的品牌往往比非上市公司的品牌知名度要高。因此,在并购之后一个很重要的步骤,是把上市公司的品牌植入目标公司的产品当中,这样可以帮助目标公司打开市场、扩大销售,进一步提升销售收入。

第六,整合其他的相关事项。并购公司是上市公司,上市公司为了符合证监会、交易所等一些规章制度,整体上具有非常严谨、规范的管理体系,而目标公司是一家非上市公司,其管理体系相对而言会欠缺一定的规范性。并购之后,目标公司成为上市公司的一部分,需要调整各方面的管理体系,完善内部控制体系等,以满足监管机构对上市公司的规范性要求。这也是在第一阶段需要完成的很重要的一个步骤。

另外,上市公司的股票可以在市场上流通,上市公司经常会对核心的员工实行股权激励。通过股权激励可以使员工与企业保持长期的财富绑定关系,从而使员工更好地为企业服务。非上市公司的股权流动性很差,很难用股权作为激励机制来激励企业的核心人员、高管人员。并购之后,目标公司变成了上市公司的一部分,因此,并购公司也可以对目标公司的高管实行激励薪酬,这可以实现两个目的:第一,从激励的本身而言,高管获得激励薪酬后,其个人行为和意愿同企业的价值能够形成更好的绑定。第二,通过发放激励薪酬,特别是发放激励性的股票期权,能够增强核心员工对企业及企业文化的认同感,特别是并购之后对新的上市公司的认同感。原因在于如果这些员工持有股票,成为公司的股东,会对这家公司的认同感更强。

2. 第二阶段的整合

在这一案例中,第二个阶段的整合是在 2015 年的 10 月到 2016 年的 12 月。第一个阶段的整合是短平快的整合,解决一些很重要和很棘手的制度建设问题。第二个阶段的整合时间比较长，持续了一年多的时间。这一阶段主要是在目标公司进行短期整合后，尽快实现其日常经营常态化，并为未来的发展做好铺垫。在这一过程当中，第一是参与目标公司的月度经营讨论，解决一些还没有解决的重大的问题和危机。第二是定期审议目标公司的季度报告，规范流程管理，开展反舞弊建设和内控建设。第三是为目标公司制订未来三年的工作计划和规划，为企业长期发展进行铺垫。第四是丰富目标公司的文化内涵，促进两家公司的文化融合，使并购后两家公司都能实现更好的长期发展。

短期整合时并没有过多强调文化融合，原因在于短期内可以改变制度、技术及市场，但文化很难在短期内得到改变，需要有一定的时间潜移默化地接受新的文化，实现改变。最后推动整个公司进行常态化的管理，使并购后目标公司作为并购公司当中有潜力的一家子公司，实现长期发展。

此外，第二阶段有更长的时间和更大的空间，可以更好地进行文化的融合和改变。B 公司采取以下措施与 J 公司进行文化整合：首先，B 公司2010 年在业内提出了"共同的××公司，共同的梦想"这一重要的口号。这一发展理念和 J 公司的理念是一致的，并不冲突。并购之前，B 公司从事的业务也和导航天线等相关，其核心价值观和 J 公司的核心价值观也不矛盾。但是，B 公司是一家位于北京的国家级公司，J 公司位于浙江，相对而言是一家地区级的公司，公司理念相对欠缺一定高度。两家公司总的理念和价值观虽然较为一致，但并购后并购公司希望目标公司能将自己的理念再上升一个高度。其次，B 公司不断邀请目标公司 J 公司的高管、核心员工来北京总部参加文化交流、高管培训、年终总结大会、联欢会等活动，希望通过这些活动交流，能够将 B 公司的文化真正注入 J 公司。再次，B 公司给 J 公司的高管以及核心员工发放激励股权，通过股权激励，目标公司高管成为上市公司的股东，对公司文化、公司核心价值的认同感和思想情感上的归属感就会增加，这就使两家公司的文化能够更好地交融。可见，在整合的两个阶段当中，第一个阶段并没有过多地进行战略方面的整合，更多的精力主要放在相关行政制度方面的整合。战略的整合是一个长期的过程，其目的在于为企业将来发展进行铺垫，因此主要放在了第二个阶段。

3. 总结分析

这一并购案例的整合思路很清晰,即通过 SWOT 分析找出目标公司和并购公司于并购之后在哪些方面可以合作发展,发现战略层面的合作发展机会,并制订了三年的发展规划进行长期的战略整合。前三个月是第一阶段,主要进行制度建设,开展能进行的、容易进行的、立竿见影的整合工作。第二阶段在相对更长的一段时间内进行战略的整合和长期的规划。这样,前期为企业解决了一些短期需要解决的问题;后期制订长期的发展思路,指导企业长期的发展规划。总体而言,并购的整合比较成功,整合之后,目标公司确实提高了企业的绩效,而且加大了研发技术的投入和一些基础设施的建设力度,最终企业核心竞争力得到不断的提升。

虽然这一案例总体而言比较成功,但整合过程仍有两点不足,值得思考,在将来的工作中应该吸取这些经验教训,从而提高整合的效率。

第一,并购整合 J 公司的同时,B 公司还启动了对另外一家 H 公司的并购,由于 H 公司涉及一些知识产权的纠纷,最终 B 公司对 H 公司的并购没有通过证监会的审核,产生了一些不好的社会影响和市场影响,也给当时对 J 公司的整合带来了一些负面影响。并购公司在整合过程尚未结束时,开始了另一个并购,该并购很快就归于失败而造成了一些负面影响,导致目标公司的管理层对并购公司的信用、能力等方面产生一些怀疑的态度和负面的情绪,不利于整合过程的顺利开展。第二,任何人的时间、精力都有限,公司也一样。由于并购公司同时并购 H 公司并遇到很多麻烦,B 公司的管理层要花费更多的精力解决这些麻烦,因此减少了投入并购 J 公司的整合过程的精力,这也不利于并购之后的整合。

总结来看,本案例是一个并购之后整合非常成功的案例。通过这一案例可以了解和借鉴并购之后如何进行整合,有哪些具体的方法有助于并购之后进行有效的整合。另外,由本案例可见,整合时要注意以下两点:首先,在并购公司对目标公司进行整合的过程中,如果并购公司还在做其他的事情,这些其他的事情可能会对并购整合产生不利的影响。当并购公司要进行整合,最好能够很快进行有效的整合,完成整合后再开始别的项目。其次,在整合过程当中,并购公司留下目标公司所有的管理层,而且向其发放上市公司的股权作为激励机制。虽然目标公司的管理层由于个人没有受到影响而心满意足,但从企业的长远发展而言,这不是一件好事。因为企业要长远发展,需要吸收新鲜的血液,需要更年轻的、更专业化的人才和新鲜血液来帮助企业提高技术和经营管理水平。

6.3　组织身份不对称性与并购整合战略

首先,基于并购双方组织身份的不对称性,即运营协调程度、治理共享程度的高与低,并购后可以采取隔离型、融合型、反向吸收或合作型等不同的整合战略。组织身份不对称性所对应的整合战略见图 6-2。

视频 6-3　组织身份不对称性与并购整合战略

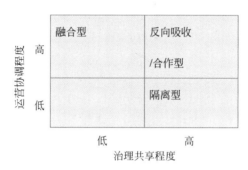

图 6-2　组织身份不对称性所对应的整合战略

运营协调程度低,治理共享程度高适用隔离型整合战略;运营协调程度高,治理共享程度低适用融合型整合战略;运营协调程度高,治理共享程度高则适用反向吸收/合作型整合战略。

隔离型整合战略适用的情形是,海外子公司拥有高度自治权,双方共享治理权和整合权,但同时,后发并购企业与新收购子公司间技术活动和日常运营的协调程度较低,双方之间处于相互隔离的状态。

融合型整合战略是发达国家企业进行收购后整合过程中最常使用的整合战略。总部对被收购企业进行高度整合,在技术活动和日常运营过程中协调程度很高,权力集中于母公司,通过"自上而下"的控制,限制了新收购子公司自治权,总部和被收购方之间在治理权与整合权的共享程度较低。

并购实践中又涌现出"运营高度协调"和"治理高度共享"共生的整合战略,分别称为合作型整合战略和反向吸收型整合战略。这两种战略下,海外子公司都拥有高度自治权,也都保留了各自的组织架构、高管团队以及组织身份,但与隔离型战略不同,并购双方寻求实现协同效应,因而沟通频繁,"有商有量"。反向吸收型整合战略和合作型整合战略的差异主要在于整合权力的主导者不同。合作型整合战略下,整合权力仍然掌握在母公司手中,由母公司来设计与安排整合过程中的制度和机制;而反向吸收型整合战略下,整合权力由母公司让渡给海外子公司,呈现出一种"由外向内""由下至上"的反向吸收。

其次,组织身份差异、并购动机的不同也会对并购后整合战略产生影响。图 6-3 描绘了组织身份差异、并购动机与并购后采取何种整合战略之间的关联关系。

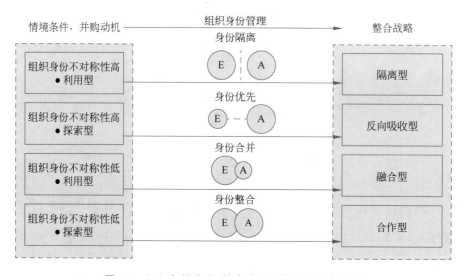

图 6-3 组织身份差异、并购动机与并购后整合战略

由此可见,在组织身份不对称性高的情境下,基于并购双方身份的相互隔离状态,并购动机一般出于并购方对目标企业某些资源的利用,即利用型的并购动机,此时会采取隔离型整合战略;如果双方身份不对称表现为并购方对目标企业的优势地位,则会在并购方的主导下,出于探索型的并购动机,采取反向吸收型整合战略。

在组织身份不对称性低的情境下,基于双方身份合并的需要,往往会因双方之间对另一方某种优势的看重,即出于利用型的并购动机,采取融合型整合战略;而基于双方身份整合的需要,则会基于以前合作接触的基础,出于探索进一步合作的空间的并购动机而采取合作型整合战略。表 6-2 为典型组织身份不对称并购整合案例。

表 6-2　典型组织身份不对称并购整合案例

案　例	组织身份不对称	并购主导动机	典 型 例 证	内部文化和惯例不对称	外部形象和地位不对称	整合类型
海尔整合三洋	高	利用型	"除了财务危机以外,三洋在行业都是非常杰出的领军者和创新者,尤其是在日本拥有很大的客户群和市场份额。而海尔尽管是全球第一大冰箱制造商和第二大洗衣机制造商,但是绝大部分归功于它拥有一个很大的母国市场,贡献了它销售量的大部分。……它在全球的知名度仍然非常有限。"(C,D,E)		+++	隔离型整合
			全球消费者认为海尔的产品是廉价的,而三洋则是高端家电的代表。(D)			
			三洋文化是固定工资、年功序列以及唯尊是从,而海尔文化是人单合一、能上能下、以用户为是。(A,E)	+++		
吉利整合沃尔沃	高	利用型	瑞典官员公开在报纸上撰文反对中国企业收购沃尔沃,称由于文化和管理理念存在巨大差异,中国人并不是最佳选择。(D)		+++	隔离型整合
			"我相信吉利汽车,当时大多数人不会去开,也不敢去开。我们13年是个穷小子,将一个80多年品牌和技术沉淀的沃尔沃揽入怀中是典型的蛇吞象案例。"(B)			
			吉利汽车在当时一直给人"低价低质"的印象,而沃尔沃则是安全、品质保障的高端车代表。(B,C,D)			
			沃尔沃强调个人利益,管理层与基层员工之间主张平等相待。吉利集团则强调层层分级,下级服从上级的观念比较突出。(C,D,E)	+++		

公司并购与重组

续表

案 例	组织身份不对称	并购主导动机	典型例证	内部文化和惯例不对称	外部形象和地位不对称	整合类型
金风科技整合Vensys	低	探索型	政府的大力支持和补助使中国的风力产业在最近几年得到了大力发展。Vensys认为金风科技可以帮助他们在高速增长的中国市场上实现其技术价值。(C,D)		+	合作型整合
			"本次并购遇到外部阻力的风险较小,无论是地方政府、供应商,还是客户都对金风科技的收购欣然接受,且给予了大力支持,都相信金风可以帮Vensys带来更好的发展。"(B)	○		
			"多年来的合作潜移默化,使我们的管理风格是相容的,外方人员非常认同(我们)企业文化和中国高速发展的市场。"(A,C)			
东华整合KOBO	低	探索型	"KOBO虽然是老牌制造企业,但是在金融危机下前景迷茫,停滞不前,急需要寻找新鲜的血液和领导来带领他们继续发展。……而东华是中国链条行业的顶尖企业,常年与林德叉车和沃尔夫合作,在德国具有一定的知名度和市场基础,自有品牌也在汉诺威工业展上展示,这都是实力的一个象征。"(A,B,E)		+	合作型整合
			"我们对行业的理解在同一个层面,价值观、对商业的理解程度比较接近。"(A)	+		

续表

案 例	组织身份不对称	并购主导动机	典 型 例 证	内部文化和惯例不对称	外部形象和地位不对称	整合类型
中联重科整合 CIFA	低	利用型	CIFA 当时是欧洲老牌制造企业,全球第三大混凝土公司,但是金融危机带来的市场萎缩和财务危机,使得其发展停滞不前。彼时,中联重科是中国工程机械板块中具有举足轻重的地位的企业,拥有深厚的市场基础和强大的公司实力。(C,D)		+	融合型整合
			收购 CIFA 前已收购英国宝路捷,在欧洲具有一定的知名度,为其走进欧洲奠定了一定的基础。(E)			
			中联重科整体战略方向是继续专注工程机械领域内的拓展与提升,成为一家国际性企业集团。CIFA 公司愿景是在欧洲成为可以同排名第一的普茨迈斯特公司相竞争的工程机械领域领导企业,两家企业的愿景和战略定位相似,两者在发展战略上是基本上一致的。(C)	+		
迈瑞整合 Datascope	低	利用型	Datascope 公司具有 40 多年技术积淀,在美国 300 床以下中小医院监护市场占据 50% 的份额,在欧美拥有高效的直销及服务网络,而迈瑞自身在医疗仪器制造行业内享有很好的声誉,同时也拥有全球的销售渠道和客户群体,还具有强大的研发平台,在深圳总部、北京、美国西雅图的研发团队已超过 1 000 人,加上当年计划招聘的毕业生将达到 1 300～1 400 人。(C,D)		○	融合型整合
			在前期迈瑞与 Datascope 已有 5 年的良好合作,双方在管理风格上都较为认同。(B,C)			
			"在企业文化方面,双方都重视客户的满意度和员工的发展,都认同企业要为客户、员工、股东、社会创造价值的文化理念。而且组织文化中也有相似部分,都有注重产品性能的基因。"(B)	+		

续表

案 例	组织身份不对称	并购主导动机	典型例证	内部文化和惯例不对称	外部形象和地位不对称	整合类型
万向整合 A123	高	探索型	A123 是美国的"新能源明星"，拥有着新能源尖端技术和超强的研发能力，被美国政府和市场寄予厚望。(D)	+++		反向吸收型整合
			万向集团进入动力电池的研发领域有 10 年，投入 10 亿美元研发费用，技术却迟迟没有突破。面对 A123 的最新产品，鲁冠球意识到万向与之差距巨大，后者在锂电池和储能核心技术方面是世界领先。(D,E)			
			"中美文化还是有很大差异的，这种文化的冲突是永远解不开的。两边的人在很多问题的处理上都不太一样，高层还好，工程师之间的差异和冲突尤其明显。"(B)		+++	

注：(1) A、B、C、D、E 分别代表典型例证的数据来源，A 代表从深度访谈获得的资料，B 代表从非正式访谈获得的资料，C 代表从企业网站、媒体报道获得的资料，D 代表公开发表的案例相关资料，E 代表直接从企业获得的涉及此次并购案例的文档材料。

(2) +++代表程度高，+代表程度低，○表示无，最终得分根据内外部平均程度来表征。

6.4 整合风险管理：从并购到投资

并购后整合战略应从市值管理和产融结合的视角出发，并购前应制定整合计划并做好详尽的尽职调查工作，并在整合过程中对可能涉及的

视频 6-4 整合风险管理：从并购到投资

不确定因素做好风险管理工作（整合计划＋尽职调查＋风险管理）。通常采取"投资＋收购"的分阶段组合并购方式。

（1）寻找合适的并购对象。寻找合适的并购对象时，重点应考察与现有业务的关联性、毛利率、业务前景是否符合公司市值管理和产融结合的标准，这样可以减少在并购决策环节出现错误的可能性。

（2）成为战略投资人。通常需要购买（或增资扩股）目标企业 15％～35％的股份，进入目标企业董事会，了解并熟悉目标企业，与其管理层进行沟通和融合。

（3）并购前进行磨合。很多并购案例都因未能做好尽职调查工作致使并购后不能很好地进行整合而失败。并购前进行磨合的做法实际上是将整合提前到了并购前，将整合和尽职调查同时进行。在这一磨合阶段，公司应尽可能地理解目标企业的商业模式，判断目标企业的发展前景，评估并购后的整合难度。同时，目标企业在磨合期间，也应尽可能地适应并购企业的企业文化、价值观、管理风格等。

（4）整合阶段会产生三种结果：一是继续增持，直至能够控股。如果双方磨合愉快，公司会继续增持目标企业直至控股，甚至会继续增持直至100％。二是作为战略投资人，享受投资溢价。三是如果双方无法融合，则可以择机退出。

📖 案例 6-2　并购简单，整合太难

从 2008 年开始，分众传媒开始感觉到"消化不良"。由于并购令分众扩张过快，管理运营成本快速增长，而运营利润与税后利润出现大幅亏损，业绩在 2008 年底陷入低谷。进入 2009 年后，江南春开始反思此前缺乏价值观的并购策略，分众亦进入整体业务调整与收缩阶段。分众于是改变了并购策略，从之前的暴力并购模式转向"投资＋收购"模式。

相比 2005 年分众传媒在美股上市时的激进收购，如今回归 A 股的分众传媒更稳，除非是很成熟的依靠资源型的公司，否则不再谋求全资收购。其实施更多的方案是，先作为战略投资者持股 20％，让创业者成为所投资公司重要的股东；当所投资公司的规模效应和可持续能力显现后，再增资为控股股东或进行收购。

📖 案例 6-3　腾讯入主 Riot Games——从投资到并购的经典案例

始于 2008 年的腾讯并购 Riot Games 堪称从投资到并购的经典案例。2008 年，腾讯作为领头人，与其他投资者向 Riot Games 进行 800 万美元的风险投资，取得该公司的游戏代理权，此阶段为 Riot Games 的孵化期。2009 年，腾讯作为跟投人，向处于成长期的 Riot Games 继续进行

战略投资,持有 Riot Games 约 22.34% 的股权。2009 年 10 月 Riot Games 发布处女作《英雄联盟》。2011 年腾讯以 2.31 亿美元的价格,收购了 Riot Games 的多数股权,收购后持有其 92.78% 的股权,并购后,Riot Games 进入快速发展期。2015 年,腾讯继续收购 Riot Games 剩余 7% 的股权,对 Riot Games 实现 100% 控股,拥有《英雄联盟》全部知识产权。Riot Games 成为腾讯全资子公司,使得有价值的资源技术和各种无形资产都能留在腾讯,而不必担心被其他股东分一杯羹,这是保证竞争力的最好方法。对于腾讯这样的大公司而言,也方便其从全球战略角度联系市场、整体调动资源。腾讯入主 Riot Games 全过程见表 6-3。

表 6-3　腾讯入主 Riot Games 全过程

2008 年	2011 年
腾讯领投,800 万美元	腾讯,2.31 亿美元
风险投资,孵化期	收购后持有 Riot Games 92.78% 股权
	并购,快速发展期
2009 年	2015 年
腾讯跟投	腾讯收购剩余 7% 股权
占股约 22.34%	100% 控股
战略投资,成长期	拥有《英雄联盟》全部知识产权
《英雄联盟》上线	

6.5　决定并购成功的因素

视频 6-5　决定并购成功的因素

并购的成功并不仅仅指并购的买卖双方签署了并购交易的合同,而是指这一并购最终能够帮助并购双方实现价值增值、增加股东财富。如何使并购真正实现成功,需要考虑并购动机、尽职调查、财务风险、风险管理和并购后整合等多种因素。

6.5.1　正确的并购动机

一个并购交易通常有很多并购动机,其中最核心、最正确的是实现"1+1>2"协同效应的动机,即两个经济体单独经营都能够创造价值,二者合并后能创造更多的价值,这才是并购的真正动机,否则两个经济体没有必要进行并购交易。因此,一个并购想要获得成功,首先应该具有正确的并购动机。

6.5.2　完善的尽职调查

并购前,并购方一定要充分进行尽职调查,充分评估目标公司的各方面情况。尽职调查的结论会进一步指导潜在的并购方是否真正需要进行并购,并购最终是否真正具有价值,因此,尽职调查是非常重要的一个步骤。一个详尽的尽职调查能够起到以下积极作用:首先,尽职调查有助于并购方作出是否并购的决策。完成尽职调查后,如果结论是不应进行并购,这种情况下,虽然尽职调查花费了很多人力、物力,但最终决定不进行交易可以避免更大的损失。其次,尽职调查的信息有助于并购方进行交易结构设计,对并购对价进行估值。交易结构设计和对价估值都应基于尽职调查的结果和内容。例如,并购时采用现金流折现法对企业估值进行交易对价计算,需要对未来的企业现金流进行一个预测和预判。如果不了解企业,很难对企业有准确的预测和预判,也就很难对企业进行准确的估值,最终也无法准确确定对价。此外,尽职调查也是并购后进行并购整合的预先方案设计的基础。可见,尽职调查是否充分决定了并购最终能否成功。

6.5.3　有效控制财务风险

进行交易结构设计时,应考虑财务风险。并购后,企业会产生各种各样的协同效应。但是如果并购需要大量举债才能完成,那么并购后,企业将面临很大的财务风险,最终不仅不能使企业增值,还可能导致企业破产。在并购浪潮中,之所以经常会发生企业并购后破产现象,往往是因为企业通过大量举债完成并购,导致并购后企业的财务风险、杠杆率非常高,企业如果一时无法提升经营绩效,最终会导致破产。可见,财务安全问题也是决定最终并购能否成功的一个重要因素。

6.5.4　避免过度多元化

很多企业进行多元化投资,主要目的是分散风险或者开拓新的领域,但人的精力和能力都是有限的,企业也同样如此。如果一家企业涉及的领域特别多,对管理层的挑战就会较大。管理层可能擅长某一个领域,但很难擅长所有领域。当企业进行多元化投资之后,企业的资金、财务和企

业管理层能够付出的精力都会受到很大的挑战,会出现消化不良的问题,最终导致并购结果不理想。

6.5.5　重视并购后整合

并购之后的整合也是决定并购能否成功的一个因素。很多并购后的整合往往都非常困难,因为两家不同的公司合并成一家公司,需要进行很多企业制度和企业文化的整合,经常会面临很多问题。企业制度方面的整合往往需要付出很多调整成本,这种调整成本有时会非常高。而软性的企业文化、思想方面,则很难轻易进行融合,很难在短期内获得改变、加以解决。因此,整合的困难程度也会影响并购最终的成败。

本章小结

视频 6-6　第 6 章小结

并购之后的整合是整个并购交易的结束部分,也是非常重要的部分。整合的顺利进行将能真正帮助企业在并购之后实现协同效应,实现价值增值。并购之后的整合将使企业特别是目标公司在各方面发生变化。这些变化即整合要素,主要包括人、市场、战略或企业结构和管理系统的整合。整合过程中,需要注意两个整合规则:一是选好一个有强大领导力的整合团队;二是并购方在整合过程中需要明确目标,区分各项整合工作的轻重缓急,以达到良好的整合效果。表 6-4 简要列明了整合要素和整合规则。

表 6-4　整合要素和整合规则

整 合 要 素	整 合 规 则
人的整合	做好整合规划
市场的整合	建立整合目标
战略或企业结构的整合	与员工有效沟通
交付或运营整合	重视文化冲突
报告系统整合	以客户为中心
	进行风险管理

另外一个很重要的要素是文化的整合。文化的整合不是短期内能实现的,但其影响非常深远。文化的整合一方面有助于提高并购之后两家公司的工作效率;另一方面有助于留住人才,留住精英。

此外,整合还要考虑企业的利益相关方,特别是客户的利益。当企业的所有权发生变更,控制权随之变更,会影响到客户等其他的利益相关方。因为对于客户而言,供应商发生变化,该供应商是否还能保证原来的供应产品的质量、原来的信誉,具有不确定性,会影响到客户是否愿意继续成为公司的客户。因此,整合过程中,不仅要考虑公司本身的变化,还要考虑公司本身的变化有可能给其他的利益相关方带来的影响,这一点也非常重要。另外,一个并购规模越大、结构越复杂,风险就越高,并购后的整合过程所产生的矛盾也会越大,为了解决这些矛盾,做好风险管理工作也非常重要。

基于并购双方组织身份不对称性、并购动机不同,会产生隔离型、融合型、合作型与反向吸收型的整合战略,一般采取"投资＋收购"的分阶段组合并购模式。

并购要想真正成功,需要考虑并购动机、尽职调查、财务风险、多元化和并购后整合等多种因素。

最后,还应关注能够促使并购成功的最有价值的七个要点。

1. 一个交易就是一个系统

系统的各个部分应该是兼容的,必须以整体性的目的对交易的各个细节进行谈判,在谈判过程中有可能出现意外事件,产生意料之外的副作用。而在某一点过于"努力地"讨价还价可能就会导致在别的问题上遇到阻碍。

一个交易设计的问题可能有多个正确的解决方案,但是可能也会存在很多错误的方案,应尽量避免错误的方案,找出有吸引力的正确方案。

2. 期权性

期权在公司并购领域普遍存在,期权可以激发对价值创造的驱动因素的更好认知以及新的谈判策略,并有助于交易设计中的创新。

3. 对市场整合与效率进行批判性思考

如今的金融工具都预先假设证券市场是功能完善的,决策者可以参考市场价格来获得成功的线索。但是在跨国并购中,不同国家的证券市场的差异会非常大,具有较高财务杠杆的公司、私人公司在投资的控制和流动性方面与上市公司往往存在很大不同。上述情况下,并购后的整合就会面临很多问题,整合效率上也会打折扣。

4. 良好的管理会产生价值

通过对并购过程进行良好的管理,选择恰当的估值方法将使得交易设计者们能更好地洞察交易的风险和经济潜力,从而使交易更加顺畅,更有效率。

5. 通过交易的设计来估值和创造价值

事前做好尽职调查工作,尽可能通过对交易各个环节进行切合实际的设计,将有助于准确估值,并提升整合后的企业价值。

6. 行为的影响

要意识到决策者可能会受个人或行为的影响而偏离并购交易的价值创造目标。

7. 交易设计、战略与执行中的整合

应努力从交易设计、战略与执行等各个方面对并购进行整合。

 综合训练

1. 并购后对目标公司的整合通常涉及哪些方面?

2. 并购后对目标公司的整合在执行时通常有哪些规则?

 即测即练

第 7 章

其他企业重组方式

本章学习目标

1. 熟悉并掌握什么是企业重组以及企业进行重组的原因。
2. 熟悉并掌握剥离型重组的几种方式。
3. 熟悉并掌握增加型重组的几种方式。

7.1 企 业 重 组

7.1.1 企业重组的定义

兼并收购是企业重组的一种很重要的方式。并购公司通过并购，可以改变资产，改变业务范围，可以购买一家可能从事与自己不同业务的新公司，如此，原来的并购公司就可以扩大业务范围，可见兼并收购是一种非常典型的企业重组方式。除了兼并收购外，实务中还有一些其他的企业重组方式，同样也会引致企业的结构性变化或边际性变化。

视频 7-1 企业重组

企业重组的正确动机应该是提高企业的价值和绩效，通过改变企业的业务或者财务结构，最终实现企业经营效率和企业绩效的提升。这种改变可能是剥离型的，也可能是增加型的。

7.1.2 不同类型的重组

1. 业务重组

业务重组是最典型的一种重组方式。企业可以通过兼并收购、企业分拆等具体的形式来改变企业的业务经营范围，这一改变可能是扩大业务范围，也可能是缩小业务范围。企业可以通过这些手段实现业务重组。

2. 财务重组

企业通过借债、发行股票或者回购股票等方式改变公司的财务结构

的过程称为企业财务重组。

3. 资产重组

资产重组是指企业通过出售、分拆或者合并收购不同的资产使企业的资产结构发生一定的变化。

4. 组织重组

组织重组是指企业通过内部结构和管理系统等组织上的调整来改变组织结构。如通过改变子公司、分公司和公司总部之间的横向或纵向关系,进行组织上的调整。实务中组织重组的案例非常多,例如,联合利华曾经有1 600多个品牌,之后宣布品牌重组计划,将1 600多个品牌削减至400个重要的品牌。宝洁公司也进行过很多相关的这种重组计划,实现重新布局市场以及企业组织等的目的。

企业的重组行为分为两类,一类是剥离型重组,如剥离资产、剥离业务等。剥离型重组会收缩企业的边界。另一类是增加型重组,会增加企业的资产,扩大企业的规模、边界和业务范围。

综上,企业重组是通过改变业务、结构、范围、财务等一系列的相关内容来提高企业效率的一种策略,其动机是帮助企业提高效率。企业重组根据重组的具体内容分为业务重组、财务重组、资产重组、组织重组等不同类型;根据重组的方向分成两类,第一类是剥离型重组,第二类是增加型重组。

7.2 资产剥离型企业重组

7.2.1 剥离型重组的界定

剥离型重组主要指资产剥离。资产剥离是指出于实施各种战略的动机,将某个经营单位剥离出去的企业行为。剥离之后,原公司将公司的一

视频7-2 资产剥离型企业重组

部分资产直接出售给外部的收购方,原公司会获取由此产生的一些现金收入。在这一过程中,企业一方面获取剥离资产的现金收入,另一方面放弃对剥离资产的控制权。剥离资产同时也会带来人员的变动。剥离资产后,相应地会缩小公司的规模,减少公司的资产、员工,这些都是资产剥离中的典型现象。

实务中,剥离的案例虽然不像企业并购案例那样引起市场的广泛关注,但很多剥离案例也非常重要。一家企业,经营发展的战略并不一定是一味扩张,也可能由于需要采取一定的缩减战略,从而改变并优化自己的资产。剥离资产有时是把一些和企业主营业务不太相关的资产剥离出去,有时是因为希望回归本土把海外子公司剥离出去。实务中有许多非常经典的资产剥离案例。阿里巴巴 2013 年分拆支付宝,即是非常成功的资产剥离的案例,如果支付宝一直在阿里巴巴之下,可能没有现在发展得这么好。中国石油天然气集团有限公司(CNPC)的资产剥离也非常经典:2015 年 2 月,CNPC 决定出售其所持宁波中油重工有限公司 80% 的股权,2013 年和 2014 年利润为负的宁波中油重工从 2013 年起就已停止运营。另外,同仁堂分拆同仁堂科技在香港上市、搜狐分拆搜狗都是资产剥离的典型案例。国际上同样也有很多资产剥离案例,如杰克·韦尔奇(Jack Welch)领导下的通用电气剥离了 117 个业务部门,占通用资产的 20%。桑迪·威尔(Sandy Weill)领导下的花旗集团整个 20 世纪 90 年代进行了 11 次资产剥离,其中包括花旗集团分拆旅行者保险公司。

7.2.2 剥离型重组的动机

1. 重点关注核心业务

由于企业的精力、财力、物力有限,很难同时成为多个领域的龙头企业。所以企业经过一段时间的过度多元化经营后,可能会考虑回归主业。在回归主业的过程中需要把与主业不太相关的资产与业务剥离出去,这是典型的剥离型重组的动机。

1) 纠正先前的决策错误

在历史上一次重要的并购浪潮中,很多企业都通过并购成为多元化企业。但经过一段时间,企业发现这种多元化的经营并不是特别有效。因此,在下一次的并购浪潮中,很多企业售出了与自己主营业务不太相关的业务,通过剥离,提升整体的主营业务经营绩效。

2) 削减低利润率产品线,提高利润率和盈利能力

一家企业往往会有很多子公司,有的子公司可能经营得很好,有的子公司可能经营得并不好,这种情况下,企业可能会保留比较核心的业务、利润比较高的板块,削减利润相对比较低的产品线,售出盈利能力低的子公司,从而提升整个企业的价值和核心竞争力。

3）将资产转移给能更有效利用其价值的公司

如果企业虽然拥有某些资产，但并不能够很好地利用这些资产，就可以把这些资产卖给真正能够有效利用这些资产的公司，一方面可以减轻企业本身的负担，另一方面能使这些资产得到真正有效的利用。

2. 提高企业估值

当企业业务涉及很多不同的板块以及子公司时，对其进行估值往往会比较困难。在第 4 章并购对价估值中提及用 DCF 法即现金流折现法进行估值，需要预测未来的现金流，如果企业市场比较单一，则只要考虑市场信息，比较好预测。但如果企业业务涉及很多不同的板块，就需要收集这些不同行业的市场信息，估值的准确性就会降低。不同的公司处于不同的行业，所面临的系统风险也不一样。在估值的时候，需要了解企业的系统风险来确定企业的资本成本，特别是企业股权的资本成本。可以想象，如果企业涉及很多不同的板块，资产情况特别复杂，系统风险的估值也会非常困难，会产生很多偏差。

另外，通常可以采用可比公司法对企业估值，但如果公司资产特别大、业务范围特别广，往往很难找到该公司的可比公司从而进行准确估值。

上述因素对投资者而言，意味着信息不对称会扩大。当信息不对称特别明显时，投资者会对公司失去信任，从而导致对公司的估值降低。因此，这是一些企业希望回归主业、回归核心业务的重要动机。

3. 市场时机

企业希望剥离业务、出售资产，也可能是顺应市场的择时行为。企业发现资产被高估时，趁机赶紧卖掉，也是一种动机。例如，一些高科技公司、小公司、创业公司在互联网泡沫比较大时，清楚自己公司的资产被炒得非常高，实际上公司的资产并没有那么高。在这种情况下，公司的管理层可能会趁着公司估值特别高时，抓住市场时机来出售公司资产，这样可以获取比真实资产更高的回报。

4. 政府反垄断要求

政府的法律法规也可以是导致资产剥离型重组的重要原因。政府会担心出现行业垄断。垄断会影响消费者的权益，影响产业安全，因此政府会出台法律法规反对垄断行为。并购有时会产生垄断，所以在并购的过程中,政府可能会要求企业同时拆分一些业务。例如,某公司要去并购另一家拥有类似业务的公司,这两家公司进行合并后,这部分业务就会产生垄断。在这种情况下,政府可能会要求该公司把可能产生垄断的一些业务剥离出去,才能进行合并。

5. 公司担心被收购

剥离型重组另一个重要的动机与反恶意并购策略中的焦土战术相关。当面临恶意并购的原因是某一项重要的资产或者是技术吸引了潜在的买方时,公司会采取焦土战术。目标公司为避免自己的公司被并购,通过把特别具有吸引力的资产抛售出去的方式降低自己对外界的吸引力,以打消潜在的恶意并购意图。这种抛售通常是把自己目前最有价值的资产剥离出去,卖给相对友好的第三方。

6. 解决流动性风险

剥离型重组可能是为了解决财务风险或流动性风险。当缺乏现金时,企业可以通过变卖资产获取一些现金流,以解决流动性风险。正如同在失业、遭遇重大财务挫折时,个人可以通过变卖房产和资产,以解决目前的财务困境。例如,进行杠杆收购之后,企业的杠杆非常高,面临非常大的还本付息压力,当企业的经营效益不是很好、没有足够的现金流来支付利息的时候,企业就会遇到很严重的流动性风险。这种情况下,变卖资产是可以快速解决这一问题的方法,而变卖资产本身就是剥离型重组的一种具体行为。

7. 提高在资本市场上的声誉,获取更多融资

当企业整体的资产情况并不是特别理想时,在资本市场上进行融资的机会非常有限。因为资产不是很好的企业要进行融资,投资者会比较担心,就不会愿意投资该企业。同时,这种情况下,由于资产的质量不好,企业融资的资本成本也会比较高。当资产风险比较高,投资者的预期回报率会升高,企业的融资成本也会升高。

这种情况下,企业可以通过分离、剥离企业的业务来解决融资成本高的问题。把一些资产比较好的业务放到一起,把一些资产比较差、风险比较高的资产放到一起,剥离出去,使企业获得一些融资机会。如表 7-1 所示,1993 年万豪集团进行分拆的主要动机是融资的需要,因为当时万豪整体资产情况不理想,很难进行外部融资,并且外部融资机会很少,外部

融资价格比较高。为解决这一问题,整个万豪集团拆分为两个实体,万豪国际和万豪地产。万豪国际包括万豪比较好的资产,因此分拆之后,万豪国际的资产质量提高,更容易到市场上去进行外部融资,融资机会增加,融资成本相应下降。如果不进行分拆,万豪集团整体资产的债券评级是BAA,评级相对较低,公司整体很难进行外部融资,即便能够进行债券融资,资本成本也会很高。通过拆分为万豪国际和万豪地产,质量比较好的资产放入万豪国际中,评级变为A级,剩下的不良资产放入万豪地产中,评级进一步降为C级,因此,虽然万豪地产很难进行外部融资,但是万豪国际可以比较容易地进行外部融资。可见,通过拆分,企业至少可以获得一些外部融资渠道。

表 7-1 万豪集团拆分实例

项　　　目	万豪集团(MC)	万豪国际(MII)	万豪地产(HMC)
EBIT/万美元	419	250	169
利息/万美元	246	22	224
EBT/万美元	173	228	55
税收(45%)/万美元	78	103	25
净收益/万美元	95	125	30
EPS	1.00	1.32	0.32
经营风险	中	低	高
财务风险	中/高	低	高
总风险	中/高	低	高
增长潜力	低	高	低
利息保障倍数	1.7	11.4	0.75
债券评级	BAA	A	C

7.2.3 剥离型重组的形式

1. 出售

剥离和出售资产都缩小了企业的边界。出售资产是缩小企业边界最直接的一种方式。例如,B公司是A公司的子公司,C公司是潜在的买方。C公司并购B公司的交易完成后,A公司中包括去除掉B公司后剩余的资产,C公司就包括C公司自己本身的业务和B公司的业务。在这一过程中,收购公司C公司要向目标公司A公司支付现金或者是换股等。出售这种交易方式的主要特点与并购交易的特点非常相似。从目标公司的角度进行分析,本质上是目标公司向并购方剥离、出售资产,目标公司获取的交易对价通常是现金或者证券。交易完成后,目标公司也即剥离资产的公司,将不再拥有售出资产的所有权和控制权。此外,这种交易同资产并购交易一样,收购方通常获得资产,但不会承担债务。因此,在剥离的过程中只是剥离资产,不能够同时剥离债务,剥离资产的案例在实务中非常多。案例 7-1 中,华为向艾默生公司出售 Emerson Power 资产即为典型的剥离资产型。

案例 7-1 华为向艾默生公司出售 Emerson Power 资产

艾默生公司从华为的两个股东——华为技术公司和华为电气公司收购 Emerson Power 100% 的股权,这一收购实现了双赢。华为之所以要把这一资产剥离出去,是因为这一资产和华为的主营业务并不密切相关,将之剥离后,华为可以更加专注于核心和主营业务,更好地提高自己的资本收益。艾默生之所以并购这一资产,是为了让该公司在中国市场有更好的拓展机会,可以通过 Emerson Power 确立自己在中国的市场地位。因此,外资公司艾默生公司通过并购 Emerson Power 得以进入中国市场,确定其在中国市场的领导地位;华为剥离该部分资产则能够更加专注于自己的主营业务,实现了双赢。

2. 清算

清算通常是企业在破产时,将资产逐一处理、销售出去的过程。企业遇到财务危机或者流动性风险,最终导致破产后,需要将企业的资产逐一进行剥离和出售,清算所有剩余资金,用于支付员工工资、清偿债务的本金利息等。

3. 股权分拆上市

股权分拆上市是指母公司将自己的子公司分拆上市,在上市的过程中,需要将子公司的一部分股权出售给公众投资者。分拆后,子公司成为独立的上市公司,一部分股票为公众投资者所持有,其余股票仍为母公司所持有。通过子公司上市,母公司获取现金融资。此外假定子公司上市时,股票市场上销售给公众投资者的子公司股权比例为 $x\%$,则母公司在子公司上市后,会持有其 $1-x\%$ 的股权,母公司的原有股东通过持有原母公司的股权,间接持有上市公司的股权。分拆上市 IPO 过程中,母公司通常将约 20% 的子公司股权出售给公众投资者。

股权分拆上市有以下主要特点：首先，分拆上市后子公司会变成独立上市公司，拥有自己的管理团队和董事会，行政上会有一定的自主权。因此，分拆之后上市公司是独立的公司，不再是原母公司的事业部。其次，作为上市公司，其公司治理机制比较完善，与此同时，由于母公司仍拥有大部分股权，母公司和子公司之间仍会有很多联系。

将子公司分拆上市主要是因为分拆上市的子公司的业绩有可能比整个集团公司的业绩更好。母公司要想在证券市场上募集资金，需要满足证监会对上市公司的要求，必须用相对较好的资产来进行融资。在中国资本市场刚刚起步发展时，很多国有企业为上市融资，采用的都是分拆上市的形式，因为整个集团公司无法达到上市的标准，但通过把较好的资产放到子公司中进行分拆上市，可以满足中国证监会、证券交易所的要求，如此可以从资本市场上募集资金。

在一些情况下，虽然母公司的最终目的是要完全剥离子公司的资产，但是出于某些原因，子公司和母公司之间的关系非常错综复杂，很难一次性完全剥离。在这种情况下可以通过分拆上市的形式，逐步剥离子公司的资产。IPO的时候，母公司可以在公开市场上首先出售一小部分股权，过一段时间大股东再减持，如此往复，再过一段时间，还可以通过兼并收购的形式，售出全部的剩余股权。这一过程本质上是一种循序渐进、多步骤剥离的形式。

之所以母公司会采用这种剥离的形式，通常有以下原因：其一，由于子公司的资产与母公司的业务具有高度的相关性，母公司很难一次性在短时间内完全剥离资产。其二，母公司要剥离这一资产，需要找到有足够的实力、能够整体买入子公司资产的买方，但是有时候很难找到这样的买家，因为整体买入的价格太高，很少有买家能一次性买入。这时就可以采取另外一种方式，即把资产出售给公众投资者，相当于很多投资者一起出资购买这一公司的股权。

中国证券市场早期允许进行子公司分拆上市，但后来分拆上市出现关联交易、公司治理等很多问题。很多企业特别是国企，由于整体资产状况不是很好，就把自己好的资产放到子公司中，以子公司作为上市公司。子公司上市以后，会在二级市场上募集资金，由于子公司和母公司之间这种天然的联系，很多从二级市场上募集到的资金输入整个集团内部，通过关联交易、担保贷款等多种形式向母公司和相应的兄弟公司输血。这就引发了很严重的公司治理问题,因为公众投资者是对上市公司而不是对母公司投资,如果上市公司获得了广大投资者的投资后,又输入给母公司、兄弟公司,实际上损害了中小股东的利益。有很多这类向大股东输入资金的案例,例如,ST 猴王掏空上市公司,并以上市公司作为隧道,向母公司、兄弟公司输血等。中国证监会发现这一问题后,不再允许这类分拆上市业务。后来在很长一段时间境内公司分拆子公司在 A 股上市基本上不会被中国证监会审核通过,即使有个别案例,也是分拆参股公司。由此 A 股市场上基本不再有完全分拆子公司上市的案例,但境内公司如清华同方等通过分拆子公司到香港或海外成功上市。此外,中国航空工业集团有限公司(AVIC)就在海外的证券市场进行了分拆上市。2014 年,AVIC 分拆海外的子公司 FACC 在维也纳证券交易所上市,募集了一大笔资金。

4. 派股型公司分立

1) 派股型公司分立的界定及实例

派股型公司分立是指母公司将其在子公司持有的全部股份,按照母公司目前的股权结构和比例,分配给现有的母公司的股东,同时这些股东并没有放弃他们在母公司所持有的任何股份,每个股东在新公司持有的股份,与其在母公司持有的股份的比例完全一样。这一过程完全是分股的过程,没有任何的现金交易,因此不会发生任何税负,公司、个人及股东都不需要缴税。案例 7-2 即为典型的派股型公司分立。

案例 7-2　派股型公司分立

母公司 A 希望能够分拆剥离其子公司 B,于是将子公司 B 中的股权,按照原来整个母公司的股权结构,也即按照母公司每个股东的持股比例分配的方式,进行剥离。剥离后产生新的公司,即独立的 B 公司。这样,B 公司的股东和原来 A 公司的股东完全一样,不仅人员完全一样,股权结构也完全一样。整个过程不涉及任何现金交易,因此公司和股东都不用缴纳任何资本利得税。

2) 派股型公司分立的剥离方式的优点

第一,剥离之后,新的独立子公司的股权结构、股东组成和原来的母公司完全一样。子公司分拆之后虽然成为独立的公司,有自己独立的管理团队和运营团队,从经营管理上独立于母公司,但从股东构成而言,则完全相同,并不独立。

第二,这一交易是将子公司的股份分配给原母公司的股东,没有注入任何资金,因此原母公司的股东并不需要付出任何代价,就可以获取新的子公司的股份。在这种情况下,没有任何资金的注入,无论是母公司还是子公司,都不可能获取交易对价,也没有资金的输入。这一点不同于出售资产、分拆上市,后者都是将企业剥离的这一部分资产出售给另一方,无论出售给投资者、并购方还是公众投资者,母公司都会获取交易对价,以现金支付交易对价,则会获取现金收入,需要缴纳资本利得税。但派股型公司分立的剥离方式,母公司没有任何现金收入,没有资本利得,也就不需要缴税。

3) 派股型公司分立的剥离方式的缺点

第一,这种方式下,没有现金注入母公司,因此如果母公司在分拆的过程中有融资的诉求则不能够得到满足。第二,这种方式导致母公司股份发生变化,会引起母公司股价的波动,而且可能比其他方式引发的波动更大。第三,由于母公司股东实际上被动收到很多新公司的股份,他们并不一定真正愿意持有该分拆公司的股份。如愿意,他们将继续持有;如不愿意,当其持有股份后,会寻找时机抛售股份,这对新公司的股票价格会产生很不利的影响。

实务中有很多典型的派股型公司分立的案例:2011 年,艾派迪(Expedia)分拆猫途鹰(Trip Advisor);2013 年,联合在线(United Online)分拆 FTD 公司;2012 年,西尔斯控股公司(Sears Holding Corporation)分拆加拿大西尔斯(Sears Canada)。

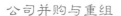 案例 7-3 艾派迪分拆猫途鹰

2011 年艾派迪(Expedia)分拆猫途鹰(Travel Advisor)的过程中,艾派迪实施一对二反向股票分割后,把猫途鹰拆分、剥离出去。2011 年 12 月 20 日,所有的艾派迪的普通股股东,每两股可以收到一股新的艾派迪的股份和一股猫途鹰的股份。一对二的反向分割意味着,对于艾派迪母公司而言,每个股东要用两股才能够换取一股新的艾派迪的普通股股票,但每两股艾派迪股票,可以换取一股新的艾派迪股票和一股猫途鹰股票。在分拆之后,艾派迪对猫途鹰不再享有控制权,但猫途鹰和艾派迪的股东还是同一群体。在美国,对这样的分拆并不征税,即单纯持有股票不需要

缴税。该案例最重要的环节,是实施一对二的反向股票分割,分割之后,艾派迪的股东一方面获取新的艾派迪股票,另一方面获取同样的一对一的猫途鹰股票。

5. 换股型公司分拆

1）换股型公司分拆及案例

换股型公司分拆与派股型公司分立比较类似,其本质也是将子公司从母公司中剥离出去,但和上一种方法最重要的区别是,换股型分拆在剥离的过程中,母公司的股东要放弃母公司的股份,以换取新的子公司的股份,实际上是母公司为股东提供以母公司股份来换取新的要分拆的子公司股份的机会。母公司的股东持有母公司的股份,公司需要引导这些股东以其所持有的母公司股份来换取新的子公司股份。

这样的引导交易需要给出一定的溢价,相当于进行要约收购。要约收购是用一定的溢价引导目标公司股东将自己所持有的股份卖出去。同样在换股型公司分拆操作过程中,母公司也要给目前的股东一些溢价,让他们愿意放弃母公司的股权换取子公司的股权。例如,母公司向股东提供用价值 10 美元的母公司的股票,以换取价值 11 美元的新的子公司股票,相当于支付 10% 的溢价。这一过程是自发的,即母公司的股东自愿放弃母公司股票,换取子公司股票。有可能会出现两种情况:一种情况是超额认购,有很多目前的母公司股东愿意进行换股交易。另一种情况就是有可能要约不足,即没有足够多的母公司股东愿意进行换股交易,导致认购不足。认购不足的情况下,母公司通常会通过派股型公司分立,按比例将剩余的未认购的股份分配给目前的股东。

案例 7-4　美赞臣的母公司（Bristol-Myers Squib）剥离美赞臣股份

美赞臣的母公司 2009 年宣布要剥离在美赞臣的股份。对于交易所报价中接受的每一美元的母公司普通股,要约股东将获得 1.11 美元的子公司股票。这是有溢价的要约,股东如果愿意参加这样的分拆,可以拿价值 1 美元的母公司股票来换取子公司价值 1.11 美元的股票,获得 0.11 美元的溢价。

企业可以采取分拆上市、派股型分立、换股型分拆等不同的形式分拆子公司。换股型分拆的重要特点是,在换股之后,子公司的股东和母公司的股东是完全不同的股东,不再是同一公司的股东。这样,母公司和子公司之间的关系会更加割裂,母公司会更干净地剥离资产,子公司有更强的独立性,因此,如果母公司希望更干净地剥离资产,可以选择这种方式。此外,之所以企业想要这么干净地剥离资产,很有可能是这些资产存在问题。而且母公司愿意付出一些溢价来剥离这一资产,就更加说明了资产可能存在的质量问题,这也是采取换股型分拆的主要原因。

2)换股型公司分拆的优点

首先,母公司剥离子公司的过程中,母公司要求目前的股东去放弃母公司的股份,来换取子公司的股份,这一过程实际上也是母公司赎回自己股份的一种方式。通常的股票回购,母公司需要用现金去回购自己公司的股票,股东则是收到现金,放弃所持有的股票,股东一旦有资本利得,就需要缴税。但是换股型公司分拆中,股东一方面放弃自己原来母公司的股票;另一方面并没有拿到现金,不需要缴资本利得税。因此,母公司通过这种方式赎回股份,目前的股东可以实现节税。

其次,换股型公司分拆方式给予目前的股东是否参与交易的选择权。如果愿意参与这一交易,就必须放弃自己目前持有的母公司股份,换取新的子公司股份,否则可以放弃这一权利,不进行交易。交易结果可以更好地反映股东的偏好,认为未来的子公司的前景更好,就愿意持有子公司股份,而放弃母公司股份。相反,如果不看好未来子公司的经营,可以不参与交易。由于股东在交易之前就已经决定是否愿意进行交易,持有子公司股票,所以在交易之后,不会出现大量股票抛售现象。

3)换股型公司分拆的缺点

第一,这样的分拆交易的缺点是执行力会低。如果投资者都认为这不是好的交易,投资者、目前的股东就都将不会参加这样的分拆交易,交易最终有可能归于失败。因此,这一交易方式最大的问题,是最终能否实现的问题。

第二,交易的过程中需要放弃原股份,认购新股份,因此交易程序相对比较复杂。

第三,在这一交易中,股东需要放弃原股份来认购新股份,会存在价格公允的问题。如果这一价格并不是特别公允,可能会受到股东的挑战,甚至引发法律诉讼。派股型分立方式中,目前的股东没有任何损失,因为原来持有的股份不变,只是按照原有比例额外分配到新的子公司的股份,任何股东对于多拿一些股份不会有意见。

6. 股权分割型公司分立

股权分割型公司分立,是指一家公司分成两家,甚至两家以上平行的独立经营的公司。分割之后,原来的母公司不复存在,这区别于前几种方式。前几种方式中,分立后原来的母公司仍然存续。股权分割方式下,母公司需要把所有的资产转移给这两家或两家以上的新公司,使其成为独立经营的公司。母公司将每家子公司的所有股票分配给目前的股东,以换取母公司的股票,最后母公司进行清算。最典型的案例即美国通讯公司 AT&T 公司分立。AT&T 实际上被分割成 4 个独立的部分:AT&T 无线、AT&T 宽带、AT&T 消费者和 AT&T 商用,原来的 AT&T 母公司不复存在,成为 4 家独立的公司。

通过这种形式来分割企业主要有两点驱动因素。

第一,企业内在的战略因素驱动。如果企业涉及的业务范围非常广,但这些业务范围之间相关性不大,即过度多元化,由于母公司管理团队的精力、能力有限,虽然某一板块可能管理得比较好,但是很难同时管理好多个完全不同的业务,这极不利于企业实现价值增值。过度多元化经营最后的结果往往不会太理想,这种情况下,企业有可能会作出决定,把大的企业分割成为几家独立的相对小的企业,集中每家企业的核心业务、管理团队和精力,最终实现企业利润的提升,此即为战略的驱动因素。

第二,政府反垄断相关因素的驱动。一些大的企业,如果过于庞大,形成非常强势的垄断地位,在市场上会不利于消费者,不利于整个产业生态的长期发展。政府出于反垄断的考虑,通常会迫使这样的大型企业分割成相对小型的企业,以增加市场竞争,保证消费者的权益。政府通过这种方式,还可以促进创新,促进这一产业的长期发展。

7. 追踪股票

追踪股票的剥离方式不同于之前提及的几种方式,后者确实改变了企业的组织结构和企业的边界。而追踪股票,是以一种虚拟的形式剥离企业的资产,并没有对企业的组织形式、结构和边界做任何的调整。追踪股票是指,虽然由母公司发行股票,但股价、股息由公司的某特定部门的业绩决定,而不同于通常情况下公司的股价、股息由公司的整体的业绩决定。这样,该公司的追踪股票会与母公司的整体业绩不完全趋同,甚至可能会背离,但与公司该具体业务部门资产的绩效高度相关。企业通过追踪股票,虽然改变了这种股票所反映的价值,把这种资产剥离在母公司股票价值决定因素之外,但并没有改变整个公司的业务和组织结构。追踪股票实际上仍是母公司发行的股票,但代表的价值体现了具体的某家子公司或者某个业务部门的具体业绩。

7.3　资产增加型企业重组

视频 7-3　资产增加型企业重组

　　兼并收购是一种很典型的资产增加、业务增加的重组方式,除此之外,还有杠杆收购(leveraged buyout,LBO)、反向收购、合资企业等资产增加型企业重组方式。

7.3.1　杠杆收购

1. 杠杆收购的界定及操作

　　杠杆收购,本质上也是一种兼并收购,主要特点是并购方的资金主要源自大量的借款。并购公司通过债务融资,先融到很大一笔资金,再用这笔资金进行大规模的收购。杠杆收购中,通常债务融资会占到整个收购价值的 50% 以上,一般需要在不到 10 年的时间内还本付息,因此,收购之后,企业会面临很重的债务负担和潜在的巨大财务负担,甚至会面临财务危机。杠杆收购可能是买方公司希望通过杠杆募集到很多资金来并购潜在的目标公司,也可能是公司在自身出现很多财务问题的情况下,通过贷款筹集到很多资金,用于回购自己公司的股票,使自己的公司退市,而后进行整合,然后再考虑二次上市。后者具体的操作包括四个阶段:第一个阶段,筹集所需要的资金,通常 50%~60% 的资金都是通过各种各样的抵押贷款来实现的,在很多情况下,一家银行很难提供所有的资金,可以通过联合贷款的形式募集到所需要的资金;第二个阶段,回购公司的普通股票进行私有化;第三个阶段,通过降低成本、提高效率等实现企业绩效和现金流的增加;第四个阶段,如果企业财务状况确实得到改善,可以考虑二次上市,再次进行资本市场融资。

　　实务中,很多私募股权投资基金非常善于利用杠杆收购来收购企业。

比较典型的如私募股权投资基金 KKR,收购了很多企业。在台北富邦银行贷款的支持下,私募股权投资方 PAG 于 2006 年收购了好孩子集团 67.6% 的股权。在摩根大通的支持下,弘毅投资投资 9 亿英镑收购英国的 Pizza Express,获得 100% 的股权。当然这些杠杆收购的风险都非常大,有成功的案例,也有失败的案例。

2. 杠杆收购的优点

杠杆收购主要的优点显而易见,即可以让企业在无须使用很多自有资金的情况下,完成大规模的兼并收购。杠杆收购中,企业通过自有资金,加上这种外部的债务融资,最终实现大规模的兼并收购。例如,西王食品收购加拿大 Kerr 案例中,加拿大 Kerr 公司的规模远远大于中国的上市公司西王食品,但是西王食品利用杠杆收购,仅用非常少的自有资金,收购了加拿大 Kerr 100% 的股权,完成了非常大规模的跨国并购。这一典型案例说明,杠杆收购下会发生蛇吞象情况,这是杠杆收购很重要的一个优点。

3. 杠杆收购的缺点

杠杆收购的缺点也显而易见:杠杆收购的过程中,由于交易需要进行大量的债务融资,完成交易后,企业需要在相对而言比较短的时间内还本付息,这样企业会面临非常高的财务风险。如果企业的经营绩效不能很快得到改善,一旦不能有更多的融资渠道支撑,企业就有可能会产生很严重的流动性风险和财务风险,被沉重的还本付息负担压垮,最终导致破产,交易失败。实际上,这种情况非常多见,如 20 世纪 80 年代的并股风波,就是允许 IPO,允许杠杆收购,允许很多资质不好的企业发行债券,进行债券市场的融资所造成的,经过一段时间,很多杠杆并购案例最终都归于失败。

7.3.2　反向收购

1. 反向收购的界定

反向收购是一种在中国市场上十分常见的增加型资产重组方式,又称为借壳上市,是指一家非上市公司和一家上市公司进行的并购。通过和一家上市公司进行并购,非上市公司成为上市公司的一部分,该非上市公司就可以通过上市公司在资本市场上发行股票进行股权融资。这种方式允许非上市公司绕过传统的 IPO 的程序和成本,最终变成上市公司,并在二级市场上进行股权融资。反向收购通常是因为该上市公司面临财务困境或者发展上的困境,希望通过和一些比较有潜质的优秀的非上市公司合作,来解决目前的问题进行自救。

2. 借壳上市的优点

借壳上市是中国的资本市场上比较普遍和受欢迎的一种并购形式,这种并购形式有如下优点。

第一,可以使非上市公司以比较简便的方式成为上市公司。在这种方式下,非上市公司可以通过并购壳公司,即上市公司,直接变成上市公司。而进行 IPO 的过程,特别是在中国资本市场进行 IPO,不仅有市场的因素,还有很多行政干预的因素,这些都会给企业 IPO 带来很大的不确定性,而且 IPO 的成本也很高。通过借壳上市,可以降低很多不确定性和成本。要想进行 IPO,以前需要各方面的审批,虽然现在实行注册制,但是在很长一段时间,这种行政性干预仍将非常强,并且也不是所有的板块都已经实行注册制,这些因素可以解释为什么在中国市场上壳公司具有价值:壳资源可以帮助一些优秀的非上市公司,以一种比较简便的方式成为上市公司。反向收购过程中,非上市公司变成上市公司的周期比较短,流程也比较简便。公司通过 IPO 成为上市公司,需要层层的报批、层层的批准,以及一系列比较复杂的流程。但是通过反向收购这样的形式,相当于进行一项并购交易,流程会快很多。

第二,反向收购上市的方式,由于流程更简便,周期更短,受到市场影响也会比较小。而 IPO 一定会受到市场的影响。牛市情况下,发行新股募集资金会比较顺利,股票的价格也比较容易上涨到比较高的价位。但在大盘形势不好的情况下,通过 IPO 上市就会比较困难。IPO 过程中,甚至有可能出现前期花很长时间准备,但正好在发行的时候,遇到类似天灾人祸,导致整个市场的低迷,而影响发行的成功的情况。如果采用反向收购的上市方式,就可以有效避免这种情况的发生,因为反向收购,仅需要两家公司的管理层进行对接就可以完成,而且时间较短,并不会受到股票市场大盘的整体影响。通常时间拖得越长,不确定性就会越大;时间相对越短,不确定性就会越小。

从以上两点来看,反向收购都具有一定的优势。

3. 借壳上市的潜在风险和问题

第一,壳公司之所以称为壳公司,愿意接受非上市公司的并购,是因为其面临一些问题,可能是财务问题,也可能是经营管理问题,甚至是更严重的法律诉讼相关问题或违法问题。非上市公司并购该壳公司,需要处理好这些问题,否则会产生很多麻烦。

第二,壳公司目前的股东对于被非上市公司并购,是否同意、是否满意以及对并购之后企业发展的前景是否持乐观态度,都是不确定的。如果目前的股东认为这一交易并不能真正解决企业目前面临的问题,他们就会抛售公司的股票,这会对公司造成很重大的负面影响。因此在很多反向并购案例中,都要求目前的股东不能马上抛售公司的股票,有一定的锁定期。这些都反映出潜在的壳公司存在很多不确定性,会给借壳上市交易带来很大的风险。

第三,非上市公司通过借壳上市变成上市公司,非上市公司的质量管理层能否对这一新的公司进行规范的管理,存在不确定性。相对而言,非上市公司的组织结构、公司治理等方面的规范性会差一些。上市公司由于面临市场的考验,以及政府和投资者更多的监督,各方面会比较规范。非上市公司的管理层,由于没有经过严格的 IPO 过程,对如何管理好上市公司缺乏经验,忽然变成上市公司的高管,能否从知识上、理念上、规范性上适时调整,也存在一定的疑问和不确定性,这有可能带来并购之后的一些风险。

4. 如何判断壳公司的质量优劣

借壳上市最终能否成功主要取决于壳公司的质量优劣。判断壳公司的质量优劣主要有以下两个标准。

第一,壳公司的市值。壳公司的市值越低越好。在借壳上市的过程中,非上市公司和上市公司进行合并,这家壳公司的市值越小,重组后壳公司的股东在新的公司中所持有的股份就会越低,非上市公司的管理层获取并购之后的新公司的控制权成本也会越低。而且,壳公司的市值越小,未来增发股票的空间越大。非上市公司之所以想要成为上市公司,很大一部分原因是希望能通过二级市场进行融资,为企业的未来发展提供更多的资金。如果该上市公司市值已经很大,再次增发股票会非常困难。而如果这家公司原来市值很小,新的公司继续增发股票的空间会更大一些。

第二,壳资源是否干净。一些反向收购或者借壳上市的案例最终未能成功,其原因在于该壳公司存在很多问题。作为壳资源的上市公司愿意出售自己的资产,与非上市公司合并,通常是因为其存在经营、财务、发展潜力等多方面的困难。这些潜在的问题最终会影响交易结果。并购方的非上市公司应选择高质量、干净的"壳"才能避免前述潜在问题。选择壳公司时,特别要注意避开存在或有债务、或有风险、或有法律诉讼等严重问题的壳公司。因此,兼并收购之前需要尽职调查。每家公司或多或少都存在各种各样的问题,不可能找到一家完美的公司。有问题并不可怕,可怕的是那些隐藏的、难以察觉的或有问题、或有风险。如果在支付对价之前,没有察觉这些问题并对其作出充分准备,并购之后才发现,已经无法解决,最终会造成不可挽回的损失。因此,壳资源是否干净,是否存在或有负债、或有风险,是借壳上市能否成功的一个很重要的考量因素。

最理想的状况是去找特别干净的"壳",这个"壳"具有上市的资质,除此之外,一无所有:既无资产,也无人员。而这种特别理想的状况,在现实中很难找到。但实务操作时,可以要求这家壳公司在出售"壳"之前,剥离一些资产。所以寻找干净的壳公司时,也可以根据目前的情况,看其是否有可能通过剥离成为比较干净的壳公司。通常需要剥离负债、一些潜在的风险等,这些剥离资产往往由壳公司的母公司来接收。如果这一壳公司的母公司实力比较强大,可以争取协商由该母公司将壳公司的不良资产剥离干净后,再来进行交易。总之,非上市公司应选择干净的壳公司进行交易。

📚 **案例 7-5** 晶澳太阳能借壳天业通联上市

上市公司天业通联是壳公司,经营状况非常不好,自 2010 年上市以来基本以亏损为主,且亏损额非常大。天业通联在 2012 年以 2 000 万欧元收购意大利的公司,但是这次收购不仅没有给企业带来增值,反而给企业造成很大损失。此外这次收购还导致企业产生了一些额外的仲裁等法律纠纷,所以这一资产目前是问题资产。天业通联要想存续,就需要寻找出路,但因为这一壳公司质量不好,存在很多问题,很难吸引到非上市公司与其进行合并。为使借壳上市交易能够完成,最终由天业通联的实际控制人打包买走原来的资产,形成可交易的方案。

在这一案例中,借壳的一方晶澳太阳能,以前是注册于开曼群岛的公司,2007 年在纳斯达克上市后股票的走势并不是非常好,于 2018 年退市后希望通过借壳上市的方式回归中国的 A 股市场。该案例最重要的一点是壳公司天业通联的资产问题很多,为顺利完成借壳上市,双方进行协商,最后达成条件,即在交易之前把天业通联所有的资产,都注入一家子公司,再把该子公司 100％的股权,出售给由天业通联的实际控制人何建平所控制的另一公司华建兴业。通过上述方式使原来的壳公司变得比较干净,最终完成整个交易。这一案例说明,借壳上市交易中,购买方可以要求壳公司在反向收购之前,将不良资产打包,出售给其他公司,通常愿意接受不良资产的公司,都是该壳公司的实际控制人或其母公司。

案例 7-6　爱旭科技借壳 ST 新梅

ST 新梅是上市公司,但业绩不佳,2013—2015 年连续亏损,被暂停上市,基本到了退市的边缘。之后的投资并没有真正改善该企业的经营绩效,此时企业仍然是上市公司,具有壳公司的资质。企业为谋求新的发展出路,寻求与非上市公司的合并,既是无奈之举,也是必需之路。这一案例中,借壳的非上市公司是爱旭科技。爱旭科技从 2017 年开始到2018 年,经营绩效特别好,特别是 2018 年经营绩效增长非常快,迫切需要进行资本市场的融资,以期进一步发展,这是本次反向收购的重要驱动因素。

借壳是爱旭科技成为上市公司的比较快捷的方式。此次交易中,首先将上市公司除域名"600732. com. cn"之外的所有资产进行估值,估值为 5 亿元。5 亿元估值的资产装入新的公司后进行换股收购。爱旭科技全部股权的估值是 67 亿元,两家公司的估值相差 62 亿元,这 62 亿元由上市公司以每股 3. 88 元的价格,发行大约 16 亿份股票的形式来实现。因此,在合并之后,原上市公司 ST 新梅合并之前的资产份额所占比例非常低,仅有 5 亿元,非上市公司之前有 67 亿元资产,在合并之后,其资产比重较 ST 新梅的资产比重要高很多。

合并之前,非上市公司的控制人是陈刚,其联合持股的股份占 42.41％的表决权。在并购之后,根据新公司的股权总数计算控制权比例,陈刚及一致行动人仍然能够掌握借壳上市之后新的上市公司的控制权。因此,原非上市公司的实际控制人陈刚,获取了交易之后整个借壳公司的实际控制权。

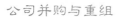

案例 7-7　居然之家借壳武汉中商上市

　　居然之家是专门卖家具装修材料的卖场,居然新零售是居然之家旗下的一个新板块。在北京等很多城市的建材市场,两个主要的竞争对手是居然之家和红星美凯龙。红星美凯龙也发展得非常好,已经实现 A 加 H 两地上市,有很好的融资平台,为红星美凯龙的未来带来了很大的发展空间,这给居然之家带来了压力。居然之家的新零售板块成立于 2015 年,按照我国 IPO 的标准来看,到 2019 年 1 月才能满足三年完整的会计制度的要求申请上市。由于希望能够赶上红星美凯龙的发展步伐,居然新零售迫切希望尽快上市,因此具有借壳上市的动机,以期通过借壳上市快速成为上市公司后,能够通过资本市场募集资金,谋求产品市场的进一步发展。随后居然新零售与武汉中商进行交易,2019 年 1 月,武汉中商以非公开发行的方式,购买居然之家的控股公司和其 24 名股东持有的居然新零售 100％的股权,整体估值在 363 亿～383 亿元之间。交易完成后,居然新零售成为武汉中商这一上市公司的全资子公司。由于武汉中商认购了居然新零售 100％的股权,居然之家的控股公司和 24 名股东,都自动成为该上市公司的股东。

7.3.3　合资企业

　　最后一种增加型企业重组的方式叫作合资企业(joint venture),通常指出于某些特定的战略目标,两家公司共同以资金或其他资源出资,建立新的企业,即合资企业或合资公司。在中国改革开放初期,有很多外资企业到中国来进行投资,由于一些行业并不允许外资企业独资,于是外资企业和中国的企业合资共同建立新的企业,即合资公司。这种形式非常普遍。例如,2001 年可口可乐和宝洁共同出资,成立一家新的企业。建立合资企业通常出于分散风险的动机,两家企业共同出资,也共同承担风险。

　　新合资企业未来经营绩效的好坏,直接关系到出资企业投资的成功与否。如果该新企业有多方面的投资,股权较为分散,对于每个投资者而言,风险都会降低,同时也能获取更多的分销渠道或资源。合资企业在出资方出资的过程中,可以以货币资金出资,也可以以其他非货币资金出资。新企业可以利用包括销售渠道、原材料等多方资源,能够更好地开展经营。

如果企业进行投资建立另一家企业,可能会面临财务能力或技术能力不足等问题,需要寻找合伙人以资金或技术共同投资,完成合资企业的设立。可见,在个体资金、技术或资源不足的情况下,也可以寻找合作方共同设立合资企业。

此外,这一方式有利于实现规模经济效益。投资方越多,设立的企业规模就会越大,实力就会越强,这将有助于企业降低成本,提高销售收入,产生相应的规模经济效益。

最后,在合作的情况下,各合资方之间会相互学习,技术、管理经验和技能也会不断在各方之间渗透。因此,通过合资,有利于合资双方实现长期发展。改革开放初期,中国政府不允许外资企业 100% 控股,需要有中国的投资方共同进行合资企业的经营,其中很重要的一个原因是政府希望通过合资企业这样的形式,中国投资方能够在合资企业的建立、运营的过程中,学习外国先进的技术、先进的管理经验。可见,互相学习也是建立合资企业的一个很重要的动机。

不同的合资企业、不同的合资项目,驱动因素各有不同,有的是为了获取新的市场,有的是为了降低成本、分享技术等。总之基于各种战略目标,不同企业可以一起合资,建立新的企业,最终实现经营效益的增长。

综上,兼并收购是最重要的典型的资产增加型重组方式,通过并购,企业的规模、资产、业务范围等都会扩大。除并购之外,还有一些其他的资产增加型重组方式,如杠杆收购、反向并购(借壳上市)和合资企业。这些方式都能使企业扩大资产规模,扩大业务范围,获取更多的资源,因此都是增加型企业重组的方式。

本章小结

本章阐释了一系列其他的企业重组方式。企业重组主要是指企业通过改变资产、业务、组织结构、财务等方面来提高企业生产经营绩效或价值的一种策略。根据重组的方向,企业的重组分为两大类,一类是剥离型重组,在进行剥离型重组之后,企业的资产规模、业务板块等都会萎

视频 7-4 第 7 章小结

缩。另一类是增加型重组,常见的兼并收购即为非常典型的增加型重组,完成增加型重组交易后,企业的资产规模、业务板块等都会相应增加。

综合训练

1. 什么是企业重组? 企业为什么要进行重组?
2. 剥离型重组的方式有哪些?
3. 增加型重组的方式有哪些?

即测即练

参 考 文 献

[1] ANDRADE G,MITCHELL M L,STAFFORD E. New evidence and perspectives on mergers[J]. Journal of economic perspectives,2001,15: 103-120.

[2] BRADLEY M,DESAI A,HAN KIM E. Synergistic gains from corporate acquisitions and their division between the stockholders of target and acquiring firms [J]. Journal of financial economics,1988,21: 3-40.

[3] HOLMSTROM B,KAPLAN S N. Corporate governance and merger activity in the United States: making sense of the 1980s and 1990s [J]. Journal of economic perspectives,2001,15: 121-144.

[4] FACCIO M,MASULIS R W. The choice of payment method in European mergers and acquisitions[J]. Journal of finance,2005,60: 1345-1388.

[5] GHOSH A,RULAND W. Managerial ownership, the method of payment for acquisitions,and executive job retention[J]. Journal of finance,1998,53: 785-798.

[6] LANG L H P,STULZ R M,WALKLING R A. Managerial performance, Tobin's Q,and the gains from successful tender offers[J]. Journal of financial economics, 1989,24: 137-154.

[7] LOUGHRAN T,VIJH A M. Do long-term shareholders benefit from corporate acquisitions? [J]. Journal of finance,1997,52: 1765-1790.

[8] MAKSIMOVIC V,PHILLIPS G M. The market for corporate assets: who engages in mergers and asset sales and are there efficiency gains? [J]. Journal of finance, 2001,56: 2019-2065.

[9] MARTIN K J. The method of payment in corporate acquisitions, investment opportunities, and management ownership [J]. Journal of finance, 1996, 51: 1227-1246.

[10] MASULIS R W,WANG C,XIE F. Corporate governance and acquirer returns[J]. Journal of finance,2007,62: 1851-1889.

[11] MOELLER S B,SCHLINGEMANN F P,STULZ R M. Firm size and the gains from acquisitions[J]. Journal of financial economics,2004,73: 201-228.

[12] PALEPU K G. Predicting takeover targets: a methodological and empirical analysis[J]. Journal of accounting and economics,1986,8: 3-35.

[13] SERVAES H. Tobin's Q and the gains from takeovers[J]. Journal of finance, 1991,46: 409-419.

[14] SHAHRUR H. Industry structure and horizontal takeovers: analysis of wealth effects on rivals, suppliers, and corporate customers [J]. Journal of financial economics,2005,76: 61-98.

[15] STEIN J C. Takeover threats and managerial myopia [J]. Journal of political economy,1988,96: 61-80.

[16] KUMAR B R. Mergers and acquisitions: text and cases[M]. New York: McGraw-Hill Companies,2011.

[17] SHERMAN A J. Mergers and acquisitions from A to Z[M]. New York: McGraw-Hill Companies,1998.

[18] 陆瑶.激活公司控制权市场对中国上市公司价值的影响研究[J].金融研究,2010(7):144-157.

[19] 魏江,杨洋.跨越身份的鸿沟:组织身份不对称与整合战略选择[J].管理世界,2018(6):140-156.

[20] 赵烁,施新政,陆瑶,等.兼并收购可以促进劳动力结构优化升级吗?[J].金融研究,2020(10):150-169.

教师服务

感谢您选用清华大学出版社的教材！为了更好地服务教学，我们为授课教师提供本书的教学辅助资源，以及本学科重点教材信息。请您扫码获取。

≫ 教辅获取

本书教辅资源，授课教师扫码获取。

≫ 样书赠送

财政与金融类重点教材，教师扫码获取样书。

 清华大学出版社

E-mail: tupfuwu@163.com
电话：010-83470332 / 83470142
地址：北京市海淀区双清路学研大厦 B 座 509

网址：http://www.tup.com.cn/
传真：8610-83470107
邮编：100084